粤港澳大湾区青年研究丛书

为党做好新时代青年群众工作

——基于共青团工作的理论与实践

钟宇慧　著

SPM 南方传媒 | 广东人民出版社

·广州·

图书在版编目（CIP）数据

为党做好新时代青年群众工作：基于共青团工作的理论与实践 / 钟宇慧著．—广州：广东人民出版社，2023.2
ISBN 978-7-218-16337-6

Ⅰ．①为…　Ⅱ．①钟…　Ⅲ．①中国共产主义青年团—共青团工作—研究　Ⅳ．①D297

中国版本图书馆CIP数据核字（2022）第249025号

WEI DANG ZUO HAO XINSHIDAI QINGNIAN QUNZHONG GONGZUO——JIYU GONGQINGTUAN GONGZUO DE LILUN YU SHIJIAN
为党做好新时代青年群众工作——基于共青团工作的理论与实践

钟宇慧　著

出 版 人：肖风华

责任编辑：梁　茵　廖志芬
封面设计：奔流文化
责任技编：周星奎

出版发行：广东人民出版社
地　　址：广州市越秀区大沙头四马路 10 号（邮政编码：510199）
电　　话：（020）85716809（总编室）
传　　真：（020）83289585
网　　址：http://www. gdpph. com
印　　刷：广州市豪威彩色印务有限公司
开　　本：787mm × 1092mm　1/16
印　　张：18　　　字　　数：310 千
版　　次：2023 年 2 月第 1 版
印　　次：2023 年 2 月第 1 次印刷
定　　价：48.00 元

如发现印装质量问题，影响阅读，请与出版社（020-85716849）联系调换。
售书热线：（020）85716833

前　言

中国共产党历经百年，始终是保持青春特质的党。2022年，中国共产党召开第二十次全国代表大会。习近平总书记指出，经过全党全国各族人民共同努力，我们如期全面建成小康社会、实现了第一个百年奋斗目标。现在，我们正意气风发迈上全面建设社会主义现代化国家新征程，向第二个百年奋斗目标进军，以中国式现代化全面推进中华民族伟大复兴。百年大党正团结带领中国人民踏上新的赶考之路。百年来，党在革命、建设、改革和迈入新时代征途中，之所以能够战胜各种困难、风险和挑战，关键在于始终把人民放在心上，紧紧依靠人民群众创造历史伟业，赢得了人民群众的信赖、拥护和支持。高度重视群众工作，是党的优良传统；善于做好群众工作，是党的政治优势。党的百年历程积累了开展群众工作的丰富经验，群众路线是党的生命线。

青年是祖国的未来、民族的希望，也是党的未来和希望。代表广大青年、赢得广大青年、依靠广大青年，是党不断从胜利走向胜利的重要保证。过去、现在、将来，青年工作都是党的工作中一项战略性工作。党的二十大报告对青年一代寄予殷切期望，并明确指出“全党要把青年工作作为战略性工作来抓，用党的科学理论武装青年，用党的初心使命感召青年，做青年朋友的知心人、青年工作的热心人、青年群众的引路人”。2022年，中国共产主义青年团成立一百周年。百年征程，塑造了共青团坚持党的领导的立身之本，塑造了共青团坚守理想信念的政治之魂，塑造了共青团投身民族复兴的奋进之力，塑造了共青团扎根广大青年的活力之源。这四条宝贵经验，是“共青团面向未来、再立新功的重要遵循。”在庆祝中国共产主义青年团成立100周年大会上的重要讲话中，习近平总书记全面回顾了中国共青团与党同心、跟党奋斗的壮阔历程，深刻总结了一百年来中国共青团的宝贵经验，为共青团及广大中国青年在实现第二个百年奋斗目标征程上再立新功指明了方向。

共青团是为党做青年群众工作的组织。党从事业后继有人的高度，始终坚持马克

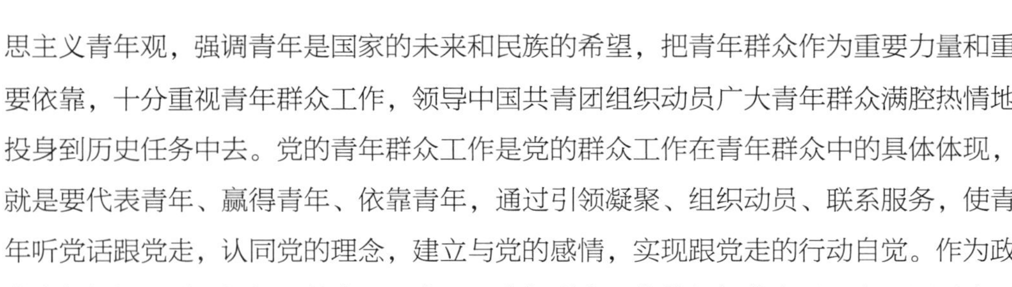

思主义青年观，强调青年是国家的未来和民族的希望，把青年群众作为重要力量和重要依靠，十分重视青年群众工作，领导中国共青团组织动员广大青年群众满腔热情地投身到历史任务中去。党的青年群众工作是党的群众工作在青年群众中的具体体现，就是要代表青年、赢得青年、依靠青年，通过引领凝聚、组织动员、联系服务，使青年听党话跟党走，认同党的理念，建立与党的感情，实现跟党走的行动自觉。作为政党青年组织和群团组织，共青团是党开展青年群众工作的组织化力量，在不同历史时期发挥了巨大作用，逐渐形成具有中国特色的组织体系和鲜明政治属性的群团组织。

一百年来，在党的坚强领导下，共青团牢记坚定不移跟党走、为党和人民奋斗的初心使命，始终坚持党旗所指就是团旗所向，组织引导一代又一代青年坚定信念、紧跟党走，为党争取青年人心、汇聚青年力量，谱写了中华民族伟大复兴进程中激昂的青春乐章。然而，新时代党的青年群众工作面临着政治、经济、社会、文化等复杂环境的多重挑战。党对青年工作的职责使命、路径方法、共青团改革发展的目标任务、加强党的领导等方面都提出了新要求。当代青年群众的价值取向、群体结构、生存状态等呈现新变化，给党的青年群众工作带来新的挑战。共青团传统的组织设置、力量配置、工作能力等亦出现不同程度的适应性困境。而不断自我完善、自我净化、自我提升、自我革命，是共青团与生俱来的基因和持续发展的动力。共青团如何为党做好新时代青年群众工作？作为青年工作的研究者和实践者，回答好这个问题，既是自己的职责与使命，也力求提出的观点和见解能为共青团事业的发展贡献一点绵薄之力。

鉴于此，本书从百年大党发出的青春召唤出发，以党对青年群众工作提出的更高要求作为根本遵循，借鉴青年群众工作专业创建思路，围绕“共青团是党的青年群众工作的重要组织载体，以组织化的力量为党做好青年群众工作”这一核心命题，尝试以党的青年群众工作研究范式来开展理论研究与实践讨论。首先，从理论上分析了政党与群众关系背景下，共青团为党做好新时代青年群众工作的组织特性和历史逻辑；其次，深入分析党的青年群众工作面临形势和改革动力，从党政视角、组织视角和能力视角，探讨做好青年群众工作的战略决策与发展路径；最后，结合共青团积极探索、创新实践的案例，辅以工具与方法，以提升共青团引领力、组织力、服务力为着力点，介绍了共青团为党做好青年群众工作的实用策略和有益借鉴。

本书在充分吸收和借鉴前人成果的基础上，做了一些探索和尝试，希望能够为广大青年工作者和研究者提供一些新的洞见和工作方法。

作者

2022年11月

目 | 录

绪论

第一节　时代使命：百年征程再出发的中国共产党　/ 3

一、使命担当：中国共产党走好新的赶考之路　/ 3

二、青春特质：建设朝气蓬勃的马克思主义执政党　/ 6

三、后继有人：在历史接力赛中赓续百年青春火种　/ 11

第二节　党对青年群众工作的理论深化及实践要求　/ 14

一、认识论：新时代青年的本质和战略地位　/ 14

二、价值论：青年群众工作的职责和使命　/ 18

三、方法论：青年群众工作的路径方法　/ 20

四、人才论：干部队伍建设的要求　/ 22

第三节　研究理路：为党做好青年群众工作的研究框架　/ 25

一、基本概念　/ 25

二、研究回溯　/ 33

三、研究思路　/ 43

第一章

政党与群众：党的群众工作与中国特色社会主义群团发展道路

第一节　生命工程：群众工作是中国共产党安身立命之根本　/ 47

一、马克思主义政党与人民群众　/ 47

二、群众工作是党的“生命工程” / 52

第二节 道路选择：走中国特色社会主义群团发展道路 / 60

一、中国特色：群团道路的探索与选择 / 60

二、必由之路：走中国特色社会主义群团发展道路 / 72

第二章

历史与价值：党的青年群众工作与共青团组织

第一节 组织特性：共青团是组织化的青年群众工作力量 / 79

一、党治国理政的制度性安排 / 79

二、具有组织结构体系优势 / 83

第二节 历史回望：共青团组织为党做好青年群众工作的历程与经验 / 100

一、历史进程：共青团组织为党做好青年群众工作的职责担当 / 100

二、历史启示：共青团为党做好青年群众工作的经验总结 / 119

第三章

动力与困境：党的青年群众工作面临新形势新要求

第一节 青年群众工作面临复杂新形势 / 127

一、世界青年运动复杂化，青年阵地“争夺战”激烈化 / 127

二、党的历史任务需要青年群众工作承担更艰巨任务 / 130

第二节 当代青年群众呈现新变化 / 132

一、青年价值取向：主旋律与多元化并存 / 132

二、青年群体结构：原子化、组织化、液态化并存 / 134

三、青年社会化生存：发展机遇与挑战并存 / 136

四、“网生代青年”渐成主体：线上线下并存 / 141

第三节 共青团面临的新困境与改革动力 / 144
一、共青团面临的困境与传统青年群众工作模式的局部失灵 / 144
二、改革动力：回归初心和突破困境的自觉 / 146

第四章

改革与突破：做好青年群众工作的战略决策与发展路径

第一节 党政视角：推动共青团做好青年群众工作的改革部署 / 149
一、加强党的组织领导，解决组织领导弱化的问题 / 149
二、发挥共青团的职能作用，解决各项任务开展的具体路径问题 / 153
三、推动共青团的改革创新，解决组织自身不适应的问题 / 159
四、加强团干部的队伍建设，解决团干部队伍能力素质短板的问题 / 162
第二节 组织视角：新时代共青团做好青年群众工作的发展路径 / 164
一、组织遵循：把握新时代青年群众工作的立场、观点和方法 / 164
二、组织结构：构建网络化组织体系，更好地覆盖和服务青年群众 / 167
三、组织行为：增强对青年群众的引领力、组织力和服务力，提高工作实效 / 170
四、组织骨干：建设具备青年群众工作能力和优良作风的人才队伍 / 176
第三节 能力视角：做好青年群众工作的过程路径和本领要求 / 181
一、党的青年群众工作的过程路径 / 181
二、党的青年群众工作的本领要求 / 183

第五章

实践与探索：为党做好青年群众工作的具体实践

第一节 增强引领力：引领凝聚青年 / 197
一、善用红色文化资源开展教育引领 / 197

二、善用青年时尚引领青年 / 202
第二节 增强组织力：组织动员青年 / 212
一、再组织化视角下的团属社会组织发展 / 212
二、共青团参与基层社会治理 / 219
第三节 增强服务力：联系服务青年 / 225
一、高校服务型团组织建设 / 225
二、共青团服务品牌的建设 / 231

第六章

工具与方法：提高青年群众工作的科学性和有效性

第一节 开展调查研究 / 245
一、原理 / 245
二、应用 / 248
第二节 学会讲好故事 / 255
一、原理 / 255
二、应用 / 257
第三节 借鉴社会工作方法 / 263
一、原理 / 263
二、应用 / 267
第四节 善用“互联网+” / 271
一、原理 / 271
二、应用 / 273

后　记 / 279

绪　论

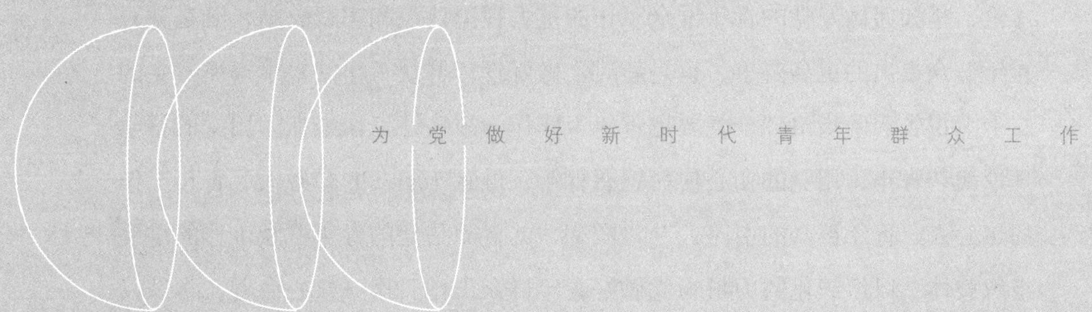

中国共产党历经百年，始终是保持青春特质的党，建设朝气蓬勃的马克思主义政党是党的自觉追求。2022年10月，中国共产党召开第二十次全国代表大会，明确了党的中心任务就是团结带领全国各族人民全面建成社会主义现代化强国、实现第二个百年奋斗目标，以中国式现代化全面推进中华民族伟大复兴。共产党正站在百年历史节点上，团结带领中国人民踏上实现第二个百年奋斗目标新的赶考之路。高度重视群众工作，是党的一个优良传统；善于做好党的群众工作，是党的一个政治优势。面对赶考之路新内涵新特征新任务，党从事业后继有人的高度，始终坚持马克思主义青年观，强调青年是国家的未来和民族的希望，把青年群众作为重要力量和重要依靠，十分重视青年群众工作，领导中国共青团[①]组织动员广大青年群众满腔热情地投身到历史任务中去。党的十八大以来，习近平总书记围绕党的青年工作发表了一系列重要论述，蕴含着新时代青年群众工作的认识论、价值论、方法论、人才论，是如何做好党的青年群众工作的重大理论认识和实践总结，既是党对青年群众提出的更高要求，也是新时代做好青年群众工作的根本遵循。党的二十大报告明确指出“全党要把青年工作作为战略性工作来抓，用党的科学理论武装青年，用党的初心使命感召青年，做青年朋友的知心人、青年工作的热心人、青年群众的引路人”。围绕“共青团是党的青年群众工作的重要组织载体，以组织化的力量为党做好青年群众工作”这一核心命题，尝试以党的青年群众工作研究范式来开展理论研究与实践讨论，是一种有益尝试。

① 由于中国共青团在历史上几易其名，为方便叙述，本书用“共青团”或“青年团”来特指中国共青团。

» 第一节 «

时代使命：百年征程再出发的中国共产党

党的二十大报告指出："从现在起，中国共产党的中心任务就是团结带领全国各族人民全面建成社会主义现代化强国、实现第二个百年奋斗目标，以中国式现代化全面推进中华民族伟大复兴。"过去一百年，中国共产党向人民、向历史交出了一份优异的答卷。现在，中国共产党团结带领中国人民又踏上了实现第二个百年奋斗目标新的赶考之路。面对赶考之路新内涵新特征新任务，党要调动一切可以调动的因素，团结一切可以团结的力量，为完成党的中心任务而奋斗，这其中就包括领导中国共青团组织动员广大青年群众满腔热情地投身到历史任务中去。中国共产党是始终保持青春特质的党，建设朝气蓬勃的马克思主义政党是共产党的自觉追求。共产党历来重视党的事业后继有人的问题，始终坚持马克思主义青年观，强调青年是国家的未来和民族的希望，把青年群众作为重要力量和重要依靠，高度重视青年群众工作。党缔造和领导中国共青团，将其锻造成为中国青年运动的先锋队、党的忠实助手和可靠后备军，作为党联系青年群众最为牢固的桥梁纽带，在历史接力赛中赓续百年青春火种。

一、使命担当：中国共产党走好新的赶考之路

（一）中国共产党的"赶考"历史

中国共产党百年来的奋斗史，可以视为中国共产党为实现历史使命而应对和破解一道道考题、接受考官检验的历史，如果对中国共产党百年赶考史进行阶段划分的话，可分为"救国""兴国""富国""强国"四部赶考曲。[①]1949年3月，在中共中央机关离开西柏坡前往北平之际，毛泽东对周恩来说，今天是个进京赶考的日子，进

① 蒙象飞：《论新的赶考之路与新时代中国共产党的历史使命》，载《探索》2022年第3期，第29—41页。

京赶考"希望考个好成绩"[①]。把中国共产党面临的全国执政和需要完成的新的历史任务比作赶考，这既是中国共产党人的一种政治清醒，也是对完成历史使命的郑重宣誓。党的十八大以来，习近平总书记反复强调"党面临的'赶考'远未结束"[②]，发表了一系列关于赶考的重要论述，赋予了"赶考"以新时代的政治寓意和思想内涵。特别是在庆祝中国共产党成立100周年大会上，习近平总书记回顾了党的赶考史，并向世人庄严宣告，党团结带领中国人民踏上了新的赶考之路，即"过去一百年，中国共产党向人民、向历史交出了一份优异的答卷。现在，中国共产党团结带领中国人民又踏上了实现第二个百年奋斗目标新的赶考之路"[③]。2021年11月，党的十九届六中全会审议通过的《中共中央关于党的百年奋斗重大成就和历史经验的决议》，更是以党的重大决议形式宣示了中国共产党人的赶考决心："我们一定要继续考出好成绩，在新时代新征程上展现新气象新作为。"[④]中国共产党正站在百年时间节点，不忘初心、牢记使命，以赶考的精神状态和奋斗姿态完成好新时代党的历史使命。

回顾历史，中国共产党在一百年革命、建设、改革和迈入新时代征途中，之所以能够应对和破解一道道考题，战胜各种困难、风险和挑战，关键一点在于坚持马克思主义关于人民群众是历史的创造者这一基本原理，坚持群众路线，即坚持人民是决定前途命运的根本力量，坚持全心全意为人民服务的根本宗旨，保持党同人民群众的血肉联系，真正让人民来评判共产党的工作。共产党的历史伟业是人民创造的，共和国的巍峨大厦也是人民一砖一瓦垒起来的。延安红色政权是陕北人民用小米哺育出来的，淮海战役的胜利是人民用小车推出来的，农村改革是小岗村18位村民摁手印开启的，乡镇企业是苏南群众在改革大潮中摸索出来的，新时代数字经济、共享经济、网购经济的新业态新模式是亿万网民推动兴起的，新冠肺炎疫情群防群控的战疫防线是紧紧依靠人民共同构筑的。共产党一切为了人民、紧紧依靠人民、不断造福人民，赢得了人民群众的信赖、拥护和支持，积累了开展群众工作的丰富经验，群众路线是党

① 中共中央文献研究室编：《毛泽东年谱（1893—1949）》（下），中央文献出版社2002年版，第469页。

② 中共中央文献研究室编：《习近平关于实现中华民族伟大复兴的中国梦论述摘编》，中央文献出版社2013年版，第85页。

③ 习近平：《在庆祝中国共产党成立100周年大会上的讲话》，载《人民日报》，2021年7月2日第2版。

④《中共中央关于党的百年奋斗重大成就和历史经验的决议》，载《人民日报》，2021年11月17日第1版。

的生命线。

共产党开展群众工作有两条根本性路径，一条是通过党的自身网络直接联系与组织广大民众，一条是通过建立外围群团组织以整合各阶层群众。一百年来，党充分发挥群团组织作用，有效地组织、动员与教育各阶层群众，调动一切积极因素，团结一切可以团结的力量，团结带领各界群众为实现中华民族伟大复兴而奋斗。群团事业是党的事业的重要组成部分。党的群团工作是党通过群团组织开展的群众工作，是党组织动员广大人民群众为完成党的中心任务而奋斗的重要工作。这是共产党的一大创造，也是党的一大优势。

（二）中国共产党踏上新的赶考之路

新时代中国共产党团结带领中国人民实现了第一个百年奋斗目标，正朝着新目标迈进。全面建成社会主义现代化强国、实现第二个百年奋斗目标，以中国式现代化全面推进中华民族伟大复兴，这一新时代新征程中国共产党的使命任务指引着新的赶考之路的前进方向，也赋予了新的赶考之路的时代特征。

一是"考试"场域站位更高。世界百年未有之大变局、中华民族伟大复兴的战略全局既是党谋划工作的基本出发点，也是新赶考之路的"出卷人"和需要面对的"考场"环境。从时代方位看，党的"赶考"立足新时代，标注着中国当前所处的时代方位。中国特色社会主义新时代是"承前启后、继往开来、在新的历史条件下继续夺取中国特色社会主义伟大胜利的时代，是决胜全面建成小康社会、进而全面建设社会主义现代化强国的时代，是全国各族人民团结奋斗、不断创造美好生活、逐步实现全体人民共同富裕的时代，是全体中华儿女勠力同心、奋力实现中华民族伟大复兴中国梦的时代，是我国不断为人类作出更大贡献的时代"。[①]从远景目标看，党的"赶考"着眼新的目标任务，明确了第二个百年奋斗目标的路线图和时间表，即从2020年到2035年基本实现社会主义现代化，从2035年到本世纪中叶，在基本实现现代化的基础上把中国建成富强民主文明和谐美丽的社会主义现代化强国。

二是"考题"内容难度更大。世界百年未有之大变局既为中华民族伟大复兴提供了重要的战略机遇，也带来了前所未有的风险和挑战。从党的层面看，党的建设特别

---

① 《中共中央关于党的百年奋斗重大成就和历史经验的决议》，载《人民日报》，2021年11月17日第1版。

是党风廉政建设和反腐败斗争面临不少顽固性、多发性问题，来自外部的打压遏制随时可能升级，积极推进全面从严治党、开辟百年大党自我革命新境界，仍然是党面对的重要课题。从国家社会层面看，中国发展进入战略机遇和风险挑战并存、不确定难预料因素增多的时期，各种“黑天鹅”“灰犀牛”事件随时可能发生，如何在人民群众利益诉求多元化、思想认识多元化、精神文化多元化的趋势下深入推进中国式现代化，是党面对的时代考题。从国际层面上看，当前国际格局和国际体系正在发生深刻调整，全球治理体系正在发生深刻变革，国际力量对比正在发生近代以来最具革命性的变化，局部冲突和动荡频发，全球性问题加剧，世界进入新的动荡变革期，西方敌对势力以更加多样的方式、更加隐蔽的手段遏制中国发展壮大，如何不断提高驾驭复杂局面的能力和水平、创造良好国际环境、在国际变局中立于主动，是党面对的国际“考题”。

三是“考官”评判标准更严。人民是阅卷人，是党的工作的最高裁决者和最终评判者。人民群众期待和需求不断提高，“阅卷”标准更严。新时代，我国社会主要矛盾已经转化为人民日益增长的美好生活需要同不平衡不充分发展之间的矛盾，反映了中国人民群众各方面需要内涵的新发展和需要层次的进一步提升，是对量的扩延和质的提高的双重新标准。这体现了人民群众对党的“赶考”能力和“答题”水平要求的不断提高。

党的二十大报告指出，前进道路上必须把握五个重大原则：坚持和加强党的全面领导，坚持中国特色社会主义道路，坚持以人民为中心的发展思想，坚持深化改革开放，坚持发扬斗争精神。新的使命任务已经摆在面前，接下来就是调动一切可以调动的因素，团结一切可以团结的力量，为完成党的中心任务而奋斗，这其中就包括领导群团组织团结动员广大人民群众，克服困难，摆脱阻挠，排除干扰，坚定不移，满腔热情地投身到历史任务中去。

二、青春特质：建设朝气蓬勃的马克思主义执政党

（一）中国共产党百年恰是风华正茂

中国共产党诞生之时，面对的是一个灾难深重的旧中国。共产党本就是由一批热血青年怀揣远大理想、满载青春志向，不怕牺牲、奋起追梦而创立的，党的青春基因与生俱来。百年征程波澜壮阔，从上海石库门到浙江嘉兴的小小游船，从兴业路到

复兴路，中国共产党从最初党员五十几人发展成为在全国执政70多年、拥有9000多万党员的大党。早在1949年6月30日，毛泽东在《论人民民主专政》一文中写道："像一个人一样，有他的幼年、青年、壮年和老年。中国共产党已经不是小孩子，也不是十几岁的年青小伙子，而是一个大人了。"[①]如今，共产党虽历经百年沧桑，不仅没有一丝老态，反而朝气蓬勃，充满青春活力。习近平总书记指出，"中国共产党立志于中华民族千秋伟业，百年恰是风华正茂"[②]，要建设"朝气蓬勃的马克思主义执政党"[③]，"中国共产党是始终保持青春特质的党"[④]。这表明，青春活力是共产党与生俱来的基因，始终保持朝气蓬勃是共产党的内在自觉。

共产党对建设朝气蓬勃的马克思主义政党的认识有着不断深化的过程，毛泽东、邓小平、江泽民、胡锦涛，都强调要始终保持共产党人的蓬勃朝气。习近平总书记多次使用"朝气蓬勃""蓬勃朝气""青春活力"等词汇，对共产党以及广大党员提出期望和要求。2013年7月11日至12日，他在河北调研指导党的群众路线教育实践活动时强调，要"始终保持共产党人的蓬勃朝气、昂扬锐气、浩然正气"[⑤]。2013年12月26日，在纪念毛泽东诞辰120周年座谈会上的讲话中提出，"群众路线是我们党的生命线和根本工作路线，是我们党永葆青春活力和战斗力的重要传家宝"[⑥]。2017年10月18日，党的十九大报告正式把"朝气蓬勃的马克思主义执政党"纳入新时代党的建设总目标[⑦]。2017年10月25日，十九届中共中央政治局常委同中外记者见面时，习近平指出，"中国共产党立志于中华民族千秋伟业，百年恰是风华正茂！""要永葆蓬

① 《毛泽东选集》第4卷，人民出版社1991年版，第1468页。

② 习近平：《新时代要有新气象更要有新作为中国人民生活一定会一年更比一年好》，载《人民日报》，2017年10月26日第2版。

③ 习近平：《决胜全面建成小康社会 夺取新时代中国特色社会主义伟大胜利》，载《人民日报》，2017年10月28日第1版。

④ 习近平：《在庆祝中国共产主义青年团成立100周年大会上的讲话》，载《人民日报》，2022年5月11日第2版。

⑤ 中共中央文献研究室，中央党的群众路线教育实践活动领导小组办公室：《习近平关于党的群众路线教育实践活动论述摘编》，党建读物出版社、中央文献出版社2014年版，第37页。

⑥ 习近平：《在纪念毛泽东同志诞辰120周年座谈会上的讲话》，载《人民日报》，2013年12月27日第2版。

⑦ 习近平：《决胜全面建成小康社会 夺取新时代中国特色社会主义伟大胜利》，载《人民日报》，2017年10月28日第1版。

勃朝气，永远做人民公仆、时代先锋、民族脊梁。”[①]2017年10月31日，带领新当选的十九届中央政治局常委到上海和嘉兴瞻仰党的一大会址和南湖红船时，习近平总书记讲话强调，只有不忘初心、牢记使命、永远奋斗，才能让中国共产党永远年轻[②]。2019年4月30日，他在纪念五四运动100周年大会上指出："党的队伍中始终活跃着怀抱崇高理想、充满奋斗精神的青年人，这是我们党历经百年风雨而始终充满生机活力的一个重要原因。"[③]2021年11月11日，党的十九届六中全会通过的《中共中央关于党的百年奋斗重大成就和历史经验的决议》，强调要把党建设成为"始终走在时代前列、人民衷心拥护、勇于自我革命、经得起各种风浪考验、朝气蓬勃的马克思主义执政党。"[④]2022年5月10日，习近平总书记在庆祝中国共产主义青年团成立100周年大会上，借用"青春"这一青年最鲜明的标识，提出了"中国共产党是始终保持青春特质的党，是永远值得青年人信赖和追随的党"[⑤]的重要论断。由此可见，不论是"朝气蓬勃的马克思主义执政党"，还是永葆党的青春活力，归结起来就是要始终保持青春特质，这是党对建设"朝气蓬勃的马克思主义执政党"的经验总结和理论升华。

（二）中国共产党始终保持青春特质

如同青年一样，中国共产党历经百年风霜依然风华正茂，青春洋溢。中国共产党是如何永葆年轻状态以适应不断变化的环境？如何保持愈久愈旺盛的政治生命力？有研究者从理论武装、学习精神、组织建设、自我革命、群众路线等视角作出诠释，还有学者则从"青年""青春"视角作为理解百年大党保持青春特质的钥匙。石国亮认为，党的思想理论、阶级基础和群众基础、初心使命、自身建设和文化基因等，从根本上决定了青春特质是中国共产党与生俱来的本质特征，青年工作是党的一项极为重要的工作，为党赢得青年人心、汇聚青年力量、输入新鲜血液，是党始终保持青春

---

① 习近平：《新时代要有新气象更要有新作为中国人民生活一定会一年更比一年好》，载《人民日报》，2017年10月26日第2版。

② 习近平：《铭记党的奋斗历程时刻不忘初心 担当党的崇高使命矢志永远奋斗》，载《人民日报》，2017年11月01日第1版。

③ 习近平：《论党的青年工作》，中央文献出版社2022年版，第213页。

④ 《中共中央关于党的百年奋斗重大成就和历史经验的决议》，载《人民日报》，2021年11月17日第1版。

⑤ 习近平：《在庆祝中国共产主义青年团成立100周年大会上的讲话》，载《人民日报》，2022年5月11日第2版。

特质的一个重要原因。[1]吴庆认为，中国共产党、中国共青团与中国青年运动连接于少年初心和青春志向，党的建立和发展，就是一群青年奋起，不断将青春之气注入这个传统国家、古老民族的肌体；党发展的历史，就是珍存建党之初青春之气，保持理想、活力和奋斗特有青春气质，带领中国共青团代表、赢得和依靠一代又一代的青年敢打先锋，弘扬青春品质，去不断获得胜利的历史；党因青春的魅力吸引了一代又一代的青年，一代又一代的青年跟随党投身革命、建设和改革大潮，又将最新时尚风尚带到中国共产党的肌体之中，使得党永葆青春、朝气蓬勃和永远年轻[2]。廉思认为，中国共产党引领中国青年运动的百年丰富实践，生动诠释了中国共产党永葆青春的生命密码，决定中国共产党永葆青春的核心要素在于整合并引领青年这类特殊社会群体的能力，中国共产党体内蕴藏着强大的“青春抗体”：青年党员的人数与比例、后备队伍的吸纳与录用、年轻干部的遴选与发展以及青年人才的空间与平台，具备“青春抗体”的政党会进入“青年态”，组织活力会永续存在，并可自我更迭精进，这也是中国共产党历经百年“依然年轻”的重要动因[3]。总的来说，从青春的角度看党永葆朝气蓬勃的密码，关键在于青春的精神、青春的成员和青春的行动。

党的青春特质，在于青春精神。2018年5月2日，习近平总书记在北京大学师生座谈会上指出，“青春理想，青春活力，青春奋斗，是中国精神和中国力量的生命力所在”。[4]2022年5月10日，习近平总书记在庆祝中国共产主义青年团成立100周年大会上三十余次提到“青春”，讲话指出，中华民族是“自强不息、朝气蓬勃的青春民族”，“千百年来，青春的力量，青春的涌动，青春的创造，始终是推动中华民族勇毅前行、屹立于世界民族之林的磅礴力量”[5]。“青春”，是一个民族、一个政党、一个国家发展的重要精神力量。党植根于青春民族的肥沃土壤之上，青春民族的优秀传统文化为党的诞生和发展壮大提供重要滋养。青春最富有理想，中国共产党正是理想远大、信念坚定的党。党是诞生于国家内忧外患、民族危难之时的马克思主义政

---

① 石国亮：《为什么说“中国共产党是始终保持青春特质的党”——兼论共青团百年历程的理论逻辑》，载《广东青年研究》2022年第2期，第2—14页。

② 吴庆：《百年青春 百年辉煌：中国共产党、中国共青团与中国青年运动》，载《新生代》2022年第3期，第5—11页。

③ 廉思：《中国共产党百年练就“青春抗体”》，载《人民论坛》2022年第9期，第12—16页。

④ 习近平：《在北京大学师生座谈会上的讲话》，载《人民日报》，2018年5月3日第2版。

⑤ 习近平：《在庆祝中国共产主义青年团成立100周年大会上的讲话》，载《人民日报》，2022年5月11日第2版。

党，一经成立就把实现共产主义作为自己的最高理想和最终目标，义无反顾肩负起实现中华民族伟大复兴的历史使命，无论是顺境还是逆境，初心不改、矢志不渝。青春最具有活力，中国共产党正是与时俱进、勇于创新的党。党坚持解放思想和实事求是相统一、培元固本和守正创新相统一，在实践中不断开辟马克思主义中国化时代化新境界，走出具有中国特色的社会主义道路。青春最勇敢奋斗，中国共产党正是不惧险阻、敢于斗争的党。党坚持弘扬永久奋斗的伟大传统，党的百年历史就是依靠自己的英勇奋斗，不怕牺牲，让国家实现从站起来、富起来到强起来的飞跃。

党的青春特质，在于青春成员。一百多年前，一大批先进青年在“觉醒年代”纷纷觉醒，五四运动标志着中国青年成为推动社会变革的急先锋。“青春力量一经觉醒，先进思想一经传播，中华大地便迅速呈现出轰轰烈烈的革命新气象。在马克思列宁主义同中国工人运动的紧密结合中，中国共产党应运而生。中国共产党一经诞生，就把关注的目光投向青年，把革命的希望寄予青年。”[①]在创建中国共产党的先驱中，青年是绝对的主角，参加中共一大的代表，平均年龄28岁。在长期的奋斗中，党始终高度重视发展优秀青年入党工作，把青年当作自身发展壮大的生力军。据《新时代的中国青年》白皮书数据，截至2021年6月，我国35岁及以下党员共2367.9万名，占党员总数的24.9%，党的十八大以来，每年新发展党员中35岁及以下党员占比均超过80%。[②]如今，青年已经成为党的重要组成部分和新发展党员的主体构成，也必将成为党永葆青春活力和旺盛生命力的重要保证。同时，党把共青团作为助手和后备军，从广大青年中遴选思想积极者到共青团组织中进行培养锻造；共青团坚定履行好后备军的职责和使命，将其中优秀分子输送到党内，发展成为共产党员，为党培养和输送新鲜血液，使党的肌体能有效“新陈代谢”。

党的青春特质，在于青春行动。青春行动，表现在不忘初心持续追梦。中国共产党志在千秋伟业，把广大人民群众团结起来、组织起来，不断追梦，担当起为中国人民谋幸福、为中华民族谋复兴的历史重任。青春行动，表现在勇于自我革命。“革命人永远是年轻”[③]，马克思主义政党是保持革命者的本色和革命者精神的政党。“自

---

① 习近平：《在庆祝中国共产主义青年团成立100周年大会上的讲话》，载《人民日报》，2022年5月11日第2版。

② 中华人民共和国 国务院新闻办公室：《新时代的中国青年（2022年4月）》白皮书，人民网，2022年4月21日。

③ 《习近平：在庆祝中国共产主义青年团成立100周年大会上的讲话》，载《人民日报》，2022年5月11日第2版。

我革命精神是党永葆青春活力的强大支撑”[①]，是中国共产党区别于其他政党的显著标志。百年历程中，共产党以伟大自我革命引领伟大社会革命：注重实事求是，客观总结经验教训，修正错误；注重刀刃向内，不断自我净化、自我完善、自我革新，及时有效解决党内存在的一切问题；注重从严治党，敢于刮骨疗毒，向党内顽瘴痼疾开刀，加强革命性锻造，确保党不断焕发出旺盛的青春活力。青春行动，表现在坚持走群众路线。群众路线是党的生命线和根本工作路线，是党永葆青春活力和战斗力的重要传家宝。共产党人无论走到哪里，只有同那里的人民结合起来，认真做好群众工作，才能在人民中间生根开花。党的百年历史，就是一部坚持群众路线，不断动员起千千万万人民大众，为改变自己的命运而奋斗不息的历史；就是一部充分尊重人民群众首创精神，不断从人民群众中汲取力量和智慧的历史；就是一部紧紧依靠人民群众，不断推动党的事业从胜利走向新的胜利的历史。

三、后继有人：在历史接力赛中赓续百年青春火种

青春孕育无限希望，青年创造美好明天。一个民族、一个国家、一个政党只有寄望青春、永葆青春，才能兴旺发达。在世界范围内，政党与青年、青年组织有非常密切的联系，是一种双向互动的关系。政党把青年、青年组织作为争取执政权力、巩固执政基础的重要力量，青年、青年组织把参与政党或参与政党领导的事业作为实现自我或组织利益的途径。重视青年与青年组织，已成为各国政党的普遍共识。中国共产党自成立之日起，始终坚持马克思主义青年观，强调青年是国家的未来和民族的希望，“代表广大青年，赢得广大青年，依靠广大青年，是我们党不断从胜利走向胜利的重要保证”[②]。一代代有志青年在历史洪流中追随中国共产党的领导不断书写青春、激情和梦想，与人民一道奋进在中华民族伟大复兴的道路上。

历史是靠人民群众创造的，要实现党的历史使命和奋斗目标，必须紧紧依靠人民群众，充分调动最广大人民的积极性、主动性、创造性。青年是群众的一部分，但作为个体的、具体的青年，其力量是有限的，只有把青年团结起来、组织起来、动员起来，才能更好地凝聚群体意志、汇聚群体力量，才能作为一个整体肩负起时代赋予

① 《中共中央关于党的百年奋斗重大成就和历史经验的决议》，载《人民日报》，2021年11月17日第1版。

② 习近平：《论党的青年工作》，中央文献出版社2022年版，第27页。

他们的使命。中国共产党通过成立中国共青团，作为中国青年运动的先锋队，把青年群众团结起来、组织起来，为党的中心任务凝聚青年建功；通过成立中国共青团，锻造成为党的忠实助手和可靠后备军，为党育人，解决党的事业后继有人的问题；通过成立中国共青团，作为党联系青年群众最为牢固的桥梁纽带，发挥共青团遍布基层一线、深入青年身边的优势，巩固和扩大党执政的青年群众基础。

中国共产党历来重视党的事业后继有人的问题，一方面保证党的事业有源源不断的政治人才，一方面保证党的事业有一代又一代的接续奋斗者。共产党、共青团、少先队育人链条的构建，是党培养青年政治人才的重要机制。“在实现中华民族伟大复兴的征程上，中国共产党是先锋队，共青团是突击队，少先队是预备队。入队、入团、入党，是青年追求政治进步的‘人生三部曲’”。[①]党、团、队，在过去百年的发展实践中构建起一个统一而不可分割的政治培养体系，发挥了薪火相传的政治纽带作用，对于确保党的事业后继有人和建设一个长期执政的马克思主义政党具有长远意义。党在百年征程中始终向青年敞开大门，热情欢迎、亲切关心广大青年，始终引领青年政治成长进步，确保青年源源不断地成为党的新鲜血液，已成为党的一个重要的制度设计。党团结带领中国人民走好新时代的赶考之路、实现中华民族伟大复兴中国梦，需要一代又一代人的接续奋斗。青年是推动历史进步的重要主体，青年是无产阶级政党的新鲜血液，青年是党的事业的接续奋斗者。“中华民族伟大复兴的中国梦终将在一代代青年的接力奋斗中变为现实”[②]，“坚持好、发展好中国特色社会主义，把我国建设成为社会主义现代化强国，是一项长期任务，需要一代又一代人接续奋斗。我们的今天就是这样走过来的，我们的明天需要青年人接着奋斗下去，一代接着一代不断前进。”[③]“一代人有一代人的长征，一代人有一代人的担当。建成社会主义现代化强国，实现中华民族伟大复兴，是一场接力跑。我们有决心为青年跑出一个好成绩，也期待现在的青年一代将来跑出更好的成绩。”[④]

中国共产党抓好后继有人这个根本大计，抓住的是当下，传承的是根脉，面向的是未来，攸关新时代中国共产党历史使命的实现。作为政党青年组织，共青团应恪守

---

① 习近平：《在庆祝中国共产主义青年团成立100周年大会上的讲话》，载《人民日报》，2022年5月11日第2版。

② 习近平：《论党的青年工作》，中央文献出版社2022年版，第146页。

③ 习近平：《在北京大学师生座谈会上的讲话》，人民出版社2018年版，第3页。

④ 习近平：《论党的青年工作》，中央文献出版社2022年版，第217页。

政治本色，坚持党旗所指就是团旗所向，为党团结凝聚青年、输送新鲜血液；共青团应自觉担当尽责，组织青年永久奋斗，听从党和人民召唤，展现中国青年运动先锋队的应有风貌；共青团应心系广大青年，紧扣服务青年的工作生命线，从广大青年这片沃土中汲取养分、获取力量，始终坚守党的群团组织的鲜明底色；共青团应传承党的基因，勇于自我革命，对标全面从严治党经验做法，在全方位、高标准锻造中焕发昂扬向上的时代风貌。只有这样，共青团才能不负党的期待，不负国家和人民的期待，赓续百年青春火种。

第二节
党对青年群众工作的理论深化及实践要求

党的十八大以来，以习近平同志为核心的党中央从确保党的事业薪火相传和中华民族永续发展的战略高度，深刻把握新时代中国青年运动规律，加强党对青年工作的领导，召开党的历史上第一次中央党的群团工作会议，出台新中国历史上第一个青年发展规划，印发党的历史上第一个以党中央名义发布的少先队工作文件，部署共青团改革，推动青年工作取得历史性成就。党的青年工作的理论生产和生动实践，充分显示了共产党对青年工作的一贯重视，代表了党对青年工作规律认识的新高度，以及对共青团委以重任的坚定执着。习近平总书记明确指出“共青团是为党做青年群众工作的组织”[①]。中国共产党在新赶考路上的历史任务就是现阶段党的青年群众工作的大前提，党的战略目标和行动指南就是青年群众工作的使命和遵循，党所建构的新时代政治体系就包含着青年群众工作这一子系统。习近平总书记围绕党的青年工作发表的一系列重要论述蕴含着新时代青年群众工作的认识论、价值论、方法论、人才论，是如何做好党的青年群众工作的重大理论认识和实践总结，既是党对青年群众提出的更高要求，也是新时代做好青年群众工作的根本遵循。

一、认识论：新时代青年的本质和战略地位

习近平总书记十分重视、关心并信任青年，多次出席青年活动、和青年谈心、给青年回信，表达对青年的希望和教诲，凝练了共产党人在新时代如何认识青年、如何看待青年、如何培养青年的最新智慧，给马克思主义青年群众观注入了新的内涵和时代精神，代表着党对青年群众本体及青年群众工作的规律性认识提升到了新的高度。

1. 高度重视青年地位和历史作用

人民群众是历史的创造者，这是党的群众观点的哲学基础。以习近平同志为核心的党中央从以下四个维度看待青年的本质和战略地位。一是政党、国家和民族的

① 习近平：《论党的青年工作》，中央文献出版社2022年版，第37页。

前途与希望。习近平从党和国家事业发展薪火相传、后继有人的战略高度看待青年的地位和历史作用。2013年5月4日，党的十八大以后第一个青年节，习近平与各界优秀青年代表座谈时就指出："青年一代有理想、有担当，国家就有前途，民族就有希望"[①]，充分指明青年在国家和民族发展中的特殊地位，并把中国梦的实现与青年一代的发展融合起来。习近平在2019年纪念五四运动100周年大会上指出，中国青年"始终是实现中华民族伟大复兴的先锋力量！"[②]"先锋"二字肯定了中国青年勇站革命队伍前头的责任担当。在庆祝中国共产党成立100周年大会，习近平总书记的讲话同样蕴含着丰富的青年语义："未来属于青年，希望寄予青年"，"一百年来，在中国共产党的旗帜下，一代代中国青年把青春奋斗融入党和人民事业，成为实现中华民族伟大复兴的先锋力量"[③]，从执政党的角度对青年的社会历史价值、青年的政党意义给予了充分肯定。二是中国特色社会主义建设者和接班人。无产阶级的最高目标和光荣使命是实现共产主义，实现共产主义的伟大历程具有长期性、复杂性和曲折性，需要接力跑，需要接班人。"建成社会主义现代化强国，实现中华民族伟大复兴，是一场接力跑。我们有决心为青年跑出一个好成绩，也期待现在的青年一代将来跑出更好的成绩。"[④]在全面建设社会主义现代化国家新征程上，青年"将是接过历史接力棒的主力军"[⑤]。庆祝中国共产党成立100周年大会上共青团员和少先队员代表集体献词这一议程更是体现着党的深远政治考量、重大政治寓意和特殊政治关怀。三是奋进者、开拓者、奉献者、创新者。从青年对社会的促进作用看，青年的社会角色既是奋进者，又是开拓者，还是奉献者。习近平指出，青年是"全社会最富有活力、最具有创造性的群体"[⑥]，"新时代中国青年坚守'永久奋斗'光荣传统，把平凡的岗位作为成就人生的舞台，用艰辛努力推动社会发展、民族振兴、人民幸福，靠自己的双手打拼一个光明的中国"，"在祖国和人民需要的时候挺身而出，自觉扛起责任，无私奉献，无畏向前，彰显青年一代应有的闯劲、锐气和担当"，他们"富有想

---

① 中共中央文献研究室编：《习近平关于青少年和共青团工作论述摘编》，中央文献出版社2017年版，第3页。

② 习近平：《论党的青年工作》，中央文献出版社2022年版，第208页。

③ 习近平：《在庆祝中国共产党成立100周年大会上的讲话》，载《人民日报》，2021年7月2日第2版。

④ 习近平：《论党的青年工作》，中央文献出版社2022年版，第218页。

⑤ 习近平：《论党的青年工作》，中央文献出版社2022年版，第58页。

⑥ 中共中央文献研究室编：《习近平关于青少年和共青团工作论述摘编》，中央文献出版社2017年版，第46页。

象力和创造力，思想解放、开拓进取，勇于参与日益激烈的国际竞争，成为创新创业的有生力量”，“在社会文明建设中引领时代新风，争当正能量的倡导者、新风尚的践行者”[①]。四是国际交往的桥梁和纽带。习近平总书记强调青年在国际发展中的重要作用，鼓励中国青年在“一带一路”和全球发展中应有的国际担当。他对参加世界青年科学家峰会的青年提出希望：“交流思想，互学互鉴，筑牢友谊基石，扎紧合作纽带，让更多青年科技人才施展抱负、成就梦想，以科技创新引领经济社会发展，共创人类发展的美好未来”[②]。他在2022年7月21日致世界青年发展论坛的贺信中指出，“中国始终把青年看作推动社会发展的有生力量，鼓励青年在参与推动构建人类命运共同体的实践中展现青春活力”[③]。这种对青年发展的国际定位既把握了中国力量与中国精神在国际舞台上的重要地位，宣示了中国党和政府支持青年将个人发展的“小目标”融入国家发展的“大蓝图”、汇入世界发展的“大潮流”的政策导向，更彰显了新时代中国青年在构建人类命运共同体、弘扬全人类共同价值这一伟大实践中的使命担当，是对中国青年本质与地位的拓展与丰富。

2. 代表青年，赢得青年，依靠青年

为什么人、靠什么人是检验一个政党、一个政权性质的试金石。习近平总书记明确指出：“代表广大青年，赢得广大青年，依靠广大青年，是我们党不断从胜利走向胜利的重要保证”[④]，党立志于中华民族千秋伟业，就必须“始终代表广大青年、赢得广大青年、依靠广大青年，用极大力量做好青年工作，确保党的事业薪火相传，确保中华民族永续发展”[⑤]，要求“全党要把青年工作作为战略性工作来抓，用党的科学理论武装青年，用党的初心使命感召青年，做青年朋友的知心人、青年工作的热心人、青年群众的引路人”。[⑥]“以人民为中心”是习近平新时代中国特色社会主义思

① 中华人民共和国 国务院新闻办公室：《新时代的中国青年（2022年4月）》白皮书，人民网，2022年4月21日。

② 《习近平向2019世界青年科学家峰会致贺信》，载《人民日报》，2019年10月27日第1版。

③ 《习近平向世界青年发展论坛致贺信》，载《人民日报》，2022年7月22日第1版。

④ 中共中央文献研究室编：《习近平关于青少年和共青团工作论述摘编》，中央文献出版社2017年版，第3页。

⑤ 习近平：《在庆祝中国共产主义青年团成立100周年大会上的讲话》，载《人民日报》，2022年5月11日第2版。

⑥ 习近平：《高举中国特色社会主义伟大旗帜 为全面建设社会主义现代化国家而团结奋斗》，载《人民日报》，2022年10月26日第1版。

想的核心理念，具体到青年群众工作领域就是以青年为本，尊重青年的主体地位，以青年的本质为本，以青年的全面需求为本，以青年全面发展为本，以青年的自我价值实现为本，创造条件助力青年人生出彩，帮助青年解决发展困惑，帮助青年追求发展利益。2017年，中共中央、国务院出台了新中国历史上第一个青年发展规划《中长期青年发展规划（2016—2025年）》，鲜明提出了“党管青年”“青年首先发展”“以青年为本，尊重青年的主体地位”等原则及理念，内容涉及青年发展的多个领域中10项重要内容，包含教育、健康、婚恋、就业、社会参与、社会保障等与青年发展相关的最基本问题。规划的出台，标志着把青年发展摆在党和国家工作全局中更加重要的战略位置，整体思考、科学规划、全面推进，使青年在历史和时代发展中的地位得到前所未有的提升。

3. 教育和引导青年

既依靠群众又教育和引导群众，是党的群众观点的实践方式。从普遍性来讲，先进的思想、科学的理论很难在群众中自发产生，这些先进理念虽然蕴藏在群众中，但处于零散状态，执政党必须发挥自身的先进性进行概括总结和提升，形成固定的理论形态思想形式，再用一定的形式和载体传播到群众中去，适时进行教育引领，让群众思想受益，生产受惠。从特殊性来讲，青年一代要健康成长、要接好党和人民事业的接力棒，不是自发的，而是需要指引教导和严格要求的。青年“正处在人生成长的关键时期，知识体系搭建尚未完成，价值观塑造尚未成型，情感心理尚未成熟，需要加以正确引导”[①]。同时，国际形势变幻莫测，国家间较量亦充分体现在青年阵地战上，包括青年人才竞争、意识形态领域的激烈较量等，更需要加强对青年的教育和引导，尤其是加强政治引领。习近平在十九届中央政治局第十四次集体学习时强调，“加强对广大青年的政治引领，引导广大青年自觉坚持党的领导，听党话、跟党走”[②]，在省部级主要领导干部坚持底线思维着力防范化解重大风险专题研讨班开班式上强调，要“高度重视对青年一代的思想政治工作”，“教育引导广大青年形成正确的世界观、人生观、价值观，增强中国特色社会主义道路、理论、制度、文化自信”[③]，这说明要牢牢抓住青年教育的发展方向，从价值观教育上加强引导，从政治

① 《习近平在全国高校思想政治工作会议上强调：把思想政治工作贯穿教育教学全过程 开创我国高等教育事业发展新局面》，载《人民日报》，2016年12月09日第1版。

② 习近平：《论党的青年工作》，中央文献出版社2022年版，第202—203页。

③ 习近平：《习近平谈治国理政》（第三卷），外文出版社2020年版，第220页。

社会化角度加强引领，在实践上进行积极鼓励，培养教育青年坚定坚守自身的主流思想阵地，成为担当民族复兴大任的时代新人。党的二十大报告勉励广大青年要“坚定不移听党话、跟党走，怀抱梦想又脚踏实地，敢想敢为又善作善成，立志做有理想、敢担当、能吃苦、肯奋斗的新时代好青年，让青春在全面建设社会主义现代化国家的火热实践中绽放绚丽之花”。[①]

二、价值论：青年群众工作的职责和使命

党的十八大以来，习近平对青年工作提出了“坚持和培养社会主义建设者和接班人的根本任务，巩固和扩大党执政的青年群众基础的政治责任，围绕中心、服务大局的工作主线”的三个根本性问题，更是对共青团明确了“引领凝聚青年、组织动员青年、联系服务青年”的职责[②]，这是新时代党的群众工作在青年领域的具体内容。

1. 青年工作的根本任务是培养社会主义建设者和接班人，核心是引领凝聚，通过教育、引导、塑造来对青年“形体其身，精神其心”

在培养什么人的问题上，习近平总书记继续坚持中国共产党的一贯思想主张，继续把正在进行的中国特色社会主义建设事业当做青年教育的根本任务。对广大青年而言，符合中国国情的中国特色社会主义道路就是指引人生前进的航向和旗帜。积极主动引导当代青年与中国特色社会主义道路共同前进，促使青年在坚定不移地走中国特色社会主义道路的过程中，培养青年的理想信念和人格品质，就是当代青年工作的一项根本任务。习近平强调要在广大青年中加强和改进理论武装工作，“要引导广大青年运用马克思主义立场、观点、方法观察分析问题，学会在各种思潮交融交锋中把握主流，在纷繁复杂的现象中抓住本质，从而坚定正确政治方向，增强道路自信、理论自信、制度自信、文化自信，坚定听党话、跟党走的人生追求”[③]。在价值观培养上，习近平勉励青年“人生的扣子从一开始就要扣好”。习近平特别强调青年时代确立的理想和信念对一个人成长奋斗的重要意义，党对共青团工作第一位的要求是帮助广大青年确立正确的理想、坚定的信念，团组织只有抓好这项工作，才真正抓到了根

① 习近平：《高举中国特色社会主义伟大旗帜 为全面建设社会主义现代化国家而团结奋斗》，载《人民日报》，2022年10月26日第1版。

② 习近平：《论党的青年工作》，中央文献出版社2022年版，第217页。

③ 习近平：《论党的青年工作》，中央文献出版社2022年版，第156页。

本[1]，团组织要做好青年思想引导工作、增强吸引力和凝聚力，必须站在理想信念这个制高点上[2]。

2. 青年工作的政治责任是巩固和扩大党执政的青年群众基础，关键是联系服务青年，关心青年发展、解决青年实际困难

全心全意为人民服务是群众工作的价值论。青年利益与人民整体利益具有一致性，要通过关注了解青年需求、团结服务青年、解决青年发展问题来把最大多数的青年紧紧凝聚在党的周围。在服务内容上，习近平关注当代青年在成长成才、身心健康、就业创业、社会融入、婚恋交友等方面的新困难和问题[3]。在服务对象上，习近平强调群团组织要更关注困难群众，多做雪中送炭的事情。他特别提到了高校毕业生、城乡贫困家庭青年、残疾青年、城乡流动的农村青年、农村留守儿童等困难人群；提到了农民工群体、个体工商户、网民、“北漂”、“蚁族”里的青年人，尤其是自由职业者、网络意见领袖、网络作家、签约作家、自由撰稿人、独立演员歌手、流浪艺人等种类繁多的新兴群体，要求共青团组织深入他们、帮助他们、引导他们。共产党执政的全部实践就是服务人民，必然也包括服务青年的成长进步。

3. 青年工作的主线是围绕中心、服务大局，重点是组织动员，引导青年在投身中华民族伟大复兴的中国梦中建功立业

习近平指出，群团组织要搞好“公转”“自转”，既要在党和国家工作大局下思考和行动，又要立足所联系群众为大局提供支持，做到“顶天立地”[4]。共青团要广泛动员青年建功新时代，“主动配合党和国家重大工作部署，动员广大青年把报国之志转化为实际行动”[5]，培养担当民族复兴大任的时代新人。“经济建设主战场、文化发展大舞台、社会建设新领域、科技创新最前沿、重点项目第一线、基层实践大

① 中共中央文献研究室编：《习近平关于青少年和共青团工作论述摘编》，中央文献出版社2017年版，第63页。

② 中共中央文献研究室编：《习近平关于青少年和共青团工作论述摘编》，中央文献出版社2017年版，第62页。

③ 中共中央文献研究室编：《习近平关于青少年和共青团工作论述摘编》，中央文献出版社2017年版，第66页。

④ 中共中央文献研究室编：《习近平关于青少年和共青团工作论述摘编》，中央文献出版社2017年版，第75页。

⑤ 习近平：《论党的青年工作》，中央文献出版社2022年版，第158页。

熔炉”[①]，都可以成为广大青年建功立业的重要阵地。青年要在为人民服务中茁壮成长、在艰苦奋斗中砥砺意志品质、在实践中增长工作本领[②]，在党和人民最需要的地方贡献力量。

三、方法论：青年群众工作的路径方法

“从群众中来，到群众中去”属于马克思主义的方法论，明确了党走群众路线的领导方法和工作方法。习近平指出：“群团组织中存在的问题，实质是脱离群众。”[③]要解决脱离青年群众的问题，关键是要遵循规律，把握正确方法，以改革的手段增强共青团的政治性、先进性和群众性，坚持青年主体，自觉在工作中贯彻“从群众中来，到群众中去”的群众路线，赢得青年的信任和信赖。

1. 保持和增强共青团的政治性、先进性和群众性

习近平总书记在中央党的群团工作会议上对群团组织明确地提出增强政治性、先进性、群众性的要求，对增强“三性”的具体工作路径与方法也有明确。在增强政治性方面，习近平总书记明确指出：“政治性是群团组织的灵魂，是第一位的”，“群团组织必须自觉坚持中国共产党的领导”，“工会、共青团、妇联等群团组织要承担起引导群众听党话、跟党走的政治任务，为夯实党执政的阶级基础和群众基础做出贡献上”[④]，这也是衡量群团组织工作做得好不好的政治标准。在增强先进性方面，就是能够组织动员群众走在时代前列，在改革稳定第一线建功立业。具体而言，要“以先进引领后进，以文明进步代替蒙昧落后，以真善美抑制假恶丑，教育引导广大人民群众不断提高思想觉悟和道德水平，坚定走中国特色社会主义道路，自觉践行社会主义核心价值观，真正成为党执政的坚实依靠力量、强大支持力量、深厚社会基础”，“始终站在党和人民的立场上，坚持为党分忧，为民谋利，把思想政治工作贯穿所开展的各种活动，多做组织群众、宣传群众、教育群众、引导群众的工作，多做统一思

---

① 中共中央文献研究室编：《习近平关于青少年和共青团工作论述摘编》，中央文献出版社2017年版，第64页。

② 习近平：《论党的青年工作》，中央文献出版社2022年版，第225页。

③ 中共中央文献研究室编：《习近平关于社会主义政治建设论述摘编》，中央文献出版社2017年版，第189页。

④ 中共中央文献研究室编：《习近平关于青少年和共青团工作论述摘编》，中央文献出版社2017年版，第69—70页。

想、凝聚人心、化解矛盾、增进感情、激发动力的工作。群团组织要自觉成为在群众中、在基层凝聚人心、坚守前哨、冲锋陷阵的战斗队、工作队。”[①]团组织成员的先进性、光荣感，一个很重要的方面就是理想信念先进，能够走在时代的前列，青年的前列。在增强群众性方面，就是能够密切联系广大群众。共青团组织开展的工作和活动就要以青年群众为中心，让青年群众当主角，而不能让青年群众当配角、当观众。要避免脱离青年群众的“行政化”“机关化”，坚持眼睛向下，重心下移，而向基层，力量配备和服务资源向基层倾斜，把神经末梢搞敏感，把毛细血管搞畅通。必须“克服重精英、轻草根的倾向，更多关注、关心、关爱普通群众”[②]。各级团组织要建立团干部直接联系青年群众的制度，探索更多更有效的方法和措施。

2. 在青年工作中贯彻“从群众中来，到群众中去”的群众路线方法

从青年群众中来：深入青年群众调查研究，把握实际需求和好经验，激发青年的能量和活力。习近平要求群团组织摆脱文山会海、走出高楼大院，群团干部要深入基层、深入群众，争当为人民服务宗旨的忠实践行者、党的群众路线的坚定执行者、党的群众工作的行家里手[③]，共青团机关干部下基层活动要常态化、制度化，大部分工作时间要到青年中去，“下去了，不要走马观花，不要蜻蜓点水，不要前呼后拥，而是要深入基层群众，掌握第一手材料，推动解决群众需要解决的问题”。[④]青年群体尤其是青年人才蕴藏着巨大的创造能量和活力，要为青年成长成才创造条件，把蕴藏在青年身上的创造能量和活力激发出来，还要关爱和发现人才，特别要加强对一些有才华、有能力、有创意的青年的工作，这些青年在青年群体中影响大、有号召力，把他们的工作做好了，就可以对做青年工作产生事半功倍的效果。[⑤]“来”的过程，也是激发青年智慧和力量的过程。到青年群众中去：把工作延伸到广大青年最需要的地

---

① 中共中央文献研究室编：《习近平关于青少年和共青团工作论述摘编》，中央文献出版社2017年版，第72页。

② 中共中央文献研究室编：《习近平关于青少年和共青团工作论述摘编》，中央文献出版社2017年版，第73页。

③ 中共中央文献研究室编：《习近平关于青少年和共青团工作论述摘编》，中央文献出版社2017年版，第74页。

④ 中共中央文献研究室编：《习近平关于青少年和共青团工作论述摘编》，中央文献出版社2017年版，第74—75页。

⑤ 中共中央文献研究室编：《习近平关于青少年和共青团工作论述摘编》，中央文献出版社2017年版，第67页。

方，密切与青年的联系。习近平明确指出，“青年在哪里，团组织就建在哪里；青年有什么需求，团组织就要开展有针对性的工作”[①]。密切与青年的联系，归根结底还是在于服务青年解决实际问题，共青团要深入青年之中，倾听青年呼声，关心青年安危冷暖，千方百计为青年排忧解难，使团组织成为广大青年遇到困难时想得起、找得到、靠得住的力量[②]，“做广大青年信得过、靠得住、离不开的贴心人”[③]。从“想得起、找得到、靠得住”到“信得过、靠得住、离不开”，表述的变化更加凸显了党对共青团密切联系青年的要求，凸显了共青团和青年紧密相连的理想状态。到青年群众中去还要扩大团的有效覆盖面，做好团工作的延伸。除了党政机关、事业单位、国有企业、学校中的青年工作，还要下大气力做好社会其他领域的青年工作，如新经济组织、新社会组织、社区里的青年，网络空间、虚拟社会里的青年，新兴群体中的青年等，努力去做他们的工作，深入他们、帮助他们、引导他们，而不要排斥他们、拒绝他们、疏远他们，不要让他们游离于社会组织之外[④]，让他们发挥更多能量。有效覆盖面不仅要看到有形的对象，而且要看到无形的对象，“开展网络斗争、加强网络管理、弘扬网上主旋律，团组织也可以更多发挥一点作用”[⑤]。

四、人才论：干部队伍建设的要求

群众工作做得怎么样，干部队伍是关键。群团干部队伍是党的干部队伍的重要组成部分，应对标党的干部“信念坚定、为民服务、勤政务实、勤于担当、清正廉洁”的要求[⑥]。对于团干部，习近平具体提出了“坚定理想信念、心系广大青年、提高工作能力、锤炼优良作风”四项要求，从严要求团的干部队伍建设。

---

① 中共中央文献研究室编：《习近平关于青少年和共青团工作论述摘编》，中央文献出版社2017年版，第65页。

② 中共中央文献研究室编：《习近平关于青少年和共青团工作论述摘编》，中央文献出版社2017年版，第65页。

③ 习近平：《论党的青年工作》，中央文献出版社2022年版，第160页。

④ 中共中央文献研究室编：《习近平关于青少年和共青团工作论述摘编》，中央文献出版社2017年版，第68页。

⑤ 中共中央文献研究室编：《习近平关于青少年和共青团工作论述摘编》，中央文献出版社2017年版，第68页。

⑥ 中共中央文献研究室编：《习近平关于青少年和共青团工作论述摘编》，中央文献出版社2017年版，第85页。

1. 群众性是好干部的重要评价标准和培养要求

习近平一贯重视干部的群众性，党的好干部必然是要践行群众路线，具备群众工作能力的。2019年3月至2022年3月，习近平六次出席中央党校（国家行政学院）中青年干部培训班开班式并做重要讲话，深刻回答了新时代教育培养什么样的年轻干部、怎样教育培养年轻干部的重大问题，内容中包含了对群众性的集中阐述。他指出，干部要虚心向群众学习，真心对群众负责，热心为群众服务，诚心接受群众监督，要拜人民为师、向人民学习，放下架子、扑下身子，接地气、通下情，深入开展调查研究，解剖麻雀，发现典型，真正把群众面临的问题发现出来，把群众的意见反映上来，把群众创造的经验总结出来。[①]习近平集中阐述了年轻干部要提高解决实际问题的七种能力，其中就包含着群众工作能力。他要求年轻干部要坚持从群众中来、到群众中去，真正成为群众的贴心人；要心中有群众，时刻把群众安危冷暖放在心上，切实解决群众“急难愁盼”的问题；要带领群众艰苦奋斗、勤劳致富；要注意宣传群众、教育群众，用群众喜闻乐见、易于接受的方法开展工作；要自觉运用法治思维和法治方式等。[②]习近平要求年轻干部要坚持全心全意为人民服务的根本宗旨，坚持以人民为中心的发展思想，把好事实事做到群众心坎上，哪里有人民需要，哪里就能做出好事实事，哪里就能创造业绩；业绩好不好，要看群众实际感受，由群众来评判。[③]从树立群众观点、全心全意为人民服务、以增进人民福祉为目标，到践行群众路线、开展调查研究、反映群众问题和经验、运用具体群众工作方法，再到业绩成果由群众评判，习近平的系列讲话成为年轻干部如何增强群众性的行动指南。在青年干部的培养锻炼上，习近平十分注重基层历练的作用。他把基层看作是青年人才接受磨炼的“练兵场”，鼓励青年干部到基层去锤炼，增进对群众的了解，锤炼对群众的感情。这是干部成长的必经之路。

---

① 《习近平在中央党校（国家行政学院）中青年干部培训班开班式上发表重要讲话强调 在常学常新中加强理论修养，在知行合一中主动担当作为》，载《人民日报》，2019年3月2日第1版。

② 《习近平在中央党校（国家行政学院）中青年干部培训班开班式上发表重要讲话强调 年轻干部要提高解决实际问题能力 想干事能干事干成事》，载《人民日报》，2020年10月11日第1版。

③ 《习近平在中央党校（国家行政学院）中青年干部培训班开班式上发表重要讲话强调 筑牢理想信念根基树立践行正确政绩观 在新时代新征程上留下无悔的奋斗足迹》，载《人民日报》，2022年3月2日第1版。

2. 群众工作能力是团干部必须具备的工作本领

习近平认为，“群团干部要由知群众、懂群众、爱群众的人来当，要有做群众工作的本领和经验，懂得群众的语言和习惯，熟悉群众的愿望和心声，善于运用新形势下群众工作方式方法”[①]。团干部要与青年距离更近，与青年感情更深，不能官气很重、架子很大，要同青年交朋友、心连心，真正赢得广大青年信任[②]；要自觉践行群众路线、树牢群众观点，同广大青年打成一片，做青年友，不做青年“官”，多为青年计，少为自己谋[③]。在群众工作本领和经验上，习近平告诫团干部要有“本领恐慌”的忧患意识，如果团干部的知识水平、见识程度跟不上广大青年，就会“说科技说不上，说文艺说不通，说工作说不来，说生活说不对路，说来说去就是那几句官话、老话、套话，同广大青年没有共同语言、没有共同爱好，那当然就会话不投机半句多”[④]。共产党历来在重大政治任务中、在火热社会实践中锻炼干部、培养干部。如何提高青年群众工作能力，习近平指出了具体路径，那就是“要勤奋学习，向书本学习，向实践学习，向青年学习，到青年中去，到基层去，在同广大青年的密切交往中提高工作本领，在同他们打成一片中找到做好青年工作的有效办法。”[⑤]团干部队伍要同其他领域干部队伍多流动，特别是“基层要多流动，可以在团的基层组织干几年再到其他领域干，也可以在其他领域基层干部中选拔人员到团的基层组织干，常来常往，多岗位锻炼，不断成长”，“要敢于到经济社会发展最需要的地方，到条件艰苦、情况复杂的地方，砥砺品质，提高本领”[⑥]。一个称职的团干部必须具备朴素的群众情怀、自觉的基层视角和较强的群众工作能力，这既要从年轻时就开始培养，也是一个长期的过程，年轻时候通过锻炼提高认识、增长见识、增强本领，以后到其他岗位都能适应。

---

① 中共中央文献研究室编：《习近平关于青少年和共青团工作论述摘编》，中央文献出版社2017年版，第85页。

② 中共中央文献研究室编：《习近平关于青少年和共青团工作论述摘编》，中央文献出版社2017年版，第82页。

③ 习近平：《论党的青年工作》，中央文献出版社2022年版，第10—11页。

④ 中共中央文献研究室编：《习近平关于青少年和共青团工作论述摘编》，中央文献出版社2017年版，第83页。

⑤ 中共中央文献研究室编：《习近平关于青少年和共青团工作论述摘编》，中央文献出版社2017年版，第83页。

⑥ 习近平：《论党的青年工作》，中央文献出版社2022年版，第40—41页。

第三节
研究理路：为党做好青年群众工作的研究框架

高度重视群众工作，是共产党的一个优良传统；善于做好党的群众工作，是党的一个政治优势。党的青年群众工作是党的群众工作在青年群众中的具体体现，共青团作为青年群众工作的组织化力量，如何更好地为党做好新时代青年群众工作，需要进一步加强理论研究与实践讨论。

一、基本概念

（一）党的群众工作

1. 群众

一般而言，群众包含两层意思。一是泛指人民大众；二是指没有加入中国共产党或共青团组织、也没有加入民主党派的人。这里讲的“群众”，是马克思主义视野中的“群众”概念，是党群关系研究中的概念，其内涵有一个不断丰富和发展的过程。

1847年，马克思、恩格斯建立了世界上第一个无产阶级政党——共产主义者同盟。在马克思、恩格斯党群关系的视野中，群众主要是指“工人群众”，后来又囊括了“农民群众”。工人群众和农民群众组成的工农联盟，是无产阶级政党的主要依靠力量。列宁丰富和发展了“群众”概念的内涵和外延，他把“工人群众”变成“全体劳动者”。他在《工会在新经济政策条件下的作用和任务》一文中指出：“联系群众，也就是联系大多数工人以至全体劳动者，这是工会任何一项工作取得成绩的最重要最基本的条件。”①

中国共产党是按照马克思列宁主义的建党原则建立起来的工人阶级的先锋队，无论在革命建设还是改革过程中，都善于把马克思主义的基本原理同中国的具体问具体实践结合起来。在不同的历史时期，人民群众指称的具体对象也有不同。比如，1925

① 刘玉瑛，甘守义主编：《群众工作实用大辞典》，中共中央党校出版社2014年版，第5—6页。

年，毛泽东撰写了《中国社会各阶级的分析》一文，开篇就一针见血地提出：“谁是我们的敌人，谁是我们的朋友？这个问题是革命的首要问题”[①]，指出了中国革命的关键所在。文章中虽然没有直接说“谁是群众”，但他实际上把“工业无产阶级”作为群众的核心和稳定组成部分，把“一切半无产阶级”“小资产阶级”“动摇不定的中产阶级”作为可以争取的群众。在抗日战争时期，毛泽东认为“一切抗日的阶级、阶层和社会集团都属于人民的范围，日本帝国主义、汉奸、亲日派都是人民的敌人”。[②]在解放战争时期，毛泽东在1949年的文章《论人民民主专政》中指出，“人民是什么？在中国，在现阶段，是工人阶级，农民阶级，城市小资产阶级和民族资产阶级。”[③]不仅如此，毛泽东认为，为了同国民党反动派斗争到底，要尽可能地团结一切力量，尽管有些力量暂时还不属于“群众”范畴，但可以将其争取到群众的队伍中来。在社会主义建设时期，毛泽东在《关于正确处理人民内部矛盾的问题》一文中提出：“人民这个概念在不同的国家和各个国家的不同的历史时期，有着不同的内容。”[④]“在现阶段，在建设社会主义的时期，一切赞成、拥护和参加社会主义建设事业的阶级、阶层和社会集团，都属于人民的范围；一切反抗社会主义革命和敌视、破坏社会主义建设的社会势力和社会集团都是人民的敌人。”[⑤]邓小平结合他对世界和中国发展形势的判断，对群众的概念做了更加宽广的定义。一方面，他认为，在改革开放和社会主义现代化建设时期的新时期，在和平与发展成为时代主题的形势下，日常话语下的群众，几乎都是指一切拥护、支持、赞同并投入到中国社会主义建设事业的人群。另一方面，他在论述新时期统一战线建设问题时也指出了新时期“谁是群众”的问题，认为统一战线仍然是一个重要法宝，“它已经发展成为全体社会主义劳动者、拥护社会主义的爱国者和拥护祖国统一的爱国者的最广泛的联盟”。[⑥]这一论述，把人民群众的内涵从社会制度属性中剥离出来了，进一步拓展了群众概念的外延，壮大了人民群众的队伍，为中国特色社会主义事业汇聚了新的更大的力量，为党

---

① 《毛泽东选集》第一卷，人民出版社1991年版，第3页。

② 《毛泽东文集》第七卷，人民出版社1999年版，第205页。

③ 《毛泽东选集》第四卷，人民出版社1991年版，第1475页。

④ 《毛泽东文集》第七卷，人民出版社1999年版，第205页。

⑤ 《毛泽东文集》第七卷，人民出版社1999年版，第205页。

⑥ 《邓小平文选》第二卷，人民出版社1994年版，第203页。

的执政进一步扩大了群众根基。[①]

改革开放以来，我国经济结构和社会结构发生了一系列重大变化，工人、农民、知识分子中分化出了一些新的阶层和群体，各阶级阶层的规模、构成、意识和利益关系也出现了一系列新情况。与之对应，党对人民群众的内涵和外延也做出新的科学判断。一是人民群众的内涵越来越丰富。“人民”这一范畴，在我国现阶段，是指一切拥护中国共产党的领导，主张中国走社会主义道路的人，以及一切遵守国家宪法和法律，拥护祖国统一的社会力量和爱国者。二是人民群众的外延在逐渐扩大。中国最广大群众是指尽可能多的人，应当包含新兴阶层等在内的各个阶层、各个团体在内的人。三是人民群众的主体力量没有变。工人、农民和知识分子作为我国人口的绝大多数，仍然是我国人民群众的主体力量，是党赖以生存和依靠的基本力量，党必须始终代表他们的利益，保持同这些基本力量的密切联系。[②]

还需注意的是，在当代中国，群众的内涵常常是在几对关系中被定义的，如政党—群众、政府—群众、干部—群众等。本书的讨论主要聚焦在政党—群众相对应的特定、辩证的范畴。因此，可以归纳出现阶段党的群众工作中的“群众”概念内涵：

第一，群众是一个政治身份范畴的相对概念，相对于中国共产党或者党的治理体系而言的广大人民群众。第二，群众是一个政治概念，指赞成、拥护和参加中国共产党领导下的革命和建设事业的人群，包括人民大众或居民的大多数，此时在概念上它与“人民”一词基本同义。第三，群众又是一个历史概念，在不同的历史时期，人民群众指称的具体对象也有不同。在新时代，群众的范畴得到空前的扩展，除了极少数破坏社会主义现代化建设事业的敌对势力和敌对分子之外，一切为实现中华民族伟大复兴中国梦贡献力量的阶级、阶层和社会团体都是人民群众，包括工人、农民、知识分子和这些新涌现出来的社会阶层。

2. 群众观点

群众观点是指对待群众的立场、看法和态度。如何看待群众是马克思主义政党区别于其他政党的显著标志。马克思主义群众观点是一个包含了多方面内容的体系，既强调了党的群众观点的理论基础和根本依据，又强调了党的群众观点的根本目的和

① 刘庆丰，杨根龙：《实践最深刻 群众最智慧——马克思主义群众观的研究与阐释》，人民出版社2014年版，第36—37页。

② 戴立兴：《关于群众概念的辨析》，载《观察与思考》2015年第9期，第77—80页。

最终目标；既强调了党的群众观点的一般实现途径，也强调了在党处于执政地位条件下坚持党的群众观点的本质；既强调了党与群众根本利益的一致性，又强调了党对群众所承担的历史责任等等。[①]“一切为了人民群众的观点，一切向人民群众负责的观点，相信群众自己解放自己的观点，向人民群众学习的观点，这一切，就是我们的群众观点，就是人民群众的先进部队对人民群众的观点。”[②]，还包括人民群众是历史的创造者的观点，全心全意为人民服务的观点，人民群众对美好生活生活的向往就是我们的奋斗目标的观点。具体说来，党的群众观点的基本内涵，包括以下内容：

第一，人民群众是历史的创造者，这一观点深刻揭示了党的群众观点的根基。毛泽东在《论联合政府》中指出，“人民，只有人民，才是创造世界历史的动力”[③]，邓小平指出，“马克思主义向来认为，归根结底地说来，历史是人民群众创造的”[④]。人民群众通过改造世界的实践活动，创造了社会的物质财富和物质文明，创造了社会精神财富和精神文明，推动了社会的发展和进步。

第二，向人民群众学习，这一观点深刻揭示了党的群众观点的基本实现途径。共产党之所以能够在革命、建设、改革和新时代各个时期，领导中国人民取得伟大胜利，归根到底就在于党时时刻刻注重向人民群众学习，虚心接受人民群众的建议，代表人民群众的根本利益，在人民群众中吸取了营养，从而引起了人民群众的共鸣，得到人民群众的支持和拥护，获得了力量的源泉和胜利之根本。

第三，全心全意为人民服务，这一观点深刻揭示了党的群众观点的目的，是党的性质和宗旨在群众观点中的具体体现。党的二十大报告指出，“全党要坚持全心全意为人民服务的根本宗旨，树牢群众观点，贯彻群众路线，尊重人民首创精神，坚持一切为了人民、一切依靠人民，从群众中来、到群众中去，始终保持同人民群众的血肉联系，始终接受人民批评和监督，始终同人民同呼吸、共命运、心连心”[⑤]。对共产党人来说，为民造福是最大政绩。“谋划推进工作，一定要坚持全心全意为人民服务的根本宗旨，坚持以人民为中心的发展思想，坚持发展为了人民、发展依靠人民、发

① 张荣臣：《群众路线是党的生命线》，中共中央党校出版社2014年版，第3页。

② 刘玉瑛，甘守义主编：《群众工作实用大辞典》，中共中央党校出版社2014年版，第7页。

③ 《毛泽东选集》第3卷，人民出版社1991年版，第1031页。

④ 《邓小平文选》第1卷，人民出版社1994年版，第217页。

⑤ 习近平：《高举中国特色社会主义伟大旗帜 为全面建设社会主义现代化国家而团结奋斗》，载《人民日报》，2022年10月26日第1版。

展成果由人民共享，把好事实事做到群众心坎上”。[①]

第四，权力是人民赋予的，这一观点深刻揭示了党的群众观点的核心。干部的权力是人民赋予的，这是新的历史条件下群众观点的重要内容，突出强调了执政党及其干部的权力来源，并由此揭示了权力在本质上就是用来为人民服务的工具，体现了正确的权力观。这就要求每一位干部要树立公仆意识，利用人民赋予的权力为人民办好事、办实事，不断增强为人民服务的敬业精神，增强职业责任感和职业道德，认认真真在自己的岗位上做好为人民服务的本职工作，同时，要求每一位党的干部要牢固树立监督和被监督意识，自觉接受党和人民群众的监督。

第五，党要依靠群众又要教育和引导群众，这一观点深刻揭示了党的群众观点的实践方法，揭示了党所承担的依靠群众与教育引导群众前进的双重责任。中国共产党人的智慧和力量来自于人民群众，党要充分地相信人民群众，坚定地依靠人民群众，同时党又不能在理论上忽视、在实践中放弃自己对群众在政治上的引导和思想上的教育。共产党人要教育人民认识真理，认识自己的利益，要动员人民群众团结起来，为解放自己、为自己的利益而奋斗。在实践中，凡属人民群众的正确的意见，党必须依据情况领导群众加以实现；而对于人民群众中发生的不正确的意见，则必须教育群众加以改正。党只有相信群众，尊重群众，依靠群众，才能获得胜利之本、力量之源；党只有站在群众的前列，加强对人民群众的教育和引导，凝聚和带领群众前进，才能不断开创新局面，取得新胜利。[②]

3. 群众工作

高度重视群众工作和做好群众工作，是由中国共产党的性质和根本宗旨决定的。党的群众工作，是从毛泽东等一批先进分子在建党时期开展工人运动、农民运动、学生运动，用马克思主义宣传群众、组织群众开始的。党对群众工作的认识，是伴随着党的成长轨迹不断演进和升华的。中国共产党成立一百年来的历史，就是党同人民群众生死与共、同甘共苦的历史，是党密切联系群众的历史，是开展群众工作的历史。

党的群众工作在本书中的主要含义是指，中国共产党依据人民群众是历史的创造者这一历史唯物主义原理，宣传和教育、发动和组织、引导和带领广大人民群众，进

---

① 《习近平在中央党校（国家行政学院）中青年干部培训班开班式上发表重要讲话强调 筑牢理想信念根基树立践行正确政绩观 在新时代新征程上留下无悔的奋斗足迹》，载《人民日报》，2022年3月2日第1版。

② 张荣臣：《群众路线是党的生命线》，中共中央党校出版社2014年版，第10—11页。

行革命、建设和改革，共同推进社会发展的全局性工作；是中国共产党依据党的性质和党群关系的基本原理，从全心全意为人民服务的根本宗旨出发，实现、维护和发展人民群众根本利益的长期性工作；是中国共产党依据人类社会发展规律、执政党建设规律，从巩固党的执政地位、完成党执政使命出发，尊重人民群众的主体地位，发挥人民群众积极性和创造力的战略性工作。[①]

党的群众工作的优良与否，关系到党的中心工作是否能够完成，关系到社会是否和谐稳定，关系到群众共同利益能否实现，决定着政党、政权的兴衰成败。党的群众工作的出发点和落脚点，是全心全意为人民服务，一刻也不脱离群众，一切从人民的利益出发，而不是从个人或小集团的利益出发。

4. 群众路线

党的群众路线是马克思主义群众观点在实践中的具体体现。在党的发展历史中，作为群众路线具有成熟的理论形态的标志，是1943年6月1日毛泽东为中共中央所写的决定：《关于领导方法的若干问题》。“在我党的一切实际工作中，凡属正确的领导，必须是从群众中来，到群众中去。这就是说，将群众的意见（分散的无系统的意见）集中起来（经过研究，化为集中的系统的意见），又到群众中去做宣传解释，化为群众的意见，使群众坚持下去，见之于行动，并在群众行动中检验这些意见是否正确。然后再从群众中集中起来，再到群众中坚持下去。如此无限循环，一次比一次地更正确、更生动、更丰富。”[②]在这个决定中，毛泽东科学地阐释了群众路线包含的内容和实施的步骤，分析了“从群众中来、到群众中去”和“集中起来”“坚持下去”这样一种正确的领导方法的全过程及其各个环节。

1945年，刘少奇在党的七大会议作《关于修改党章的报告》时指出：“党的群众路线，是我们党的根本的政治路线，也是我们党的根本的组织路线。”[③]七大党章是党的群众路线理论基本成熟的标志，虽没有提出“群众路线”，但首次把其基本精神明确载入，初步构建群众路线的理论体系。党的八大党章则进一步对党执政以来的群众路线进行了总结，第一次将“群众路线”写入党章。八大党章的总纲对党的群众路

① 张荣臣：《中国共产党90年群众工作的历史经验》，中共中央党校出版社2014年版，第230页。

② 中共中央宣传部理论局编：《论党的群众工作——重要论述摘编》，学习出版社2011年版，第27页。

③ 本书编写组：《中国共产党章程汇编（一大—十八大）》，中共中央党校出版社2013年版，第259页。

线问题进行了专门论述，阐明了其重要地位、根本方法、基本观点和坚持群众路线的重要性。①

目前，“群众路线”在党的二十大通过的《中国共产党章程》中的表述为：“党在自己的工作中实行群众路线，一切为了群众，一切依靠群众，从群众中来，到群众中去，把党的正确主张变为群众的自觉行动。”这是对党的群众路线这一概念的最权威、最规范的阐释。即群众路线实际上包含两个基本点。

一是价值观：一切为了群众，一切依靠群众。“一切为了群众，一切依靠群众”的价值观，规定了党同群众的关系。它要求共产党人，不是在某些事情上“为了群众”，而是“一切为了人民群众”；不是在某些事情上“依靠群众”，而是“一切依靠群众”。

二是方法论：从群众中来，到群众中去。明确了党走群众路线的领导方法和工作方法。从群众中来，就是将群众无分散的无系统的意见集中起来，化为科学的领导意见。也就是通过调查研究，集中群众的智慧和经验，摸清群众的愿望和需要，有事同群众商量，以形成切合实际的正确方针、政策、计划和办法。从群众中来的过程，不是把群众的诸多认识简单地堆积和相加的过程，而是要经过领导者的“去粗取精，去伪存真，由此及彼，由表及里”的改造制作，使之上升为比较系统的理性认识。到群众中去，就是把集中起来的领导意见化为群众自觉的实践活动。也就是把吸取群众意见而形成的方针、政策、计划和办法，拿到群众中去作宣传解释，化为群众的思想和自觉行动，并在群众的实践中加以检验和发展。到群众中去，既是实行方针、政策、计划和办法的过程，又是检验和进一步完善、发展、修正方针、政策、计划和办法的过程。

（二）党的青年群众工作

党的群众工作有其基本内涵，但是人民群众是泛指的概念，包含着不同领域、阶层、战线和层面的人民群众。除了党直接联系群众以外，还需要一些“传动装置”或“杠杆”，把党和特定的群众更好地联系起来，团结动员特定群众围绕党的中心任务而奋斗。“列宁把党领导的工会等群众组织形象地比作无产阶级政权体系的‘传动

① 刘捷：《从党章修订看群众路线内涵的演变与完善》，载《上海党史与党建》2016年第9期，第25—26页。

装置’和‘杠杆’，功能是把党和劳动群众联系起来。”[①]这些“传动装置”或“杠杆”，就包含了党领导下的群团组织。“由于党的群众工作对象众多、层次多样，党需要建立旨在广泛联系各方面群众的群团组织来帮助党做群众工作。这是我们党的一大创举，也是我们党的一大优势。”[②]比如，工会组织，服务职工群众；比如妇联组织，团结引导各族各界妇女；比如共青团组织，引领凝聚、组织动员、联系服务青年，为党做好青年群众工作等。

所以，党的青年群众工作是党的群众工作在青年群众中的具体体现，就是要代表青年、赢得青年、依靠青年，通过引领凝聚、组织动员、联系服务，使青年听党话跟党走，认同党的理念，建立与党的感情，实现跟党走的行动自觉。党始终做到根据不同时期青年群众工作特点，制定相应的路线、方针、政策，实现党对青年群众工作在政治、思想、组织上的领导，保证青年群众工作始终沿着正确方向展开。[③]

本书主要从中国共青团视角出发，研究共青团作为青年群众工作的组织化力量，如何更好地为党做好新时代青年群众工作。作为组织化力量，共青团是伴随着中国革命与现代化建设而逐渐形成和发展的，形成了自身的组织特性，成为既承担执政党的政治任务，又代表青年群众进行利益整合的特殊组织。第一，共青团的发展历史，就是为党做好青年群众工作的历史。在新民主主义革命时期，共青团的主要任务是广泛传播马克思主义，发动青年群众踊跃投身到反帝反封建的工人运动、农民运动、学生运动，积极参加党领导的革命武装和伟大斗争。在社会主义革命和建设时期，共青团的主要任务是动员青年群众积极参与中华民族有史以来最为广泛而深刻的社会变革，为祖国建设贡献力量。在改革开放和社会主义现代化建设时期，共青团的主要任务是适应党和国家工作中心战略转移，广泛开展一大批青春气息浓烈的群众性创造性活动，动员广大青年投身改革和社会主义现代化建设。进入中国特色社会主义新时代，共青团积极投身伟大斗争、伟大工程、伟大事业、伟大梦想的实践，全面深化改革，团结带领广大青年投身为中华民族伟大复兴而奋斗的伟大事业中。第二，共青团

---

① 中共中央文献研究室编：《习近平关于社会主义政治建设论述摘编》，中央文献出版社2017年版，第188页。

② 中共中央文献研究室编：《习近平关于青少年和共青团工作论述摘编》，中央文献出版社2017年版，第103页。

③ 钟宇慧：《社会工作视角下共青团提升青年群众工作能力研究》，载《青年发展论坛》2018年第3期，第56—66页。

为党做好青年群众工作是党治国理政的制度性安排。一方面，党十分注重通过不同的群众团体来联系凝聚、团结动员特定群众，形成了中国特色社会主义群团发展理论和道路，共青团就是群团组织之一。目前，中央编办管理机构编制的群众团体机关有22家。这22家全国性的群众团体基本涵盖了不同类型、性质和领域的组织，代表着我国各个领域、各个阶层、各条战线、各个层面的人民群众。另一方面，共青团是组织化的青年群众工作力量，不仅具有执政党青年组织的正当性，党团关系作为独立成章写入《中国共产党章程》，明确了团的性质，贯彻党管青年原则，充分发挥党联系青年的桥梁和纽带作用，而且共青团成员数量庞大，组织健全，还与其他青少年组织关系紧密，能够更好地落实党的主张，反映各类青年群众利益诉求，化解社会矛盾、增进社会整合。

共青团工作涉及青年成长发展的方方面面，与党的青年群众工作是一个相互交叉的范畴。共青团工作归属于党的青年工作，是党的青年工作的重要组成部分，但不是党的青年工作的全部。在党的青年工作体系中，共青团是直接的重要工作力量，承担党的青年工作的政治责任、承接政府转移的青年事务、发挥团结引领青年社会工作的积极作用、打造共青团主导的青年社会组织体系、协调全社会青年工作力量并形成整体合力。①共青团又是党的青年群众工作的最重要的组织化力量，“共青团是为党做青年群众工作的组织，团的干部是做青年工作的”②。

二、研究回溯

（一）关于党的群众工作的研究

群众工作研究是党建学科的一个重要研究领域，专家学者针对群众及群众工作相关问题进行了大量的研究。自党的十八大以来，特别是党的群众路线教育实践活动启动后，党的群众工作更加受到关注，党的群众工作研究成果也更为丰富。综合学术研究的主题和主要观点，现有文献成果在研究党的群众工作的侧重点，主要有以下几个方面。

---

① 邓希泉：《党的青年工作格局研究——学习贯彻习近平总书记关于党的青年工作格局的新观点新论断新要求》，载《北京青年研究》2020年第3期，第5—12页。

② 中共中央文献研究室：《习近平关于青少年和共青团工作论述摘编》，中央文献出版社2017年版，第81—82页。

1. 对党的群众工作的历史经验及启示的梳理

重视群众工作是党的优良传统和历史经验，如何进一步梳理和总结宝贵经验，成为广大学者和理论工作者关注的重点。张荣臣从四个方面总结了中国共产党90年群众工作的历史经验：牢固树立马克思主义群众观点，坚持贯彻党的群众路线，把握群众工作的基本内容，推动社会发展、提高群众生活水平。[①]王小燕则认为，在世界观上充分相信群众、在方法论上一切依靠群众、在价值观上全心全意服务群众、在根本原则上坚持对党负责和对人民负责的统一，是党的群众工作的历史经验。[②]赵绪生总结了新中国成立70年来，共产党总结和积累了党的群众工作宝贵经验，即必须始终坚持高度重视群众工作的优良传统、党对群众工作的集中统一领导、与时俱进发展群众工作理念、建立健全群众工作制度体系、改进创新群众工作方式方法。[③]除了全景式、整体性的研究以外，还有针对不同时期、不同地域、不同范畴的具体经验研究。如针对不同时期，有学者进行了新民主主义革命时期、土地革命时期、延安时期[④]、新中国成立初期[⑤]、改革开放时期[⑥]等时间段群众工作历史经验研究；针对特定地域范围，有研究者分别研究了井冈山[⑦]、中央苏区[⑧]、陕甘边革命根据地[⑨]、中共中央南方

① 张荣臣：《中国共产党90年群众工作的历史经验》，中共中央党校出版社2014年版，第15—36页。

② 王小燕：《党的群众工作的历史经验》，载《理论界》2016年第6期，第14—21页。

③ 赵绪生：《新中国70年党的群众工作经验与启示》，载《理论视野》2019年第10期，第91—96页。

④ 梁星亮：《中国共产党延安时期群众工作的经验与启示》，载《思想理论教育导刊》2013年第7期，第28—31页。

⑤ 赵兴银：《新中国成立初期中国共产党群众工作研究》，扬州大学，2019年博士论文。

⑥ 冯文艳：《改革开放新时期党的群众工作经验的提升》，载《辽宁省社会主义学院学报》2014年第4期，第18—21页。

⑦ 于昆：《井冈山时期中国共产党群众工作的历史经验》，载《中国高校社会科学》2017年第5期，第105—111、158页。

⑧ 梁小军：《中央苏区时期群众工作的经验及启示——以马克思主义大众化为视角》，载《求实》2014年第5期，第26—29页。

⑨ 赵远兴：《陕甘边革命根据地党的群众工作的基本经验》，载《天水行政学院学报》2015年第6期，第32—35页。

局[①]、东江革命根据地[②]等方面的群众工作经验；针对不同范畴，有学者分别研究了互联网[③]、公安、企业、军队、农民[④]、农村等领域的群众工作。这些整体性的、历史性的、具体性的经验为做好新时代群众工作提供宝贵的经验借鉴。

2. 关于当前党的群众工作面临的问题及挑战研究

进入新世纪以来，党的群众工作在实践中面临许多新形势、新情况、新问题。如何看待新形势解决新问题是研究者及工作者们关心和关注的问题。研究者们从世情、国情、党情、社情等方面的变化入手，分析党的群众工作面临的新境况及新挑战，并提出相应对策。祝灵君认为，新时期党的群众工作面临“政党转型”和“社会转型”两个转型，基于此提出新时期党的群众工作的新内涵，并提出要坚持科学化、民主化、法治化、数字化、公开化、社会化等十大原则。[⑤]王永凤重点分析了新时期群众工作面临的挑战，提出了坚持群众立场、创新工作理念、方式方法、工作机制等措施建议[⑥]。张荣臣认为，党的群众工作面临许多新情况新问题，客观上对做好群众工作提出了新的更高的要求，党的群众工作只有与时代同步，与实践发展合拍，才能不断开创新局面，取得新成就。[⑦]杨久华、郑伟分析了社会转型背景下传统群众工作模式在工作主体、工作向度、动力机制、利益保障及方式方法上存在不适应性和局部失灵问题，迫切要求革故鼎新，创新发展党的群众工作，提出了党的“多主体多向度群众工作模式”[⑧]。总之，对群众工作现状的研究主要包括外在环境的变化、群众工作面临的挑战和机遇以及相应对策等内容。

---

① 侯晋雄：《中共中央南方局群众工作的实践经验和历史功绩》，载《党的文献》2019年第1期，第90—95页。

② 曾云珍，吴国林：《论东江革命根据地群众工作的方式》，载《华南理工大学学报（社会科学版）》2019年第3期，第50—58页。

③ 刘一潇：《新时代网上群众工作的实践形式及要求》，载《领导科学》2019年第10期，第115—117页。

④ 张亚勇，李凤：《中国共产党做农民群众工作的历史进程与启示》，载《理论月刊》2011年第8期，第18—20页。

⑤ 祝灵君：《新时期党的群众工作面临的新挑战》，载《中国党政干部论坛》2011年第3期，第26—28页。

⑥ 王永凤：《新时期群众工作的新特点新要求》，载《思想政治工作研究》2010年第12期，第14—16页。

⑦ 张荣臣：《中国共产党90年群众工作的历史经验》，中共中央党校出版社2014年版，第230页。

⑧ 杨久华，郑伟：《新时代群众工作模式创新研究》，知识产权出版社2021年版，第7—16页。

3. 关于党的群众工作的路径研究

党的群众工作是一门实践性很强的学问，为体现群众工作的时代要求和时代特征，研究者从不同的视角对做好新形势下党的群众工作提出了方法论、实践论、工具论上的建议。祝灵君、齐大辉梳理党在历史上密切联系群众、有效开展群众工作的好经验、好做法，结合当今时代新变化和群众工作的新特点，开发出既体现中国共产党密切联系群众的优良传统，又具有时代特色的20个新时期群众工作的科学工具，如利益工具、沟通工具、调查工具、评估工具、宣传工具、动员工具、典范工具等。[①]在此基础上，祝灵君还提出了做好群众工作的9个原理，如大树原理、“管道”原理、协商民主原理、情绪疏导原理、同心原理等。[②]针对党的十八大以后全党深入开展党的群众路线教育实践活动，高新民、邹庆国、仰义方围绕“怎么走”群众路线，阐释了走群众路线的动力、协商民主、党风廉政、服务型基层党组织、信访接访下访制度、群体性事件处理等内容，探讨如何形成联系群众、走群众路线的长效机制。[③]冯巧飞阐释了新时代群众工作的理论创新，进而提出新时代增强党的群众工作本领的推进路径，即践行全心全意为人民服务的宗旨，增强服务群众的本领；切实深入群众生活，增强向人民群众学习的本领；加强干部队伍建设，增强团结人民群众的本领；发挥群团组织的作用，增强党统一领导和协调各方的本领。[④]

4. 关于党的领导人及老一辈无产阶级革命家群众工作的研究

毛泽东对我党群众工作在理论和实践上的形成和完善作出了不可磨灭的贡献，对毛泽东群众工作思想及实践的研究成果比较丰富，可查阅的经典著作有《毛泽东选集》《毛泽东文集》等。在毛泽东群众工作方法方面，张勇认为，坚持领导与群众相结合，坚持一般与个别相结合，坚持政策策略与群众实际相结合，坚持物质激励与精神激励相结合，坚持“两点论”与“重点论”相统一等，这些毛泽东群众工作的基本

① 祝灵君，齐大辉：《新形势下做好群众工作的艺术与方法创新（第二版）》，中共中央党校出版社2013年版。

② 祝灵君：《做好群众工作的9个原理》，中共中央党校出版社2015年版。

③ 高新民，邹庆国，仰义方：《今天，我们怎样走群众路线》，湖南人民出版社2013年版，第6页。

④ 冯巧飞：《新时代增强党的群众工作本领的时代价值和路径探析》，载《实事求是》2018年第4期，第98—103页。

方法，对提高做好新形势下群众工作的能力和水平，仍具有重要的现实指导意义。[①]赵光军研究了新中国成立后邓小平群众工作思想，认为邓小平在继承党的群众工作思想和科学总结群众工作实践经验的基础上，着力论述了联系群众、服务群众、宣传教育群众等群众工作的主要任务，科学提出了一系列做好群众工作的方式方法。[②]王凤青研究了江泽民对党的群众工作的理论与实践探索，认为，江泽民把始终代表最广大人民群众的根本利益作为党的群众工作的根本出发点和落脚点，坚持、丰富和发展了党的群众路线，提出“以人民群众为本”，反对官僚主义和形式主义，深入进行调查研究。[③]雷厚礼等认为，党的十六大以来胡锦涛同志的群众工作思想，在群众工作的重要性、群众观点的内容、坚持群众路线、站稳群众立场、做好群众工作、提高群众工作本领等六个方面有深化认识。[④]李国娟认为，习近平群众工作思想是习近平新时代中国特色社会主义思想的重要组成部分，“群众是真正的英雄”是本体论，“人民是党的力量之源和胜利之本”是认识论，“诚心诚意为人民群众谋利益”是价值论，“眼睛向下，脚步向下”是方法论，实践性、人民性、针对性、创新性是习近平群众工作思想的显著特点[⑤]。董磊明、吕德文认为习近平新时代群众工作方法创造性地将群众路线理论与新时代治国理政实践相结合，是一个融群众观点与具体工作方法于一体的完整的理论体系。[⑥]除此之外，对周恩来、刘少奇、朱德、陈云等老一辈无产阶级革命家的群众工作相关研究，也取得了丰富的研究成果。

（二）关于党的青年群众工作的研究

鉴于党的青年工作、青年群众工作、共青团工作有交叉和重叠的地方，党的青

---

① 张勇：《毛泽东群众工作方法及其当代价值》，载《高校马克思主义理论研究》2018年第4期，第81—87页。

② 赵光军：《新中国成立后邓小平群众工作思想述略》，载《思想理论教育导刊》2013年第7期，第32—36页。

③ 王凤青：《江泽民对党的群众工作的理论与实践探索》，载《福建党史月刊》2009年第2期，第44—45页。

④ 雷厚礼，雷蕾：《党的十六大以来胡锦涛群众工作的新思想》，载《中共贵州省委党校学报》2013年第1期，第43—48页。

⑤ 李国娟：《习近平群众工作思想初探》，载《毛泽东邓小平理论研究》2017年12期，第26—32、104页。

⑥ 董磊明，吕德文：《习近平新时代群众工作方法探析》，载《社会治理》2018年第3期，第28—35页。

年群众工作的研究成果往往也蕴含在青年工作和共青团工作研究成果中。纵观当前关于党的青年群众工作的研究，主要成果集中在对党的领导人关于青年群众工作思想研究，关于不同时代背景、不同学科视角下的青年群众工作研究，以及关于青年群众工作的典型经验研究。

1. 对党的领导人关于青年群众工作思想研究，注重理论的“指导性”

黄志坚等认为毛泽东关于青年和青年工作思想的内涵可以概括为两大层面，即本体论层面关于青年的论述和方法论层面关于青年工作的论述；三个维度，即青年成长观、青年运动观和共青团建设观，其理论具有创造性、实践性、辩证性和指导性特征，在中国特色社会主义新时代具有指导意义。①肖志伟认为毛泽东在丰富的青年工作实践基础上，逐渐形成了系统的青年工作思想。②张立驰指出，毛泽东高度重视共青团工作，把共青团作为指导和开展青年工作的日常部门，把共青团组织作为教育、引导、团结青年的重要平台和载体，是毛泽东青年工作观的重要实现途径。③

邓小平青年群众工作思想内容丰富，王菊、李伟梳理了十年来学术界的研究发现，学术界对邓小平青年工作既有整体性维度的概括，也有具体内容的研究，呈现了邓小平青年教育理论、青年教育方法论、青年发展理论、青年干部与青年组织工作理论的内容。④王达阳研究了《青年工作文献选编》中邓小平关于青年团和青年工作的九篇讲话和谈话，认为这些重要文献记录了邓小平对共青团和青年工作的深入思考。⑤王春梅认为，邓小平继承和发展了马克思主义的青年理论，从青年的地位和作用；加强对青年思想政治教育；选拔、培养和使用青年干部；改革创新青年工作这四个维度论述了青年和青年工作，形成了科学的理论体系。⑥

江泽民的青年群众工作思想，既具有马克思主义的辩证思维，同时又带有十分鲜

① 黄志坚，叶子鹏，焦龙：《毛泽东关于青年和青年工作思想的科学体系、理论特征及当代价值》，载《中国青年社会科学》2022年第1期，第28—36页。

② 肖志伟：《毛泽东青年工作思想与实践研究述评》，载《湘潭大学学报（哲学社会科学版）》2012年第2期，第10—15页。

③ 张立驰：《毛泽东的青年工作观》，载《毛泽东思想研究》2008年第4期，第40—43页。

④ 王菊，李伟：《近十年邓小平青年工作思想研究综述》，载《中共云南省委党校学报》2019年第6期，第25—29页。

⑤ 王达阳：《青年团要成为党的可靠后备军和有力助手——读邓小平关于青年团和青年工作的几篇文献》，载《党的文献》2012年第4版，第21—22、36页。

⑥ 王春梅：《邓小平青年观的四个纬度》，载《中国青年研究》2008年第4期，第90—93页。

明的时代特征。[①]刘佳认为，江泽民关于党的青年工作思想为党的青年工作科学化建设提供了理论支持，内容包括党的青年工作要以“三个代表”重要思想为指导，核心是加强和改进青少年思想政治教育，重点是培养高素质的青年人才队伍，主要任务是为青少年健康成长营造良好的社会环境，主要任务是为青少年健康成长营造良好的社会环境等，对党的青年工作理论与实践创新仍具有重要现实意义。[②]江泽民在纪念中国共青团成立80周年大会上的讲话，明确了新世纪共青团肩负的历史使命，丰富了马克思主义青年观，确定了新世纪团结教育引导青年的基本原则，增强了全团的光荣感和责任心，明确了继续前进的方向。[③]

胡锦涛指出，“群众路线和群众观点是我们党的传家宝，共青团作为党领导下的先进青年群众组织，坚持群众观点，走好群众路线，有特殊重要的意义。看团组织的工作成效如何，很重要的一条是看联系了多少青年群众，工作有多大的覆盖面。工作不能停留在一般号召上，要深入基层，深入实际，加强调查研究，了解真实情况，帮助基层解决实际问题。”[④]陈世润、陈晨认为，胡锦涛运用马克思主义立场、观点、方法，对青年及青年工作做了系列阐述，涵盖了青年本质论、青年价值论、青年教育论、青年发展论、青年工作论和青年人才培养论。[⑤]范春婷、王华敏归纳了胡锦涛共青团建设思想：共青团建设要始终秉承“党有号召，团有行动”的光荣传统、坚持不懈推进共青团的自身建设和切实有效引导广大青年成长成才。[⑥]

党的十八以来，习近平同志围绕党的青年工作发表的一系列重要论述，深刻阐明了党的青年工作的地位作用、目标任务、职责使命、实践要求，深刻回答了新时代培养什么样的青年、怎样培养青年，建设什么样的共青团、怎样建设共青团等方向性、全局性、战略性重大课题，把党对青年工作的规律性认识提升到了新的高度，为做好

① 宿凌，宿艺晨：《对青年要“爱”和“严”——兼论江泽民青年工作思想的辩证思维和时代特征》，载《世纪桥》2013年第3期，第70—73页。

② 刘佳：《江泽民关于党的青年工作思想与当代价值研究》，载《党史文苑》2015年第8期，第41—43页。

③ 黄志坚：《共青团与时俱进的理论方向——学习江泽民同志"在纪念中国共青团成立80周年大会"上的讲话》，载《中国青年政治学院学报》2003年第1期，第19—24页。

④ 《全面加强团的建设，更好地带领亿万青年在改革开放和现代化建设的伟大实践中建功成才——胡锦涛同志在共青团十三届三中全会上的讲话》，中国共青团网，2006年12月20日。

⑤ 陈世润，陈晨：《胡锦涛青年思想研究》，载《学习论坛》2012年第8期，第8—12页。

⑥ 范春婷，王华敏：《胡锦涛共青团建设思想探析》，载《学校党建与思想教育》2014年第1期，第88—90页。

新时代党的青年工作指明了前进方向、提供了根本遵循。在2015年召开的中央党的群团工作会议上，习近平总书记发表讲话，从巩固党执政的阶级基础、群众基础的战略高度，从党和国家事业长远发展的全局高度，深刻阐明了党的群团工作的一系列重大理论和实践问题，是指导新形势下党的群团工作的纲领性文献，讲话指明了新时期青年群众工作的责任使命，揭示了新时期青年群众工作的根本属性，强调了新时期青年群众工作的动力之源。[①]赵兴银认为，习近平青年群众工作思维突出了青年的对象化特征，凸显了青年群众工作思维的系统性、辩证性、时代性，是当前新形势下做好青年群众工作的思想保证。[②]倪邦文指出，习近平总书记关于青年工作的重要思想来源于马克思主义的青年工作思想，来源于中国共产党人的青年工作思想，把当对青年工作的规律性认识提升到了新高度，具有政治性、战略性、规律性和针对性的鲜明特点，展现了“为青年谋幸福”的理论品格。[③]王延芳认为，习近平青年群众工作思想体现了战略性、政治性、主体性、发展性、科学性、时代性和务实性。[④]艾楚君等认为，习近平把握新时代青年的时代背景、群体特点、价值地位，开立了“两个大局”交织期青年发展的新方位；从理论、历史和现实三个向度上，开设了“两个百年”交汇期青年成长的新道路；充分运用战略思维、创新思维、辩证思维和系统思维，开拓了重要战略机遇期青年工作的新思维；明确青年工作的战略地位、时代主题、路径方法以及共青团改革方略，开辟了新发展阶段青年工作的新路径；为马克思主义青年观做出了新的贡献，内蕴着丰厚的时代价值。[⑤]

中国共产党在不同时期领导中国青年运动的生动实践中，中国共产党人不断创新、继承、发展与完善，形成了一套科学有效、特色鲜明、与时俱进的马克思主义青年群众观。[⑥]

---

① 本刊特约评论员：《新时期青年群众工作的行动纲领——一论共青团学习习近平总书记在中央党的群团工作会议上的重要讲话》，载《中国共青团》2015年第8期，第19—20页。

② 赵兴银：《论习近平青年群众工作思维的哲学意蕴》，载《中国青年社会科学》2016年第2期，第29—34页。

③ 倪邦文：《科学内涵、时代价值与理论品格——论习近平总书记关于青年工作的重要思想》，载《中国青年社会科学》2018年第5期，第1—11页。

④ 王延芳：《习近平新时代青年群众工作思想研究》，载《中国共青团》2018年第1期，第7—8页。

⑤ 艾楚君，陈佳：《习近平关于青年工作重要论述的时代价值》，载《河海大学学报（哲学社会科学版）》2022年第1期，第11—18、109页。

⑥ 汤苍松：《中国共产党人的青年观》，载《中国青年研究》2013年第9期，第43—47页。

2. 关于不同时代背景、不同学科视角下的青年群众工作研究，注重“共时性”问题的理论逻辑和实践逻辑

在创新社会管理视角下，郑长忠认为，加强和创新社会管理为党的青年群众工作提出了新的研究命题，通过推动党的群众组织发展并且充分发挥其应有作用，应当是实现社会管理的一条必经之路。[①]对社会整合视野下党的青年群众工作，胡献忠提出应从确立价值认同、构建组织网络、综合利益表达、创建和谐秩序等方面整合社会、整合青年。[②]巩彦博讨论了如何利用政治社会化的规律巩固党执政的青年群众基础。[③]郑磊提出，在社会治理格局创新下，需建立多层面的青年群众利益诉求表达机制，包含实现“青年群众利益诉求表达机制”中的“客体”与“主体”的良性互动，提高“青年群众利益诉求表达机制”的“科学化与社会化”水平，有机整合各类青年群体利益诉求表达机制的资源。[④]刘佳以共青团分类引导青年为视角，提出共青团引导青年必须引入“组织”的变量，推动共青团组织体系重塑，加强共青团组织能力，建设开放型马克思主义政党青年群团组织，是马克思主义政党群众路线青年化的必由之路。[⑤]邓希泉研究群众路线和共青团的根本问题时指出，要准确把握青年发展场域的分化分隔科学地推进群众路线，要以改革创新精神和竞争状态推进群众路线，还要克服团干部工作中的某些缺陷推进群众路线。[⑥]他以新兴青年群体为切入点，认为应科学把握新兴青年群体的发展特征和主要问题，打造新兴青年群体的青年榜样引领群体发展路径，积极推进新兴青年群体平等融入社会和有序有效参与，不断巩固党执政

---

① 郑长忠：《社会管理创新背景下的共青团发展——党的青年群众工作的新命题》，载《中国青年研究》2012年第1期，第10—16页。

② 胡献忠：《社会整合视野下党的青年群众工作探析》，载《山东青年政治学院学报》2013年第6期，第52—55页。

③ 巩彦博：《政治社会化视阈下巩固党的青年群众基础研究》，载《中国市场》2017年第2期，第224—227页。

④ 郑磊：《社会治理格局创新下的青年群众利益诉求研究》，载《青少年研究与实践》2018年第2期，第14—19页。

⑤ 刘佳：《“类型化”的超越：马克思主义政党群众路线青年化研究——以共青团分类引导青年为视角》，载《青年学报》2021年第1期，第77—85页。

⑥ 邓希泉：《论群众路线与共青团的根本任务》，载《中国青年政治学院学报》2014年第4期，第14—18页。

的青年群众基础。[①]钟宇慧认为，在社会工作视角下，共青团可从树立服务群众的理念、完善服务体系、创新工作方法、壮大服务队伍等方面建构青年群众工作能力提升路径。[②]在群团改革背景下，韩雪梅认为做好青年群众工作，共青团亟须解决如何联系服务青年、如何加强协商民主建设、如何构建利益诉求表达机制。[③]

3. 选取某个地区、领域或品类进行的青年群众工作研究，注重“专门化”的典型经验

涂凯、周亮从重庆共青团改革试点实践探索着手，就“联系青年+服务青年+引导青年+群众评价”四位一体密切联系青年群众长效工作机制的内在逻辑进行分析，以青年群众工作方法的优化改进作为突破口，提出对策建议。[④]张良驯认为青年文明号活动具有广泛的社会影响和青年群众基础，已经成为青年群众工作中凝聚青年、服务大局的一个名牌项目。[⑤]刘加骥以胜利油田这一国企为例，探讨了企业青年群众工作面临的挑战以及有效途径。[⑥]共青团湖南省委员会课题组调研了湖南青年群众工作的经验和问题，构建青年群众工作长效机制。[⑦]范红伟、杨彬从探讨新时代加强高校党的青年群众工作必要性入手，透彻分析新时代高校青年学生群体新特点，深刻把握高校党的青年群众工作新挑战，重点从党团联动、思想引领、组织建设、青年成长四个

① 邓希泉：《巩固和扩大党执政的青年群众基础》，载《中国党政干部论坛》2019年第11期，第81—82页。

② 钟宇慧：《社会工作视角下共青团提升青年群众工作能力研究》，载《青年发展论坛》2018年第3期，第56—66页。

③ 韩雪梅：《群团改革背景下共青团协商民主机制及创新模式研究》，载《青少年研究与实践》2018年第2期，第5—13页。

④ 涂凯，周亮：《群团改革背景下“四位一体”密切联系青年群众长效工作机制研究——以重庆共青团改革试点为例》，载《广西青年干部学院学报》2018年第4期，第30—34页。

⑤ 张良驯：《新时期青年群众工作的着力点——以青年文明号活动为例》，载《青年学报》2015年第4期，第7—11页。

⑥ 刘加骥：《新形势下加强国有企业青年群众工作初探——以胜利油田为例》，载《中国青年研究》2016年第5期，第111—114、97页。

⑦ 共青团湖南省委课题组，张值恒，陈雪楚：《构建青年群众工作长效机制调研报告》，载中国青少年研究中心，中国青少年研究会，共青团上海市委，中国青少年研究会：《中国青少年研究中心、中国青少年研究会、共青团上海市委　社会管理创新与青少年工作研究报告——第七届中国青少年发展论坛暨中国青少年研究会优秀论文集（2011）》。

方面提出了加强和改进党的青年群众工作的路径策略。①

国外政党青年群众工作的相关研究也受到研究者的关注。石国亮基于国外政党青年工作展开经验介绍性的研究，归纳了六条基本经验。②吴庆研究美国政党青年组织发展的现状并开展国际比较，围绕十一个方面展开研究，探究政党青年青年组织发展的根本规律。③余茉莉研究了美国共产党青年群众工作认为，美国共产党在东欧剧变后，开始独立探索组织建设发展的道路，进行了如下建构：依托共青团，延伸组织触角；关注青年弱势群体，包括少数族裔青年和无证青年移民，帮助其解决生存与发展难题；改变斗争策略，引导青年参与国内政治生活，影响国内政治走向。④

通过对党的群众工作、青年群众工作、作为组织化开展青年群众工作的共青团工作等研究文献梳理中可以观察到，相关研究成果比较丰富，尤其是党的群众工作研究。相对而言，目前以党的青年群众工作范式来进行共青团理论研究和实践探讨的还处于起步阶段，青年群众工作的新趋势新特点研究、认识论和方法论结合性研究、青年群众工作实践性研究等相关研究还亟须深化。从研究趋势而言，可在以下三方面重点加强：第一，从时代性角度，党的十八大以后党的青年群众工作新形势、新趋势、新特点的研究；第二，从系统性角度，党的青年群众工作的认识论和方法论的结合性研究，宏观论述与微观实践的结合性研究，围绕“共青团组织化开展青年群众工作”视角做知识集成；第三，从实践性角度，开展青年群众工作的艺术、工具、方法等实践性研究，加强典型案例的经验凝练等。

三、研究思路

纵观目前关于国内出版的青年群众工作的相关论著、教材、研究报告等可以发现以下特点：第一，新时代党的青年群众工作有新发展，但对理论和实践的深化与总结还有探索空间。第二，党的群众工作研究成果丰富，但青年群众工作研究专著及教材

① 范红伟，杨彬：《新时代加强高校党的青年群众工作策略》，载《青少年学刊》2019年第6期，第60—64页。

② 石国亮：《国外政党青年工作的基本经验研究》，载《中国青年研究》2006年第8期，第21—24页。

③ 吴庆：《政党青年组织发展研究——基本框架和美国经验》，载《青年发展论坛》2018年第3期，第49—55页。

④ 余茉莉：《新时期美共青年群众工作新格局的建构》，载《青年探索》2016年第1期，第103—107页。

较少，且部分内容出版时间较早。面对共青团研究散点式、碎片化格局，以学科化逻辑重构共青团知识体系迫在眉睫。[①]吴庆提出，共青团工作理论研究可探索创建青年群众工作专业的思路，专业基础是中国共产党的群众路线和群众工作；专业目标是要达到方向坚定、价值认可、感情接近，行为趋同的认同目标；专业任务是要真正解决距离、服务、感情、价值这四个关键问题；提升青年群众工作的九项本领；共青团干部的专业性提高也必将成为政党优秀的群众工作者，共青团也将成为政党重要的群众工作本领培养学校。[②]

鉴于此，本书在充分吸收和借鉴前人成果的基础上，做了一些探索和尝试，希望能够为广大青年工作者和研究者提供一些新的洞见和工作方法。本书的理论价值为有助于深化对党的青年群众工作、共青团工作基本理论问题的认识，有助于拓宽党的群众工作研究视野，有助于为共青团研究提供分析视野。本书的实践意义为有助于为党在新时代面对青年群体开展群众工作作出有益探索，为青年工作者提供开展党的青年群众工作的实务路径，有利于凝练青年群众工作专业本领，形成具体的、可实践、可借鉴的工作方法、艺术和工具。

因此，本书从百年大党发出的青春召唤出发，以党对青年群众工作提出的更高要求作为根本遵循，借鉴青年群众工作专业创建思路，围绕“共青团是党的青年群众工作的重要组织载体，以组织化的力量为党做好青年群众工作”这一核心命题，尝试以党的青年群众工作研究范式来开展理论研究与实践讨论。首先，从理论上分析了政党与群众关系背景下，共青团为党做好新时代青年群众工作的组织特性和历史逻辑；其次，深入分析党的青年群众工作面临形势和改革动力，从党政视角、组织视角和能力视角，探讨做好青年群众工作的战略决策与发展路径；最后，结合共青团积极探索、创新实践的案例，辅以工具与方法，以提升共青团引领力、组织力、服务力为着力点，介绍了共青团为党做好青年群众工作的实用策略和有益借鉴。

---

① 刘佳：《在政治与知识之间：共青团学科化发展的进程、格局与重构》，载《青年发展论坛》2019年第3期，第27—43页。

② 吴庆：《试论青年群众工作专业的创建——共青团工作理论研究的现实、传统和新探索》，载《青年发展论坛》2019年第2期，第30—40页。

第一章

政党与群众：党的群众工作与中国特色社会主义群团发展道路

政党是人类世界民主政治发展的产物，也是一国政治不可或缺的工具和核心力量。政党与群众的关系决定着政党的类型，中国共产党不仅是一个执政党，更是一个使命型政党。自觉尊重人民群众历史主体地位，一贯坚守全心全意为人民服务最高宗旨，遵循群众观点、群众路线，是中国共产党区别于其他政党的重要标志。党的群众工作十分注重通过不同的群团组织来联系特定群众，团结动员特定群众围绕党的中心任务而奋斗，形成了中国特色社会主义群团发展理论和道路。这些群团组织不仅与基层群众有着广泛的联系，具有厚实的社会合法性，而且与执政党和政府有着密切的联系，有着体制内资源的支撑，具有充足的政治合法性、行政合法性和法律合法性，在连接党政和社会方面发挥着重要作用。

第一节

生命工程：群众工作是中国共产党安身立命之根本

一、马克思主义政党与人民群众

在现代社会，一个国家的政权往往都是由政党领导和掌握的。当今世界存在的二百多个国家，约百分之九十的国家都有政党组织的存在，大多数国家一国有几个或十几个政党同时存在。所以，社会大众与政党密切关联，政党与政党活动就在每一个人身边。政党与群众密切联系，他们统一于现代国家这个有机体之内，两者相互内在需要，政党来源于群众，他们需要群众的信任和支持；群众需要政党，他们需要政党来代表、维护甚至是实现利益。在现代国家内，政治的核心议题之一，就是如何看待和处理好政党与群众、群众与阶级、群众与领袖之间的辩证互动关系。

（一）政党源于群众

1. 政党源于群体利益的分化

马克思和恩格斯以经济生活为切入点分析政党产生的条件。他们认为在日常生活中，因为经济利益不同及收入分配差别导致形成不同的阶级。各阶级为了维护自身的利益而展开阶级之间的斗争，政党就是为了适应阶级斗争的需要发展到一定阶段的产物。同一阶级内部大多数成员有着共同的思想，成员之间连为一体制定符合本阶级利益需要的阶级纲领及组织形式，产生阶级领袖。无论是无产阶级政党还是资产阶级政党，它们产生的基础都是阶级和阶级斗争。[①]

被认为是西方政党始祖的英国辉格党和托利党，就是因为社会群体利益不断分化、利益斗争日趋激烈而逐步产生发展的。17世纪英国爆发了未有流血的“光荣革命”，代表新兴资产阶级和新贵族利益的辉格党与代表地主利益、维护王权的托利党

① 彭逸燮：《政治学视角下政党与群众关系基本理论研究》，载《延边党校学报》2017年第5期，第28—31页。

进行了长期的竞争、斗争与妥协。由于在发展过程中势必会与组织利益与资源分配问题产生矛盾，这样便会逐渐上升成为组织利益矛盾，而组织矛盾在解决的过程中肯定会形成一定的凝聚力，同时还会产生一系列的基础思想的原则，最后产生政党的雏形。因此，现代意义上的政党，是人们利益欲望不断强化、社会利益日趋分化的产物，是不同社会群体实现和维护自身利益的现代手段。

无产阶级政党的产生，也起因于社会利益的不断分化。到资本主义时代，“整个社会日益分裂为两大敌对的阵营，分裂为两大相互直接对立的阶级：资产阶级和无产阶级。”[①]阶级对立的实质是利益的对立。随着资本力量的日益强大和资本压迫的日益严重，工人群众逐步意识到，不能仅仅开展人与机器的斗争，还必须联合起来，结合成更大的集体开展人与人的斗争。这样，无产阶级政党便在工人群众同资产阶级利益斗争的历史进程中应运而生。世界上第一个真正意义上的无产阶级政党，是成立于1847年的共产主义者同盟，它是科学社会主义理论与火热的工人阶级运动相结合的产物。1848年，受同盟的委托，马克思、恩格斯为其撰写了纲领性文件——《共产党宣言》，标志着无产阶级政党有了自己的理论依据、奋斗目标、行动纲领。《共产党宣言》提出了“全世界无产者联合起来”的国际号召，在这一号召下，伴随着国际工人运动的日益高涨，世界各地无产阶级政党纷纷成立，前行在与资本主义抗争的历史最前沿。19世纪末20世纪初，东方俄国阶级矛盾日益尖锐，以列宁为首的无产阶级先进分子，把马克思主义与工人运动相结合，组织成立了新型的无产阶级政党——布尔什维克党。在这一新型政党带领下，俄国无产阶级群众与封建势力和帝国主义势力奋力斗争，取得了丰硕的历史成果——建立了世界上第一个无产阶级专政的社会主义国家，引导了无产阶级运动的新方向。俄国十月革命一声炮响，给中国送来了马克思列宁主义。在中国人民和中华民族的思想觉醒中，在马克思列宁主义同中国工人运动的紧密结合中，1921年，中国共产党应运而生，“这是开天辟地的大事变，深刻改变了近代以后中华民族发展的方向和进程，深刻改变了中国人民和中华民族的前途和命运，深刻改变了世界发展的趋势和格局”[②]。

2. 政党需要争取群众

政党是社会群体利益分化的产物，是特定群众利益的代表。在现实生活中，无论

① 《马克思恩格斯文集》第2卷，人民出版社2009年版，第32页。

② 习近平：《在庆祝中国共产党成立100周年大会上的讲话》，载《人民日报》，2021年7月2日第2版。

是资产阶级性质的政党、还是无产阶级性质的政党，都千方百计地通过体现群众的利益、愿望和诉求，来扩大政党自身的社会影响力和凝聚力，获得群众的支持、理解和认同。政党的执政基础来源于人民群众对政党执政行为的认同、支持和拥护。群众是党的力量源泉，是执政者最牢固的执政基础。取得执政地位，要依靠群众的认同、支持与拥护；巩固执政地位，也需要群众的认同、支持与拥护。

无产阶级政党之所以要争取群众，是因为群众是真正的英雄。人民群众的活动体现了历史发展的规律和历史发展的趋势，人民群众决定了历史发展的方向和历史的结局。人民群众在历史发展中的这种主体地位和所承担的“动力”作用，从根本上决定了他们是政党发展、壮大的力量源泉。中国共产党始终离不开中国广大人民群众，主要是因为：一是人民群众创造了社会历史，二是人民群众推动人类历史向前发展，三是人民是政党政绩的评判者。

共产党员随时都要叨念“争取群众”

毛泽东曾经说过，“每个共产党员都要树立争取群众的观念，要像和尚叨念‘阿弥陀佛’一样，随时叨念‘争取群众’。”[①]在革命战争年代，中国共产党处于反动势力的残酷镇压和四面包围之中，如果不把群众发动起来，就不可能形成足以推翻反动统治的强大力量，如果没有群众的掩护和支持，就不可能生存和发展。这种特殊的环境，客观上要求党必须把争取群众、做好群众工作视为自己的重任。一是传播先进思想。一批先进知识分子组建进步社团，在青年学生中广泛传播马克思主义。比如，李大钊在北京组织了马克思学说研究会，毛泽东在长沙成立了俄罗斯研究会，周恩来在天津组织了觉悟社等，他们创办大批进步刊物，如《新青年》《每周评论》《湘江评论》等，发表了许多介绍和研究马克思主义的文章。二是唤起劳工。中国一批接受了马克思主义的先进知识分子，很快深入到工人群众中，用通俗的语言启发工人阶级觉悟，创办了《劳动界》《劳动者》等刊物，并在工人比较集中的地方举办工人补习学校，成立工会组织。他们在宣传马克思主义的同时揭露中国社会的黑暗，组织工人武装起义。三是唤醒农民。中共三大以后，党一方面组织和号召革命者到乡间去，另一方面开办运动讲习所，培

---

① 萧华：《激江两岸的春雷——回忆毛泽东同志在兴国》，载《人民日报》，1981年6月1日第3版。

养农运骨干组织，农民协会，唤起农民觉悟。党在根据地领导农民群众斗地主、打土豪，分浮财、分田地，开展土地革命运动，废除封建土地剥削制度，使农民群众实现了拥有自己的土地这样一个几千年来的梦想，大大激发了农民群众心里向着共产党、行动跟着共产党的积极性。为争取一切积极力量，团结一切可以团结的人，中国共产党还把群众工作做到了民主党派、民主人士中间，做到了国民党及其军队中的爱国人士甚至爱国的高级将领中间，这样才取得中国革命的胜利，才使得统一战线成为党战胜敌人的三大法宝之一。总之，中国共产党在革命时期的群众工作，适应了各阶层人民群众的愿望和要求，对广大群众以极大的革命热情投入到革命运动之中，发挥了重要作用。

绝大多数希望取得或保持相应政治地位的政党，都注重发展自身同人民群众的关系。西方政党为了争取群众往往采取两种办法，一是把自己的特殊利益说成是共同利益、普遍利益，把自己所要争取的东西说成是大多数群众都愿意、都能受惠的东西，把本阶级的特殊爱好装扮成全民族的风俗习惯，这是西方政党长期的战略性任务。二是采取各种虚假承诺和金钱收买等手段，以此来诱骗群众，这种手段往往是一种临时性策略，常常被运用于投票选举的关键时期。[①]

无产阶级政党特别是共产党，往往用以下两种方式方法来争取群众。一是用崇高的理想、真理的力量来征服群众。共产党以马克思主义为指导思想，马克思主义是科学的世界观和方法论，这样的先进理论具有彻底性，能够说服阶级群众信仰和追随。二是用全心全意为人民服务来争取群众。中国共产党以铁一般的意志、铁一般的行动、铁一般的事实，让民族得以解放，让国家的以富强，让群众得到实惠，争取了群众，赢得了群众。中国共产党除了团结自己的阶级群众外，还特别强调要努力团结和争取一切可以团结的群众力量，这就是党的统一战线工作，这是中国共产党战胜一切敌人的三大法宝之一。与其他性质的政党相比，只有无产阶级政党才真正代表了最广大人民群众的根本利益，其密切党群关系的价值导向是更好为广大人民群众服务，而没有任何功利、投机的成分掺杂其中。

---

① 刘庆丰，杨根龙：《实践最深刻 群众最智慧——马克思主义群众观的研究与阐释》，人民出版社2014年版，第117—118页。

（二）群众需要政党

群众有需求，政党才会存在，群众对政党的需求，不同历史时期侧重不同。在革命战争年代，群众需要政党促发和引领政治革命；在和平发展年代，群众需要政党带领人民搞建设，实现和维护各项利益。

1. 群众需要政党促发和引领政治革命

要充分发挥阶级的力量，必须有一个善于凝聚力量的组织者即政党。在战争时期，政党的重要功能就是促发和引领政治革命。一个国家或民族各项矛盾集中爆发，普通群众最能感受压迫的痛苦，也具有革命热情，但由于群众的分散性，造成了革命的热情总是潜藏在群众之中，单凭每一个普通群众个体，无法把巨大而火热的革命热情变成全体人民激昂的武装斗争，必须要有政党集中全阶级意志和力量，选择关键时间和关键地点，以关键事件为引子，引燃阶级群众的革命火苗。这个政党组织由阶级的先进分子组成，通过政党及其领袖们的政治觉悟、知识积累、能力素质和工作技能，提出革命任务，组织革命群众，大力开展革命战役。马克思主义认为，对无产阶级而言，与一切剥削阶级的斗争是长期的、艰巨的，无产阶级自然需要一个政党来促发和引领政治革命。在此意义上，是历史和人民群众选择了中国共产党。

中国共产党的诞生和走上历史舞台是历史的选择、人民的选择、时代的选择。鸦片战争以后，在半殖民地半封建社会的黑暗深渊中，中国人民深受帝国主义和封建主义的残酷压迫。中国各种政治力量轮番出台救国方案：农民阶级揭竿而起挽救民族危亡，地主阶级改革派发起自救运动，资产阶级改良派提出了救国方案，资产阶级革命派发起辛亥革命推翻了清王朝统治，还尝试过君主立宪制、议会制、多党制、总统制以及教育救国、制宪救国、军事救国、科学救国等多种形式，都以失败告终。苦难深重的中华民族迫切需要新的思想引领救亡运动，迫切需要新的组织凝聚革命力量，掀起革命高潮。正是在这样的历史背景下，中国共产党应运而生。历史和人民把中国共产党推上了历史舞台。

人民群众之所以信任、选择和支持中国共产党，是因为共产党是为人民服务的，能够满足人民群众的需要，带领人民实现了民族独立和人民解放，领导人民为实现国家富强和人民幸福而奋斗。在新的历史条件下实现国家的繁荣富强和人民的共同富裕，实现中华民族的伟大复兴仍需要党的领导。

2. 群众需要政党实现和维护各项利益

现代社会的国家、政党、社团等组织，既是人们联合起来改造自然的手段，又是人们联合起来认识社会、改造社会的有效工具，在现代社会，普通大众需要政党，离不开政党。现代社会，社会化大生产程度大大提高、社会流动性增强、社会更加趋于风险性，现代人需要联合起来，成立特定组织，实现和维护特定利益。政党就是人们联合起来实现利益的重要组织形式。

在与资产阶级的不断斗争中，无产阶级政党应运而生，无产阶级是代表无产阶级、工人阶级利益的。中国共产党从成立的那一刻起，就把维护和代表最广大人民群众的利益写在了自己的旗帜上，把全心全意为人民服务作为根本宗旨。在新的历史条件下，全面建设社会主义现代化强国，实现中华民族伟大复兴的中国梦，是最广大人民的迫切愿望、时代任务和根本利益。代表这个利益、领导人民群众完成这项任务和愿望，更加离不开中国共产党的坚强领导。中国最广大的群众需要中国共产党。

二、群众工作是党的“生命工程”

2021年2月20日，习近平总书记在党史学习教育动员大会上指出，“我们党的百年历史，就是一部践行党的初心使命的历史，就是一部党与人民心连心、同呼吸、共命运的历史。大革命失败后，30多万牺牲的革命者中大部分是跟随我们党闹革命的人民群众；红军时期，人民群众就是党和人民军队的铜墙铁壁；抗日战争时期，我们党广泛发动群众，使日本侵略者陷入了人民战争的汪洋大海；淮海战役胜利是靠老百姓用小车推出来的，渡江战役胜利是靠老百姓用小船划出来的；社会主义革命和建设的成就是人民群众干出来的；改革开放的历史伟剧是亿万人民群众主演的。历史充分证明，江山就是人民，人民就是江山，人心向背关系党的生死存亡。赢得人民信任，得到人民支持，党就能够克服任何困难，就能够无往而不胜。反之，我们将一事无成，甚至走向衰败。”①

中国共产党成立百年的历史和实践证明：人民群众是党的根基和血脉，是党的事业兴旺发达的力量源泉；紧紧依靠群众、密切联系群众是党的优良传统和政治优势；善于做群众工作、坚持走群众路线是党的制胜法宝。毛泽东说，“共产党基本

---

① 习近平：《在党史学习教育动员大会上的讲话》，人民出版社2021年版，第15页。

的一条，就是直接依靠广大革命人民群众”[①]，邓小平指出：“群众是我们力量的源泉，群众路线和群众观点是我们的传家宝”[②]，江泽民强调：“我们党有许多优势，根本的一条是同人民群众保持血肉联系”[③]，胡锦涛强调：“一个政党，如果不能保持同人民群众的血肉联系，如果得不到人民群众的支持和拥护，就会失去生命力，更谈不上先进性”[④]。习近平指出：“不论过去、现在和将来，我们都要坚持一切为了群众，一切依靠群众，从群众中来，到群众中去，把党的正确主张变为群众的自觉行动，把群众路线贯彻到治国理政全部活动之中”[⑤]。这是一代代共产党人理论和实践的总结，凝集了共产党人的集体智慧结晶。

（一）群众工作是马克思主义政党的本质要求

做好群众工作是由党的性质、宗旨和历史使命所决定的。识别和判断一个政党的性质和作用，归根到底是看它代表什么人的利益，为什么人服务。坚持立党为公、执政为民，这是中国共产党百年征程的一条主线。中国共产党一经诞生，就把为中国人民谋幸福、为中华民族谋复兴确立为自己的初心使命。为了实现共产主义的最高纲领、最终目标，党结合各个时期的形势、任务，制定出各个阶段的路线、方针、政策，从而使党既代表了最广大人民的根本利益、长远利益，也代表最广大人民的现实利益和具体利益。

中国共产党作为马克思主义使命型政党，从一开始就把“人民”二字放在心中最高位置，贯穿于党章语义表达，实践于革命、建设、改革和发展。1956年9月16日，邓小平在中共八大上作《关于修改党的章程的报告》，报告指出，共产党——这是工人阶级和劳动人民中先进分子的集合体，它对于人民群众的伟大的领导作用，是不容

---

① 中共中央宣传部理论局编：《论党的群众工作——重要论述摘编》，学习出版社2011年版，第3页。

② 中共中央宣传部理论局编：《论党的群众工作——重要论述摘编》，学习出版社2011年版，第5页。

③ 中共中央宣传部理论局编：《论党的群众工作——重要论述摘编》，学习出版社2011年版，第7页。

④ 中共中央宣传部理论局编：《论党的群众工作——重要论述摘编》，学习出版社2011年版，第9页。

⑤ 习近平：《在纪念毛泽东同志诞辰120周年座谈会上的讲话》，载《人民日报》，2013年12月27日第2版。

怀疑的。但是，它之所以成为先进部队，它之所以能够领导人民群众，正因为，而且仅仅因为，它是人民群众的全心全意的服务者，它反映人民群众的利益和意志，并且努力帮助人民群众组织起来，为自己的利益和意志而斗争。[①]做好群众工作，密切联系人民群众，是中国共产党区别于其他任何政党的显著标志之一。

政党都需要处理与人民群众的关系

为什么人的问题，是一个根本的问题，也是检验一个政党、一个政权性质的试金石。其实，在中外历史上，没有哪个政党不强调"爱民"的重要。1943年8月8日，毛泽东在中央党校第二部开学典礼上曾讲："国民党也需要老百姓，也讲'爱民'。不论是中国还是外国，古代还是现在，剥削阶级的生活都离不了老百姓。他们讲'爱民'是为了剥削，为了从老百姓身上榨取东西，这同喂牛差不多。喂牛做什么？牛除耕田之外，还有一种用场，就是能挤奶。剥削阶级的'爱民'同爱牛差不多。"由此可见，剥削阶级的所谓"爱民"，目的是从人民手中获取利益；中国共产党的爱民，则是实实在在地为人民谋利益。

政党都需要处理与人民群众的关系。各国政党都在积极创新群众工作的方式方法，极力争取完善了解民意的机制性渠道。比如新加坡人民行动党在2011年议会选举受挫后，即刻将倾听民声、注重沟通、扩大咨询、纠正错误等工作方法提上日程，尤其启用了互联网和社交媒体等手段，建立有效网上社群，聚焦政策热点。各国政党都在极力打造服务群众型政党形象。比如有的政党议员多年来一直积极投身社区服务，在各自代表的选区努力做好服务日活动，同时还借助网络、电话等通讯手段全天候为选民服务，彰显服务型政党功能。各国政党都注重利用外围组织提高政党群众工作的灵活性和公信度。比如，有的政党在互联网上组建了不同形式的党外群众组织，开展科技、文化等活动。然而，尽管形式有类似的地方，但是中国共产党与其他政党在处理党群关系方面，最本质的区别就是政党的性质不同，所代表的阶级利益不同。中国共产党自成立之日起始终代表最广大人民的根本利益。西方

---

① 中共中央宣传部理论局编：《论党的群众工作——重要论述摘编》，学习出版社2011年版，第17页。

资产阶级政党其成立之初代表的就是该阶级集团的利益，虽然竭力扩大自身的群众基础，说到底就是为了争取在竞选中获得更多的选票，以维护其本阶级的利益，其民主制度也只是其政策推行的一种表面形式。

（二）群众工作是党的优良传统和政治优势

中国共产党是一个在与人民群众密切联系和共同战斗中诞生、发展、壮大、成熟起来的党，党的历史就是一部密切联系群众的历史。在新民主主义革命时期，党的群众路线提出并系统化。党的一大就提出了重视群众、发动群众的主张；党的二大明确提出要到群众中去组成一个大的“群众党”。1929年9月，由陈毅起草并经周恩来审定的《中央给红四军前委的指示信》（史称“九月来信”）中，多处提到了“群众路线”。1943年6月，毛泽东为党中央起草的《关于领导方法的若干问题》中，第一次较为系统地对党的群众路线进行了阐述。1945年6月，党的七大通过的党章在其总纲中深入阐述了群众路线问题。[①]党坚持一切为了群众、一切依靠群众的群众观点和从群众中来、到群众中去的领导方法和工作方法，取得了新民主主义革命的伟大胜利，建立了新中国。在新中国成立初期的实践基础上，党的群众工作有了进一步发展。1956年党的八大第一次把“群众路线”写入党章。在社会主义革命和建设时期，党依靠广大群众，全面恢复和初步发展了国民经济，确立了社会主义基本制度。党和国家依靠人民群众度过了一个个难关，迎来了改革开放的春天。在改革开放和社会主义现代化建设时期，党对群众工作有了新的认识。1981年党的十一届六中全会对群众路线做了进一步提炼和概括。1982年党的十二大党章在表述党的群众路线时又有新的展开。1992年党的十四大党章对群众路线做了五句话的经典表述，这就是：“一切为了群众，一切依靠群众，从群众中来，到群众中去，把党的正确主张变为群众的自觉行动。”从党的十四大到党的二十大党章，对群众路线的表述一直按这“五句话”延续下来。进入新时代，以习近平同志为核心的党中央高度重视坚持和发展党的群众路线，在全党开展了群众路线教育实践活动，为坚持和发展党的群众路线开启了新的历史篇章。习近平指出：“群众工作是我们的看家本领，我们党靠群众工作起家，同样

① 中共中央党史研究室本书编写组编著：《党的群众路线简明历史读本》，中共党史出版社、党建读物出版社2014年版，第2页。

要靠群众工作实现长期执政。”[①]党的十九届六中全会通过的《中共中央关于党的百年奋斗重大成就和历史经验的决议》强调，“只要我们始终坚持全心全意为人民服务的根本宗旨，坚持党的群众路线，始终牢记江山就是人民、人民就是江山，坚持一切为了人民、一切依靠人民，坚持为人民执政、靠人民执政，坚持发展为了人民、发展依靠人民、发展成果由人民共享，坚定不移走全体人民共同富裕道路，就一定能够领导人民夺取中国特色社会主义新的更大胜利”[②]。

知青习近平的群众工作方法

习近平十分擅长做群众工作，也非常注重群众工作方法的运用和创新。他是第一位出生和成长在新中国的中国共产党总书记。从农村大队党支部书记到党的总书记，从普通公民到国家主席，从普通军官到军委主席，他在党和国家各个领导层级都干过。从西北到华北，再到东南沿海地区，中国的西部、中部、东部地区他都待过，农民、大学生、军人、干部他都当过[③]。这些丰富多彩的经历，这些具体的群众工作实践，这些重要岗位的历练，对他担当重任、继往开来是不可或缺、至关重要的。习近平总书记的群众工作方法就是在具体的群众工作实践中逐渐发展和成熟起来的。

1969年1月至1975年10月期间，习近平在延安延川县梁家河村当一名知青，同当地村民同吃同住同劳动，同乡亲们打成一片，一起挑粪拉煤，一起拦河打坝，一起建沼气池，一起挖井，一起吃玉米“团子”。在这里，习近平逐渐感受到农村基层群众的疾苦，了解到农村的实际和群众内心真正的需要，认识到要依靠群众，密切联系群众，要积极为当地人民群众办实事。习近平对人民群众产生了一生都割舍不断的深厚感情。习近平在知青时期逐渐树立了人民群众是衣食父母、要依靠人民群众、要为人民做实事的群众观点，积累了丰富的群众工作方法。他做群众工作时讲公道，擅长做人的思想

---

① 中共中央党史和文献研究院编：《习近平关于力戒形式主义官僚主义重要论述选编》，中央文献出版社2020年版，第134页。

② 《中共中央关于党的百年奋斗重大成就和历史经验的决议》，载《人民日报》，2021年11月17日第1版。

③ 中央党校采访实录编辑室著：《习近平的七年知青岁月》，中共中央党校出版社2017年版，第1页。

教育工作，善于使用群众语言，讲话贴近群众，拉近了和群众的距离，工作做到了当地百姓的心坎里，深得当地百姓的拥护和支持。

习近平刚当上梁家河的村支书后，接到上级分配下来的一批救济粮，谁家都想多分一点，谁也不让就吵了起来。习近平带领大家到各户，了解各户有多少粮食，并当众登记在册，谁家的粮少，就把这些救济粮分配给谁家，这样处理大家都没什么话可说。习近平离开梁家河头天晚上对村支部班子全体成员说："要当好一个村的领导，必须一碗水端平。群众最讲究的就是'公道'二字，最信服的就是公正的人。哪怕一毛钱的事，你处理得不公，群众也不答应；10块钱的事，你处理得公道，群众也不会有意见。无论大事还是小事，该咋办就咋办。"①在赵家河当社教干部时，习近平找到武刚文想让他继续当队长，但是他脾气比较倔，谁叫也不愿意当。习近平前前后后一共找他谈了十多次，最后终于说动他同意当队长。正如跟习近平住在一起的北京知青雷平生说："近平做群众工作很注意方法，也很人性化，从不采取强势、高压的做法，总是尽量做思想工作，把人的思想弄通了，心里疙瘩解开了，事情也就顺理成章做好了。"②在开会时，习近平不用空洞的理论，不说空话、大话，充分结合老百姓的生活实际，用老百姓喜闻乐见的语言表达，说出了百姓的心里话，老百姓很爱听，很受感染，习近平的用语拉近了和群众之间的距离，从而提高教育的实效性、说服力。

七年的知青工作生活体验，对习近平影响很大，他曾深情地说："七年上山下乡的艰苦生活对我的锻炼很大。最大的收获有两点：一是让我懂得了什么叫实际，什么叫实事求是，什么叫群众。这是让我获益终生的东西。二是培养了我的自信心。"③年轻习近平这一段尊重人民群众、学习人民群众、服务人民群众的实践历程更坚定了他做好群众工作的信心，锻炼了他做好群众工作的本领，孕育了群众工作方法理论到实践的伟大创造。

---

① 中央党校采访实录编辑室著：《习近平的七年知青岁月》，中共中央党校出版社2017年版，第197页。

② 中央党校采访实录编辑室著：《习近平的七年知青岁月》，中共中央党校出版社2017年版，第28页。

③ 中央党校采访实录编辑室著：《习近平的七年知青岁月》，中共中央党校出版社2017年版，第401页。

（三）群众工作是党的制胜法宝

马克思主义政党最大的政治优势是密切联系群众，执政党最大的危险是脱离群众。这是中国共产党在世界各国执政兴盛衰亡的经验教训过程中得出的一个基本结论。毛泽东说过，“真正的铜墙铁壁是什么？是群众，是千百万真心实意地拥护革命的群众。这是真正的铜墙铁壁，什么力量也打不破的，完全打不破的。”[①]为什么中国共产党能够使井冈山时期的星星之火终究形成了燎原之势？为什么中国共产党能够在长征途中走出雪山草地、战胜国民党的围追堵截？为什么中国共产党能够在延安那样一个衣食贫乏、条件艰苦的地方聚拢那么多中华民族最优秀的儿女？为什么中国共产党能够在抗日战争中、在中华民族最危难的时刻成为全民族抗战的中流砥柱？为什么中国共产党能够在解放战争中打败明显占优势地位的国民党而成为中国的执政党？为什么中国共产党能够带领全国人民打赢新冠肺炎疫情防控的人民战争？答案只有一个，那就是中国共产党与人民群众形成了密切的血肉联系、鱼水关系，党的历史就是人民群众养育党、信任党、支持党、帮助党的历史。有了人民群众的拥护和支持，中国共产党才获得了无坚不摧的力量，才拥有了战无不胜的根本。

党的制胜法宝[②]

1948年，当淮海战役序幕拉开之时，一场规模空前的人民群众支前运动，在东起黄海之滨，西至豫西地区，北至山东渤海，南达苏北长江沿岸，纵横3000公里的地区开展起来。“我上前方送口粮，后来抬担架抢救伤员。我腿受伤了，被送到医院治疗。”现年90多岁的李时良老人回忆道，他是淮海战役的支前民工。淮海战役期间，像李时良这样的支前民工有543万。他们全心全意地支持党领导的人民军队进行战略决战。人民群众把淮海战役当作保卫自己胜利果实的战争。

独轮、木质……人民群众正是推着这样的小推车把物资源源不断地送往前方。当时人民群众家里并无存粮，却勒紧裤带，把一碗一瓢省下来的粮食，毫无保留地送到前线。动员起来的民工，在人民解放军决战淮海之时，

① 中共中央宣传部理论局编：《论党的群众工作——重要论述摘编》，学习出版社2011年版，第1页。

② 《习近平讲述的故事丨制胜法宝》，新华网，2021年4月21日。

向前线运送1460多万斤弹药，9.6亿斤粮食等军需融资。淮海战役是人民解放军在兵力和装备均不占优势的情况下，同国民党精锐部队展开的一场决定性的战略决战，最终以人民解放军全面胜利而告终。淮海战役的胜利，使长江中下游以北地区获得解放，为解放军渡江作战奠定了基础。

人民选择了共产党，人民迸发出来的战争伟力，是战胜任何敌人的最深厚的根源。淮海战役和渡江战役期间，人民群众踊跃支前的宏伟场面，就是这条历史真理的生动写照。时代在变，但依靠人民群众创造历史的故事没有变。百年大党，根在人民。共产党人不忘本，最重要的就是心系人民、造福人民，不能忘了人民这个根，永远做忠诚的人民服务员。

进入新时代，时代背景变化了，但党的根本宗旨没有变；群众的结构和分布变化了，但党的群众立场没有变；群众工作的内容和方式方法变化了，但群众工作的总要求没有变。变与不变的辩证统一，推动党的群众工作不断向前发展。作为使命型政党的中国共产党，做好群众工作，是党的基础工作，是党的生命工程。

第二节
道路选择：走中国特色社会主义群团发展道路

人民群众是泛指的概念，包含着不同领域、阶层、战线和层面的人民群众。党通过两条根本性路径开展群众工作，一条是通过党的自身网络直接联系与组织人民群众，一条是通过建立外围群团组织以整合各阶层群众。这些起着“传动装置”或“杠杆”作用的外围群团组织，把党和特定的群众更好地联系起来，团结动员特定群众围绕党的中心任务而奋斗。群团事业是党的事业的重要组成部分，党的群团工作是党治国理政的一项经常性、基础性工作，是党组织动员广大人民群众为完成党的中心任务而奋斗的重要法宝。这是党的一大创举，也是党的一大优势。长期以来，群团组织与党同呼吸、共命运，是党和政府值得信赖和依靠的重要力量，是党在不同时期完成历史重任的基本力量和基本依靠。2015年1月，中共中央印发了《中共中央关于加强和改进党的群团工作的意见》，深刻阐述了新形势下加强和改进党的群团工作的重要性和紧迫性，鲜明地提出了中国特色社会主义群团发展道路。中国特色社会主义群团发展道路，是党在继承和发展马克思主义理论、领导群众实现梦想的生动实践基础上形成的，是对党的群团工作历史经验的科学总结，是中国特色社会主义道路的重要组成部分，凸显了执政党和群团组织“轴心—外围”模式的巩固和加强，体现了群团组织政治属性和社会属性的有机融合，是群团组织自身应对社会变革的必然选择。

一、中国特色：群团道路的探索与选择

（一）理论的新发展

1. 群团组织的内涵得到丰富

在中国共产党的理论体系中，“群团”这个政治概念在新时代得到了丰富和明确。长期以来，在中共和国家重要文献、法律法规及相关章程中，对工会、共青团、妇联等组织有“人民团体”“群众组织”“群众团体”“人民群众团体”“群团组织”等不同称谓。在这些文献中，当专指参加政治协商会议的工会、共青团、妇联等

组织时多使用“人民团体”，当泛指免于登记的社会团体时常使用“群众团体”等。在有关法律法规中，一般使用“人民团体”，有些文件交替使用其中两个概念，如《中共中央关于加强和改进党的群团工作的意见》在提到支持群团组织在社会主义民主中发挥作用时，特别提及群团组织中的“人民团体”，当提普遍要求时用“群团组织”。

相对而言，“人民团体”的政治色彩浓一些，“群众团体”“群团组织”“群众组织”的社会性凸显一些。采用“群团组织”的表述在近几年的重要文件中尤为明显。党的十九大党章，将工会、共青团、妇联等“群众组织”的表述修改成“群团组织”，此后中国共青团章程亦修改成“群团组织”的表述。工会、共青团、妇联等组织，既是“群团组织”，亦是“人民团体”。从外延上看，“群团组织”比“人民团体”范围更宽，涵盖面更广。“人民团体”主要指参加政治协商会议的八大人民团体，属于群团组织。因此，党的文件中若有“工会、共青团、妇联等群团组织”“工会、共青团、妇联等人民团体”等不同提法时，表明不同文件在不同语境中选择有侧重。

目前，被列入中国人民政治协商会议界别的八大人民团体有：全国总工会、共青团中央、全国妇联、中国科协、全国侨联、全国台联、全国青联、全国工商联。与其他群众团体相比，人民团体成立时间较早，会员数量众多，基层组织健全完善，联系群众广泛，社会基础深厚，因此在群团组织中地位特殊、功能突出、作用凸显，是国家治理和社会治理中举足轻重、不可或缺、难以取代的力量。当前，中央编办管理机构编制的群众团体机关有22家[①]，由中央编办“定机构、定职责、定编制”。这22家全国性的群众团体基本涵盖了不同类型、性质和领域的组织，代表着我国各个领域、各个阶层、各条战线、各个层面的人民群众。这些组织的共同特点是在中国共产党的领导下，有严格规范的章程、健全的内部治理结构以及严密规整的组织网络体系；但在联系群体、目标取向、核心使命、动力机制、功能结构、运作机理、社会效应等方面有不同的特点。[②]这些全国性的群团组织及其基层组织、外围组织共同构成群团组织体系，为党做好群众工作，巩固和夯实党执政的群众基础。

对于群团组织的属性和功能，新中国成立以来，中国共产党的重要文献都有比较

① 《中央编办管理机构编制的群众团体机关》，中国机构编制网，2019年1月18日。

② 康晓强：《论习近平的群团观》，载《社会主义研究》2017年第1期，第20—26页。

明确的论述。1951年刘少奇在第一次全国组织会议报告上指出，“党所领导的人民群众的团体，例如新民主主义青年团、工会、农民协会、合作社、妇女联合会、文化工作者的团体等，都是党联系人民群众的纽带，也是党向人民群众进行共产主义教育的场所”[①]。1982年党的十二大报告指出，必须大大加强党在工会中的工作，使工会成为连接党和工人群众的强大纽带。党要进一步加强对共青团的领导，支持它按照青年的特点进行工作，使它充分发挥党的助手和后备军作用，真正成为广大青年在实践中学习共产主义的学校。妇联应当成为代表妇女利益，保护和教育妇女，保护和教育儿童的有权威的群众团体。1987年的党十三大报告指出，工会、共青团、妇联等群众团体历来是党和政府联系工人阶级和人民群众的桥梁和纽带。这一表述为此后历次党代会报告所沿袭并有所拓展。1989年中共中央出台的《关于加强和改善党对工会、共青团、妇联工作领导的通知》指出，工会、共青团、妇联是党领导的工人阶级、先进青年、各族各界妇女的群众组织，是党联系群众的桥梁和纽带，是国家政权的重要社会支柱。《中共中央关于加强和改进党的群团工作的意见》指出，群团组织是党和政府联系人民群众的桥梁和纽带。2022年党的二十大报告指出，要深化工会、共青团、妇联等群团组织改革和建设，有效发挥桥梁纽带作用。

学术界对群团组织属性和功能的研究，比较有代表性的有桥梁纽带论、政治社团论、社会职能论、双重角色论、利益代表论、党政附属论、垄断地位论等。[②]桥梁纽带论是实务界和学术界的广泛共识，认为工会、共青团、妇联等是党联系群众的“桥梁”和“纽带”，如杨光斌认为，作为党和政府机关联系群众、教育群众、团结群众的“杠杆”“纽带”和“桥梁”，工青妇组织的发展具有久远历史。[③]政治社团论把工会、共青团、妇联、青联、工商联、侨联等群团组织看作政治社团，如王惠岩等认为政治社团是那些不同于政党和国家政权机关、有组织地参与、影响政府决策形成过程的利益群体，工青妇等作为政治社团具有组织、参政、民主监督、教育等功能。[④]社会职能论使用的“社会职能”表述，有广义和狭义取向，广义取向的如宋德福1988年在共青团十二大报告中提出，共青团具有三种主要的社会职能：团结、教育和引导

① 中共中央文献研究室编：《建国以来重要文献选编》第二册，中央文献出版社2011年版，第146页。

② 胡献忠：《群团逻辑与团改攻坚》上海社会科学院出版社2017年版，第5—7页。

③ 杨光斌主编：《政治学导论》，中国人民大学出版社2011年版，第167页。

④ 王惠岩主编：《政治学原理》，高等教育出版社2005年版，第201、227页。

青年建功立业，组织青年参与民主建设，代表和维护青年利益；狭义取向的主要是与政治职能相对的社会职能，指群团组织应尽力走出行政化窠臼，更多体现或回归社会职能。双重角色论认为群团组织作为党和政府联系群众桥梁纽带的现实地位，决定其必然具有双重身份，如林尚立认为，工会、妇联和共青团三大组织，实际上既是社会团体，同时也是中国共产党的外围团体，其中共青团具有准政党性。[①]利益代表论认为，代表和维护所联系群众的合法利益，是党赋予群团组织的基本职能。党政附属论认为群团组织与党政靠得越来越紧密，部分政治社团在一定意义上是党政机关的附属组织，如俞可平认为，群众团体或人民团体是中国现存体制下特定的政治概念，这些组织具有很强的政治和行政色彩，像行政机关一样，从其职能和性质来看，它们更像是政府组织，而不是非政府组织。[②]

总的来说，群团组织的产生与党和国家息息相关，以工会、共青团、妇联为代表的群团组织体系在不同历史时期，其属性和功能主要由国家制度所决定，与党政强相关，以群团组织为视角透视国家和社会关系、政党和群众的关系，需要从特定的历史条件和社会结构出发，作出具体分析。进入新时代，把群团事业看作是党的事业的重要组成部分，把党的群团工作视为党治国理政的一项经常性、基础性工作，特别是“党的事业”“党的群团工作”等表述，意味着群团工作已不是群团组织自身的事业，而应放在中国共产党事业兴旺发达的高度予以审视、考量。无论是《中共中央关于加强和改进党的群团工作的意见》对群团工作的全面擘画，还是2015年7月召开的党的群团工作会议对群团组织强“三性”（政治性、先进性、群众性）、去“四化”（机关化、行政化、贵族化、娱乐化）的强调，抑或2019年3月中共中央印发的《关于加强和改进中央和国家机关党的建设的意见》第六部分提出的“不断提高党的群团工作水平”的要求，都深刻表明群团组织是中国共产党领导社会的内生结构性要素，其角色与功能对于现代国家治理的价值不可或缺，对现代执政体系的优化不可或缺，有了更丰富的内涵。

2. 群团理论的继承和发展

马克思主义政党始终把党领导的群众组织视作夺取、巩固政权的重要力量。马克思在《工人联合会》一文中明确指出，“这些联盟（工人联合会）是团结工人的手

① 林尚立：《构建民主——中国的理论、战略与议程》，复旦大学出版社2012年版，第346页。

② 俞可平等：《中国公民社会的制度环境》，北京大学出版社2006年版，第4页。

段，是准备推翻整个旧社会、彻底解决其阶级矛盾的手段”[①]。也就是说，无产阶级政党领导的群众联盟，不仅是将群众组织起来的形式，更是团结群众进行无产阶级革命的重要政治手段。列宁指出，需要一些将先锋队和先进阶级群众联接起来的“传动装置”[②]，在党与群中间建构一条“引带”。群团组织的“传动装置”和“引带”正是党做好群众工作的关键所在。“组织起来”是毛泽东在民主革命时期形成和发展起来的一个重要思想，并成为党领导抗日革命根据地的一项重要工作方针，毛泽东把尊重群众的首创精神、支持群众自发组织起来的各种群众团体和集体互助组织视为落实党的群众路线的重要途径，工会组织、青年组织和妇女组织是除农会以外最为重要的几种群众组织形式，在组织生产、对敌斗争和政权建设中发挥了重要的作用。[③]邓小平一贯高度重视群团工作，他对党与群众团体的关系、群众团体的任务、群众团体的建设等问题都作了一系列重要论述，如加强党对群众团体的领导，既要防止全面包办，又要防止放松政治领导；群众团体在社会主义建设时期的最基本的任务，就是要通过积极的思想政治工作，培养和造就社会主义“四有”新人，为社会主义现代化建设建功立业；他对群众团体的组织建设、作风建设和工作方式都十分关注。[④]江泽民认为，中国共产党与中国共青团有着特殊的政治关系，共青团的事业是党的事业的重要组成部分，青年工作是党的群众工作的重要内容。[⑤]江泽民同志始终高度重视工会工作，全心全意依靠工人阶级，依据新形势、新变化，探索新路子、新模式，进一步巩固党的执政地位，是江泽民工会思想的核心。[⑥]胡锦涛强调指出，各级党委、人大、政府、政协和工会、共青团、妇联等人民团体都要高度重视和主动开展群众工作，同时要支持统一战线各界人士、城乡基层自治组织、企事业单位、社会团体、行业组织、社会中介组织等共同做好群众工作，形成加强和改进新形势下群众工作合

---

① 《马克思恩格斯全集》第6卷，人民出版社1961年版，第658页。

② 《列宁全集》第40卷，人民出版社2017年版，第201页。

③ 张海军：《民主革命时期毛泽东关于工青妇等群众组织建设的思想》，载《社团管理研究》2012年第8期，第56—58页。

④ 陈世海：《学习邓小平群团工作的理论》，载《燧石》1996年第Z1期，第34—38页。

⑤ 江泽民：《在纪念中国共产主义青年团成立八十周年大会上的讲话》，载《新华每日电讯》，2002年5月16日第1版。

⑥ 冯祥武：《江泽民工会思想初探》，载《工会论坛（山东省工会管理干部学院学报）》2007年第5期，第10—12页。

力，不断开创群众工作新局面。[①]

进入新时代，习近平总书记将群团工作置于影响党和国家前途命运的高度加以审视和考量，并旗帜鲜明地指出：党的群团工作只能加强，不能削弱，只能改进提高，不能停滞不前。明确了新时代群团工作“重要法宝，两个基本”的重要地位，即“群团事业是党的事业的重要组成部分，党的群团工作是党治国理政的一项经常性、基础性工作，是党组织动员广大人民群众为完成党的中心任务而奋斗的重要法宝。工会、共青团、妇联等群团组织联系的广大人民群众是全面建成小康社会、坚持和发展中国特色社会主义的基本力量，是全面深化改革、全面推进依法治国、巩固党的执政地位、维护国家长治久安的基本依靠”。凝练了党的群团组织的三大本质属性及逻辑关系，即政治性、先进性、群众性，政治性是群团组织的灵魂，是第一位的；先进性是群团工作的重要着力点；群众性是群团组织的根本特点。[②]提出走中国特色社会主义群团道路，为做好新时代群团工作指明了方向与道路、提供了行为原则，如强调党委对群团组织的领导和支持，解决“四化”（机关化、行政化、贵族化、娱乐化）严重、“三性”（政治性、先进性、群众性）不强，以及基层组织“四缺”（缺编制、缺经费、缺办公场所、缺工作人员）突出等问题，强化群团组织服务职能，加强群团组织自身建设等。习近平总书记曾用“众星拱月”作比喻，“月”指党，“众星”指包括群团组织在内的党领导下的各种组织，“做党的群众工作，就要月明星灿，不能月明星稀，工会、共青团、妇联等群团组织更要星光灿烂”[③]。

2015年《中共中央关于加强和改进党的群团工作的意见》出台，2015年7月召开党的历史上第一次中央党的群团工作会议，党的十九大把推动工青妇等群团组织保持和增强政治性、先进性、群众性写进党的报告，2019年11月《中共中央关于坚持和完善中国特色社会主义制度推进国家治理体系和治理能力现代化若干重大问题的决定》明确提出“健全联系广泛、服务群众的群团工作体系”[④]，党的二十大报告强调要深

---

① 王青，房晓军：《胡锦涛党的群众工作思想论析》，载《山东理工大学学报（社会科学版）》2012年第1期，第27—31页。

② 习近平：《切实保持和增强群团组织的政治性先进性群众性》，载《党建》2015年第8期，第1页。

③ 中共中央文献研究室编：《习近平关于社会主义政治建设论述摘编》，中央文献出版社2017年版，第188页。

④ 《中共中央关于坚持和完善中国特色社会主义制度推进国家治理体系和治理能力现代化若干重大问题的决定》，载《人民日报》，2019年11月6日第5版。

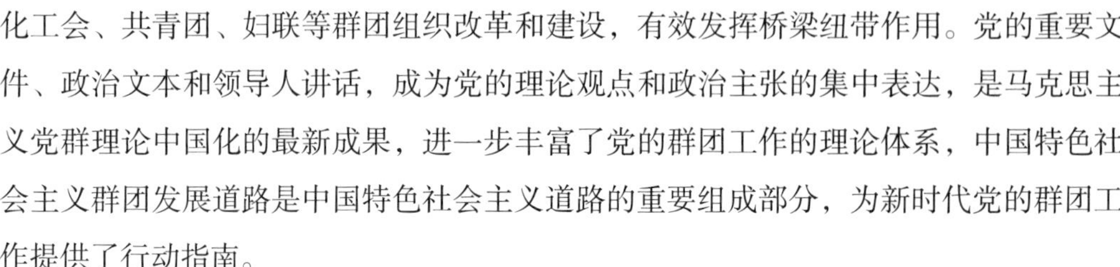
化工会、共青团、妇联等群团组织改革和建设，有效发挥桥梁纽带作用。党的重要文件、政治文本和领导人讲话，成为党的理论观点和政治主张的集中表达，是马克思主义党群理论中国化的最新成果，进一步丰富了党的群团工作的理论体系，中国特色社会主义群团发展道路是中国特色社会主义道路的重要组成部分，为新时代党的群团工作提供了行动指南。

（二）长期实践的总结

1. 党领导群团的历史及作用

中国共产党在100年的奋斗历程中，充分发挥群团组织作用，有效地组织、动员和教育各阶层群众，调动和团结一切积极力量共同为实现党在各时期的历史任务而奋斗。

在新民主主义革命时期，共产党在“组织起来”的正确思想指导下，把党组织和群团组织整合起来，形成了向心性力量。党通过群团成功地将民众组织起来，改变了民众一盘散沙的局面，领导工会、农会、青年团组织动员广大群众，为推翻帝国主义、封建主义和官僚资本主义的“三座大山”汇聚了力量。李大钊、陈独秀、毛泽东、刘少奇等都亲自投身群众运动，在党的领导下，陆续建立起工会、青年团、农会、妇女联合会等群众团体。在新民主主义革命的全过程，党经常讨论、指导群团工作，通过群团组织动员基层群众，积聚革命力量，壮大斗争实力。第一，党始终对群团实施坚强领导。如党的二大至六大，党的全国代表大会先后通过了职工运动、农民运动、青年运动、妇女运动等18个决议案，具体指导群众运动。[①]第二，党根据形势需要不断赋予群团组织新任务。如抗日战争爆发后，在抗日民主统一战线指导下，党的群团组织数量激增，类型多样，成为党联系人民群众进行革命的重要纽带；解放战争时期，党在解放区大力发展和扶持群团组织以争取民心归附；在解放战争后期，党围绕建立人民政权的目标，赋予群团组织新任务，迅速恢复全国统一性的群众团体，积极参与人民民主协商。第三，党将各种斗争关联到群众利益，帮助与督促群团把群众争取到自己周围。[②]不论是声势浩大的工人罢工，还是轰轰烈烈的土地革命，党总

① 胡献忠：《百年来中国共产党领导群团的历史逻辑与基本经验》，载《青年探索》2021年第2期，第16—26页。

② 胡献忠：《百年来中国共产党领导群团的历史逻辑与基本经验》，载《青年探索》2021年第2期，第16—26页。

是通过工会、农会等群团组织向工人、农民说明斗争目的及利害关系，并保障其必要的利益，使他们主动积极地参与斗争。

在社会主义革命和建设时期，共产党通过群团组织积极动员广大群众担当起巩固新生政权的历史使命，以极大热情带领所联系的群众向生产力进军、向困难进军、向荒原进军、向科学进军，投身到社会主义建设之中。第一，党把群团组织作为国家政权的重要社会支柱，赋予恰当的政治地位和法律地位。新中国成立初期，群团组织责无旁贷地担当起新生人民政权的柱石的历史使命，工青妇等群团动员广大群众积极参加抗美援朝、镇压反革命、土地改革和“三反”“五反”。中央人民政府通过制度化的规定，使人民群众团体免于登记，受国家保护，并明确了党和群团组织的机制联系。20世纪50年代，全国工商联、中国侨联、中国科协等一批群团组织相继成立，群团组织代表面和联系面不断扩大。第二，党支持群团组织动员所联系群众投身社会主义建设。如党通过群团组织在国营工厂企业掀起爱国主义劳动竞赛；选树雷锋、王进喜等英模人物，开展共产主义道德和艰苦奋斗教育；评选“三八红旗手”等荣誉称号，组建“青年突击队”“青年垦荒队”“铁姑娘队”等劳动集体，激发广大群众建设社会主义的热情。第三，党支持群团根据各自特点，在党的领导下独立自主开展工作。1953年，毛泽东接见中国新民主主义青年团第二次全国代表大会主席团时就指出，青年团要有自己的独立工作，要照顾青年的特点。①

在改革开放和社会主义现代化建设过程中，群团组织围绕党的工作中心，激发起广大人民群众推进改革、投身现代化建设的积极性、主动性和创造性。在党的领导下，群团组织的机构与功能得到恢复和健全。各级群团组织紧紧围绕全党全国工作大局，充分发挥各自特点和优势，开展了许多富有特色、富有成效的工作和活动，在推动经济社会发展、加强思想教育、倡导文明新风、维护群众权益、促进社会稳定等方面做了大量工作，为推动改革开放和社会主义现代化建设作出了重要贡献。党通过工青妇等群团组织开展“新长征突击手”、“三八红旗手”、五一劳动奖章、五四奖章的评选，涌现出一批批英模。党支持群团组织在维护全国人民总体利益的同时，维护各自代表的群众的具体利益，把群团工作作为党建工作的重要组成部分，不断优化群团干部队伍建设，支持群团不断克服行政化与官僚化，密切党与群众的血肉联系。

---

① 共青团中央，中共中央文献研究室编：《毛泽东邓小平江泽民论青少年和青少年工作（增订本）》，中国青年出版社2003年版，第96页。

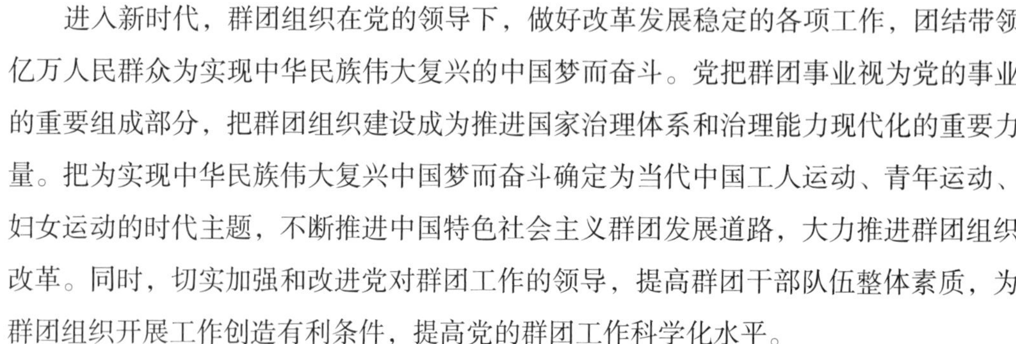

进入新时代，群团组织在党的领导下，做好改革发展稳定的各项工作，团结带领亿万人民群众为实现中华民族伟大复兴的中国梦而奋斗。党把群团事业视为党的事业的重要组成部分，把群团组织建设成为推进国家治理体系和治理能力现代化的重要力量。把为实现中华民族伟大复兴中国梦而奋斗确定为当代中国工人运动、青年运动、妇女运动的时代主题，不断推进中国特色社会主义群团发展道路，大力推进群团组织改革。同时，切实加强和改进党对群团工作的领导，提高群团干部队伍整体素质，为群团组织开展工作创造有利条件，提高党的群团工作科学化水平。

2. 党领导群团的历史经验

一百年来，创建群团组织、开展群团工作是党的一大创举和优势，群团组织与党同呼吸、共命运，是党值得信赖和依靠的重要力量。党领导群团发挥作用，形成了系列重要经验。

一是坚持党对群团工作的全面领导，把握群团工作的政治方向。只有在党的正确领导下，群团组织才能保证正确的政治方向，才能汇聚起所联系群众的磅礴力量，才能保障最广大人民群众的根本利益。首先，党必须掌握对群团工作的领导权，正如毛泽东所说，“所谓领导权，不是要一天到晚当作口号去高喊，也不是盛气凌人地要人家服从我们，而是以党的正确政策和自己的模范工作，说服和教育党外人士，使他们愿意接受我们的建议”①。其次是党必须通过有效的领导推进群团工作的发展，即党把群团工作纳入工作全局，用全党的力量做群团工作，也积极走进社会和群团组织，走进普通大众，关心群众利益，扩大党与群团之间的交流，积极回应政策，切实解决现实问题。

二是党因势利导制定科学的群团发展战略，群团工作始终围绕党和国家中心任务展开。党根据不同时期的使命和任务，对群团进行精准定位、战略谋划、具体指引，制定群团发展的科学战略，使群团工作围绕党在不同时期的使命和任务展开。新时代，中国特色社会主义群团发展道路是中国特色社会主义道路的重要组成部分，群团组织的理论和路线方针政策是与党的理论和路线方针政策高度一致的，群团组织做好下传党的路线方针政策和重大决策部署、向上传送群众的意愿和诉求的“双向传动”功能，把各阶层群众更加紧密地团结在党的领导之下。

三是党坚持“以人民为中心”，支持群团组织把维护人民利益作为群团工作的出

① 《毛泽东选集》（第二卷），人民出版社1991年版，第742页。

发点和落脚点。引导群团组织在维护全国人民总体利益的同时，切实维护各自所联系的群众的具体利益，把群众的积极性保护好、引导好、发挥好，不断巩固和拓展党执政的阶级基础和群众基础。群团组织始终在中国共产党的领导下，始终把人民当作群团工作的坐标系，在不同历史图景中深刻回答了“我是谁，为了谁，依靠谁”的时代之问。

（三）回应时代的要求

1. 党完成历史重任的需要

马克思主义认为，生产力与生产关系的矛盾运动是推动社会发展的根本动力，也是区分历史时代的根本依据。党的十八大召开以来的十年，中国经历了三件大事：一是迎来中国共产党成立一百周年，二是中国特色社会主义进入新时代，三是完成脱贫攻坚、全面建成小康社会的历史任务，实现第一个百年奋斗目标。2022年10月，党的二十大召开，明确了党面临的中心任务是，团结带领全国各族人民全面建成社会主义现代化强国、实现第二个百年奋斗目标，以中国式现代化全面推进中华民族伟大复兴。[①]第二个百年奋斗目标又分成两个阶段安排：从2020年到2035年基本实现社会主义现代化；从2035年到本世纪中叶把我国建成富强民主文明和谐美丽的社会主义现代化强国。这是新时代中国特色社会主义发展的战略安排，明确了党的历史重任的时间表和路线图。

中国式现代化是以人民为中心的现代化，是不同于西方式现代化的一个鲜明特征。人民立场是中国共产党的根本政治立场，人民至上是中国式现代化的价值导向，实现人民对美好生活的向往是现代化建设的出发点和落脚点。人民是历史的创造者，是真正的英雄，是历史发展和社会进步的根本力量，是推进中国式现代化的中坚力量。任何一项伟大事业要成功，都必须从人民中找到根基，从人民中集聚力量，由人民共同来完成。要实现新时代新征程党的使命任务，党的群众工作这个法宝须臾不可离，必须从群众中来、到群众中去，紧紧依靠人民群众，汲取群众的智慧和力量，把政治智慧的增长、执政本领的增强深深扎根于人民的创造性实践之中，必须加强和改进党的群团工作，充分发挥群团组织作用，调用人民群众的积极性、主动性、创造性。

---

① 习近平：《高举中国特色社会主义伟大旗帜 为全面建设社会主义现代化国家而团结奋斗》，载《人民日报》，2022年10月26日第1版。

2. 党巩固执政地位的需要

党的根基在人民、血脉在人民、力量在人民，人民是党执政兴国的最大底气。民心是最大的政治，正义是最强的力量。党的最大政治优势是密切联系群众，党执政后的最大危险是脱离群众。我国发展的内外环境正在发生深刻变化，党面临的挑战和考验前所未有。

世界正经历百年未有之大变局，当前国际格局和国际体系正在发生深刻调整，全球治理体系正在发生深刻变革，国际力量对比正在发生近代以来最具革命性的变化，世界范围呈现出影响人类历史进程和趋向的重大态势。世界经济版图发生深刻变化，发达国家和发展中国家在国际分工体系中的地位角色发生重大转变，发达国家经济增长乏力，新兴经济体和发展中国家在今世界经济中占据越来越大的份额，世界经济重心加快“自西向东”位移。新一轮科技革命和产业变革带来快速的新陈代谢和激烈竞争，不仅有力重构全球创新版图、重塑全球经济结构，而且深刻改变人类社会生产生活方式和思维方式，推动生产关系变革。国际力量对比发生深刻的革命性变化，发达国家内部矛盾重重、实力相对下降，一大批发展中国家群体性崛起，成为影响国际政治经济格局的重要力量。

在世界大变局中，中国持续快速发展成为世界格局演变背后的主要推动力量。由于中国特色社会主义不断成功，冷战结束后世界社会主义万马齐喑的局面得到很大程度的扭转，社会主义在同资本主义竞争中的被动局面得到很大程度的扭转，社会主义优越性得到很大程度的彰显，中国特色社会主义成为振兴世界社会主义的中流砥柱，中国日益走近世界舞台的中央。

当前，世界百年未有之大变局进入加速演变期。和平与发展仍然是时代主题，但是不稳定性不确定性更加突出。英国“脱欧”、法国“黄马甲”运动、美国大规模骚乱等“西方之乱”不断上演，其背后是国际金融危机深层次影响持续发酵，西方国家贫富差距不断扩大，催生政治极化、民粹主义、种族冲突等问题。2020年开始的新冠肺炎疫情全球大流行，2022年爆发的俄乌冲突，成为世界百年未有之大变局的新变量、催化剂。

发展中国特色社会主义是一项长期的艰巨的历史任务，须进行具有许多新的历史特点的伟大斗争。党在统筹推进“五位一体”总体布局、协调推进“四个全面”战略布局进程中，以斗争意志、斗争精神应对各领域的重大风险挑战。比如，同意识形态领域的各种错误思潮作斗争，打好敌对势力发动的思想战、舆论战；同国际上的单边主义、贸易保护主义、霸凌行径做斗争，维护国家尊严、捍卫国家利益；同党内存在的各种不正之风和消极腐败现象作斗争，以自我革命精神推进全面从严治党等等。在难得历史机遇和一系列重大风险挑战当前，人心向背关系党的生死存亡。巩固党的执政地位，经受住执政考验、改革开放考验、市场经济考验、外部环境考验，应对好精神懈怠危险、能力不足危险、脱离群众危险、消极腐败危险，核心是保持党同人民群众的血肉联系。必须加强和改进党的群团工作，全心全意依靠工人阶级和广大人民群众，最大限度把人民群众团结在党的周围，打造抵御国内外敌对势力干扰破坏和“颜色革命”的铜墙铁壁，夯实党执政治国的群众基础。

另一方面，加强和改进群团工作也符合世界政党政治的发展趋势。当代世界很多政党都非常注重培育发展各类外围组织，从而有效联系沟通各特定人群和社会阶层，以赢得更多民众认同和支持。法国社会党、法国共产党均明确，中央一级的领导人负责协助自己的青年、妇女组织开展活动；新加坡人民行动党要求青年翼和妇女翼直接向党中央执行委员会汇报情况，全国职工总会的秘书长和副秘书长都由行动党的重要干部出任；南非非洲人国民大会认为，党和政府离不开民众、社区、工会、社团的监督配合与参与，因此赋予其外围组织青年联盟、妇女联盟和老兵联盟相当于“自治”的权利。①

3. 群团组织适应性变革的需要

不同的群团组织有各自不同的独特优势，至少有组织结构、贴近基层、沟通平台、影响公共决策这四大独特优势。②在组织结构方面，大部分群团组织建构了从中央到省、地（市）、县、乡镇直至社区、乡村的横向到边、纵向到底、遍布城乡的层级化组织网络结构，有一支具有丰富群众工作经验的稳定工作队伍，在反映群众利益诉求、化解社会矛盾、优化社会服务、参与社会治理方面有独特优势。在贴近基层方面，群团组织植根基层社会、贴近普通群众，既是党和政府沟通社会、整合社会、联结社会、凝聚社会、嵌入社会的有效载体，也是特定群体表达利益诉求、维护自身合法权益的重要“场域”。在沟通平台方面，群团组织作为联系党与人民群众的“桥梁和纽带”，位于党与社会中间的特别的空间结构之中，具有独特的组织优势和社会资

---

① 胡献忠：《群团逻辑与团改攻坚》上海社会科学院出版社2017年版，第37—38页。

② 康晓强：《论习近平的群团观》，载《社会主义研究》2017年第1期，第20—26页。

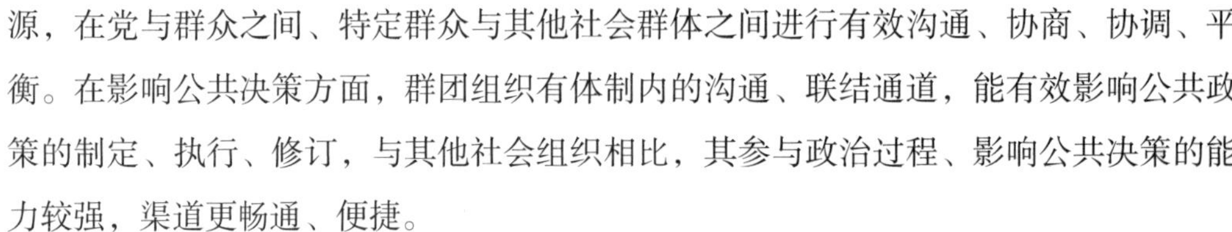

源，在党与群众之间、特定群众与其他社会群体之间进行有效沟通、协商、协调、平衡。在影响公共决策方面，群团组织有体制内的沟通、联结通道，能有效影响公共政策的制定、执行、修订，与其他社会组织相比，其参与政治过程、影响公共决策的能力较强，渠道更畅通、便捷。

党的群团工作在继承创新中不断加强，群团组织根据自身特点发挥独特优势，完成各自的职责和使命。但是，面对新形势新任务的要求，群团工作仍存在许多不适应的问题。有的地方党政对群团工作重视不够，对群团工作的特点和规律研究不够深入，对发挥群团组织作用缺乏有力指导和支持。有的群团组织基层基础薄弱、有效覆盖面不足、吸引力凝聚力不够问题突出，“空壳化”“空转”现象严重，特别是在非公有制经济组织、社会组织和各类新兴群体中的影响力亟待增强。有的群团组织思想理念、工作方法和活动方式滞后于时代发展，进取意识和创新精神不强，存在机关化、脱离群众现象，很难起到桥梁纽带作用，更会有被边缘化的危险。有的群团干部能力素质需要进一步提高，作风需要改进，缺乏群众工作经验和本领，无法有效动员和凝聚群众，无法妥善解决群众利益问题。

面对以上问题，包括中国特色社会主义工会发展道路、中国特色社会主义青年运动方向、中国特色社会主义妇女发展道路等具体路径的中国特色社会主义群团道路，其形成与巩固、完善与发展，一定是在应对社会变革的大背景、大逻辑下展开的。群团组织需进行适应性变革，走好中国特色社会主义群团发展道路。

二、必由之路：走中国特色社会主义群团发展道路

（一）中国特色社会主义群团发展道路的基本特征

《中共中央关于加强和改进党的群团工作的意见》鲜明地提出了中国特色社会主义群团发展道路，进一步完善充实了中国特色社会主义道路，表明新时代执政党通过群团的组织网络整合社会这一传统得到巩固和加强，也标志着各群团组织应对社会变革的探索和努力进入里程碑意义的新阶段。中国特色社会主义群团发展道路基本特征是各群团自觉接受党的领导、团结服务所联系群众、依法依章程开展工作相统一。

“三个统一”是中国政治文明建设必须遵循的方针在群团工作中的体现，是社会主义政治发展的必然要求，是推进政治文明建设必须遵循的基本方针，也是中国政治文明建设区别于资本主义政治文明建设的本质特征。党的领导是核心，人民当家作主

是本质，依法治国是保证。

（二）中国特色社会主义群团发展道路的主要内容

1. 坚持党对群团工作的统一领导

党的领导是做好群团工作的根本保证。各级党组织必须负起政治责任，加强对群团组织的政治领导、思想领导、组织领导，把党的理论和路线方针政策贯彻落实到群团工作各方面、全过程。群团组织必须坚持正确政治方向，自觉服从党的领导，贯彻党的意志和主张，严守政治纪律和政治规矩，在思想上政治上行动上始终同以习近平同志为核心的党中央保持高度一致，不断增强中国特色社会主义道路自信、理论自信、制度自信。

坚持党对群团组织工作的绝对领导才能使我国的群团组织始终牢牢地把握正确的政治方向，群团组织的工作只有保持住了一个正确的政治航向，群团组织的工作才能够顺利的开展，才能保证群团组织不会偏离方向，避免脱离群众甚至做出背离群众利益的事。各级党委和政府要为群团组织开展工作创造有利条件，深入研究把握群团工作规律，明确对群团工作的领导责任，建立和健全制度和机制，从上到下形成强有力的组织领导体系。群团组织必须始终保持思想上、政治上和党中央步调一致，主动学习党的重要理论、党提出的重要精神和决策，主动遵守党提出的各种方针或者政策，主动在行动上同党中央保持高度一致。

2. 坚持发挥桥梁和纽带作用

群团组织是党和政府联系人民群众的桥梁和纽带。各级党组织要重视依靠群团组织推动党的理论和路线方针政策在群众中的贯彻落实，更好践行群众路线，做好群众工作。群团组织要经常深入群众，倾听群众呼声、反映群众意愿，深入做好群众的思想政治工作，把党的决策部署变成群众的自觉行动，把党的关怀送到群众中去。

群团组织作为党连接群众的桥梁和纽带，是党和政府路线、方针、政策的宣传者、贯彻者，是特定阶层群众利益的代表者、维护者，是党带领人民群众建设社会主义民主政治的协助者、监督者。一方面，党靠群团组织这一“传导装置”将党的理论和路线方针政策在群众中更好地贯彻落实，另一方面，群团组织通过深入群众，了解群众诉求和意愿，把群众的“温度”及时传达给党，成为有效连接两头的重要枢纽。群团组织干部要坚持走群众路线，成为群众工作的专家和行家。

3. 坚持围绕中心、服务大局

为党和国家工作大局服务，始终是群团工作的价值所在。各级党组织要指导群团组织紧紧围绕中国特色社会主义经济建设、政治建设、文化建设、社会建设、生态文明建设，围绕外交工作大局和祖国统一大业，找准工作的结合点和着力点，团结动员所联系群众为完成党和国家中心任务贡献力量。群团组织要坚持在大局下思考、在大局下行动，明确职责定位、展现自身价值，更好促进改革发展、维护社会和谐稳定。

新时代党的群团工作“必须把围绕中心、服务大局作为工作主线”，因为“围绕中心才能找准方向，服务大局才能体现价值”[①]。中国特色社会主义进入新时代，中国社会主要矛盾已经转化为人民日益增长的美好生活需要和不平衡不充分的发展之间的矛盾，党和国家在新时代所面临的中心问题应该是如何解决好这一主要矛盾，群团工作都应围绕于此、服务于此。群团组织要在党统筹推进“五位一体”总体布局、协调推进“四个全面”战略布局进程中找到切入点和结合点，提高群团工作对大局工作的贡献度。

4. 坚持服务群众的工作生命线

群团组织是党直接领导的群众自己的组织，为群众服务是群团组织的天职。各级党组织要推动群团组织贯彻党的群众路线，为群团组织服务群众创造条件。群团组织要增强群众观念，多为群众办好事、解难事，维护和发展群众利益，不断增强自身影响力和感召力。

对群众利益的始终关切是中国共产党的价值追求，更是贯穿群团工作不变的主线。这就意味着新时代的群团工作需要将人民群众的切身利益作为党开展群团工作的重心，即任何群团组织的存在前提就该是让人民群众的生活和工作变得更好。新时代党的群团工作应该肩负起更多社会责任，敦促群团组织和人民群众站在一起，积极主动听取群众的声音，思人民之所想，虑群众之所忧。党的群团工作既要积极成全人民群众的合理诉求，也要主动规避造成社会失序的不合理诉求。

5. 坚持与时俱进、改革创新

改革创新是群团工作发展进步的不竭动力。各级党组织和群团组织要把握时代脉搏，适应社会发展变化，尊重基层首创精神，不断推进群团工作和群团组织建设理论

---

① 中共中央文献研究室编：《习近平关于青少年和共青团工作论述摘编》，中央文献出版社2017年版，第62页。

创新、实践创新、制度创新，始终与党和国家事业同步前进。

理念创新是群团工作创新的基础和前提，有助于开拓和形成新局面，要善于从理论上概括和总结新形势下的群团实践，以理论发展来展示时代的快速发展，以发展的理论为实践的发展变化提供指导，以理念创新促进群团工作的实践创新。要创新党的群众工作机构设置，完善群团基层组织建设，加强群团组织班子和干部队伍建设。要创新党的群团工作的运行方式，包括动员方式、健全工作载体、去行政化、官僚化等，提高群团组织效能。

6. 坚持依法依章程独立自主开展工作

尊重群团组织性质和特点是做好群团工作的重要原则。各级党组织要支持群团组织发挥各自优势、体现群众特点，创造性开展工作。群团组织要大胆履责、积极作为，依法依章程开展活动、维护群众权益，最广泛吸引和团结群众。

依法依章是做好群团工作关键要求，独立自主是提升群团组织效能的保证。群团组织作为具有中国特色的群众性社会团体组织，与党组织和行政组织的工作方式、工作方法不同。群团组织开展工作要坚持从自己的特点出发，突出自身组织特色，处理好与党组织的关系。在面对群众之切身需求时，一方面，群团组织要保持较高的独立性以及应对各类复杂问题的创新性，不能推卸独立面对复杂问题和困难问题的责任；另一方面，应当纲纪先行，能立法的立法，能树规的树规，让新时代的群团工作在法律框架下清晰明白地践行党的群众路线。

第二章

历史与价值：党的青年群众工作与共青团组织

为 党 做 好 新 时 代 青 年 群 众 工 作

中国共产党始终把青年群众作为重要力量，高度重视青年群众工作。在每个历史时期，党根据中国社会主要矛盾明确党的主要任务和中心工作，按照不同时期青年群众工作的特点，制定相应的路线、方针、政策，实现党对青年群众工作在政治、思想、组织上的领导，组织动员青年群众力量投身历史任务，并完成对青年群众的利益协调和社会整合。作为青年群众工作的组织化力量，共青团为党做好青年群众工作是党治国理政的制度性安排，有着政党青年组织的正当性，是参与国家政权建设的组织形态。作为青年群众工作的组织化力量，共青团有着健全的内部组织体系，与其他青少年组织关系紧密，具有联系群众的组织优势。回望历史，共青团是伴随着中国革命与现代化建设而逐渐形成和发展的，形成了自身的组织特性，成为既承担执政党的政治任务，又代表青年群众进行利益整合的特殊组织，为做好党的青年群众工作积累了丰富的经验。

第一节
组织特性：共青团是组织化的青年群众工作力量

任何组织都是在特定条件下产生与发展，并为解决不同历史时期的任务而进行调整和变化。共青团是青年个体组织化的存在形式，将先进的个体青年以政治共同体的方式整合为与党和国家在核心价值与根本利益具有一致性的有机整体，同时以组织自身作为联动纽带，连接和影响更多的青年个体及青年组织，构筑价值网和组织关系网。经过100年的发展，共青团在与中国共产党的互动中，逐渐形成了具有政治性、先进性、群众性的群团组织，生成了具有中国特色青年政治组织的价值体系、组织体系和政策体系，是党做青年群众工作的最核心组织化力量。

一、党治国理政的制度性安排

（一）共青团具有政党青年组织的正当性

中国共产党的成立为中国政治革命带来了一种全新的政治组织模式，面对党在成立初期组织性资源匮乏的问题，青年群众是重要的革命资源力量，“青年组织化”刻不容缓地成为党制定政治革命战略时的重大策略。在党的直接指导和帮助下，中国社会主义青年团于1922年成立，与党有着共同的奋斗目标。1925年党的四大中通过的《对于青年运动决议案》明确了党对团实行政治领导的绝对性，同年团的三大决定将中国社会主义青年团改名为中国共产主义青年团，使团与党在政治上保持了绝对一致。1927年党的五大通过的《中国共产党第三次修正章程决案》明确把青年团置于党的领导之下，高度重视党对团的领导，将党与团的关系正式列入党章。共青团成为内嵌于工人阶级先锋队政党内部的政治共同体，成为党的组织体系的构成要素，是党的组织体系在青年群众领域的进一步延伸，党的科学思维、社会理想、行动范式和家国情怀亦会通过共青团传导及嵌入到中国青年的认知体系和价值建构中。从中共一大到六大，党的全国代表大会都会对党的青年工作、学生运动、少年儿童运动等进行专门讨论，作出政治决议，形成青年运动决议的制度形式。[①]

1936年，为了适应抗日战争形势，党正式启动对共青团的全面改造，使团成为广大群众的爱国青年组织，有利于建立最广泛抗日民族统一战线，实现最大范围的全国青年大联合。抗战胜利后，青年团组织着手重建，其统一战线的政治功能得到继续保留，共产党将统战制度延伸到青年工作领域，便于团结、凝聚和整合更广泛的青年群众。1949年，《中国共产党中央委员会关于建立中国新民主主义青年团的决议》讲述建立团组织的意义时就指出："只有很好的组织中国青年中的积极分子，才能使中国广大的青年群众有一个巩固的核心，在全国青年群众中进行不懈的工作。否则，就不能很好的团结全中国的青年群众"[②]。

新中国成立后，面临新阶段的新任务，党应该如何领导青年团和青年团应如何工作成为党团关系中需要充分讨论并解决的重要问题。1953年毛泽东提出"青年团要照顾青年特点，要有自己的系统的工作，同时又要受各级党委的领导"。[③]1956年党的八大党章中将"党同共产主义青年团关系"作为单独的一章，详细阐述党与团之间的关系，明确规定党如何加强青年团的领导和青年团如何服从党的领导，并对共青团工作提出了具体新要求，党团关系愈加明晰。1989年，中共中央下发《关于加强和改善党对工会、共青团、妇联工作领导的通知》，明确阐述了党与团特殊政治关系，重申共青团是党的助手和后备军，促进党团关系进入了一个新的发展阶段。根据党对团的任务及要求，2003年团的十五大正式将"党建带团建"写入团章，明确把党的要求贯彻落实到团的建设中，使团的建设纳入党的建设总体规划。[④]2008年团的十六大将"不断巩固和扩大党执政的青年群众基础"作为共青团的根本职责写入团章。[⑤]

党的二十大党章第十章明确了共青团是"党领导的先进青年的群团组织，是广大

① 刘佳：《青年共同体建构的制度逻辑——兼论中国共产党青年工作制度体系的百年发展与政治启示》，载《青年发展论坛》2021年第1期，第15—25页。

② 《中国共产党中央委员会关于建立中国新民主主义青年团的决议》，中国共青团网，2016年9月13日。

③ 共青团中央，中共中央文献研究室编：《毛泽东邓小平江泽民论青少年和青少年工作（增订本）》，中国青年出版社2003年版，第99页。

④ 江西省团校共青团理论研究中心 江西共青团和青年工作理论研究会编：《共青团章程汇编：共青团早期临时章程至共青团十八大章程》，江西人民出版社2018年版，第162页。

⑤ 江西省团校共青团理论研究中心 江西共青团和青年工作理论研究会编：《共青团章程汇编：共青团早期临时章程至共青团十八大章程》，江西人民出版社2018年版，第178页。

青年在实践中学习中国特色社会主义和共产主义的学校，是党的助手和后备军”[①]，明确共青团贯彻党管青年原则，充分发挥党联系青年的桥梁和纽带作用。党的二十大报告强调，要深化工会、共青团、妇联等群团组织改革和建设，有效发挥桥梁纽带作用。党的十九大报告指出，要增强群众工作本领，创新群众工作体制机制和方式方法，推动工会、共青团、妇联等群团组织增强政治性、先进性、群众性。2018年团十八大修订了《中国共产主义青年团章程》，在总则部分增写共青团贯彻党管青年原则，增写“为党做好青年群众工作”[②]，明确了共青团新时代的价值使命。

因此，在党的领导下，共青团在推动青年组织化集体行动、启蒙青年共产主义觉悟、强化青年与政治国家的共同体关联、最大限度动员与整合青年、维护青年具体利益等方面发挥了至关重要的作用，成为马克思主义政党群众路线精神在青年群体中得以全面贯彻落实的组织载体。[③]党以实际领导、价值注入、组织赋权、制度规定等方式，对共青团为党做好青年群众工作做了合法性合理性的安排，共青团必然承载着为党做好群众工作的职责和使命，党的群众观点、群众路线、群众工作内容和方法，也必然会在共青团工作中得以体现。

（二）共青团是参与国家政权建设的组织形态

共青团是八大基本人民团体之一，参与协商民主，参与国家政权建设，是中国政治体制和治理体系的重要组成部分，这样就形成了与党组织、国家机构以及包括青年在内的社会力量之间的纽带关系，拥有得天独厚的政治和组织优势。

中国的协商民主并非起源于西方，而是从中国土壤生发出来并逐渐成长、成熟的一种民主形态，具有内生性。作为一种政治形态，人民团体是个体化公民聚合起来进行集体行动、开展资源动员的有机力量，在国家治理的各层面、多场域、诸环节愈益发挥着积极的效应和广泛的影响，是协商民主建构与建设的重要资源空间和实践“场域”。[④]在新民主主义革命取得胜利之后的协商建立新中国的过程中，共青团就以人

---

① 《中国共产党章程》，人民出版社2022年版，第60页。

② 江西省团校共青团理论研究中心 江西共青团和青年工作理论研究会编：《共青团章程汇编：共青团早期临时章程至共青团十八大章程》，江西人民出版社2018年版，第212页。

③ 刘佳，董晨：《青年共同体的时代转型及其政治逻辑——兼论中国共青团组织形态发展的一般原理》，载《青年探索》2020年第6期，第47—58页。

④ 康晓强：《政治社团参与协商民主的独特优势：中国的经验逻辑——以人民团体为例》，载《内蒙古社会科学》2020年第2期，第26—32页。

民团体的身份参加了1949年9月召开的第一届中国人民政治协商会议，成为协商建立新中国重要的代表性力量。从此之后，共青团就被制度化地吸纳为国家治理体系的重要组成部分，成为党和政府联系群众的桥梁纽带。目前，共青团是政治协商会议的固定界别，现行宪法在序言中将“人民团体”纳入爱国统一战线，纳入政治协商制度。

作为人民团体，共青团不仅具有服务特定社会群体、供给社会服务、维护特定社会群体权益等社会主体性功能，还具有参与政治过程、分配权力资源、影响公共决策议程、建构行动战略框架等政治主体性功能。共青团的政治功能与社会功能的有机结合和辨证统一，使其成为现代协商民主建构中一股不可或缺的资源和力量。共青团建构了制度化、组织化的利益代表通道。团中央倡导开展的“共青团与人大代表、政协委员面对面”活动是引导青年有序政治参与的重要途径，是建立维护青少年合法权益的制度性安排，在开展深入的调查研究、广泛听取青少年意见、形成充分的有说服力成果的基础上，通过各级人大、政协反映青少年的普遍性利益诉求。共青团可以利用人民政协平台，通过提案、专报等方式推动有关建议纳入国家立法和政策制定。例如，共青团中央参与了《未成年人保护法》《预防未成年人犯罪法》《婚姻法》三部法律的起草，此外还参与了《公务员法》的意见征询。[①]因此，通过制度化、组织化的表达通道，青年诉求的反映更具有理性、合法、有序、便捷、及时的表现形态，共青团能更好地在党与青年群众之间、青年群众与其他社会群体之间进行有效沟通、协调，推进协商民主建设有序运行。

全国政协共青团界为解决青年生育后顾之忧建言献策[②]

在2022年的全国两会上，共青团中央通过建议、提案、大会发言、界别协商等多种方式建言资政，为解决青年生育后顾之忧集中呼吁。全国政协委员、共青团中央书记处书记傅振邦代表共青团界，作题为《创造条件鼓励生育 促进人口均衡可持续发展》的大会发言，呼吁从法律、政策配套、女性权益、社会文化等方面，帮助年轻人减轻负担，为青年生育创造有利条件，让适孕青年愿生、敢生、优生，并提出若干务实建议。

---

① 陈赛金：《共青团推动青少年立法的逻辑与进路》，载《中国青年研究》2020年第9期，第54—59、75页。

② 《全国政协共青团界为解决青年生育后顾之忧建言献策》，载《中国青年报》，2022年3月17日第7版。

大会发言介绍，目前，我国人口呈现“三低一高”特点：人口“含青量”持续走低、总和生育率持续走低、结婚率持续走低、初婚年龄线持续走高。如不果断采取有力措施，这“三低一高”将会加速我国人口老龄化、少子化进程，对实现第二个百年奋斗目标产生不利影响。必须增强忧患意识，深刻认识人口政策调整的战略紧迫性，鲜明实施积极的人口政策、生育政策，更大力度鼓励生育，促进优生优育。大会发言建议，要积极构建全方位全链条鼓励生育的配套政策，坚持生育、养育、教育统筹谋划，提高鼓励生育一揽子政策含金量和落实力度；大力保障母亲权益和女性就业权益；着力营造鼓励生育的社会氛围。

此次向全国政协十三届五次会议提交的“完善鼓励青年生育配套支持政策”团体提案，是共青团中央在2022年“共青团与人大代表、政协委员”面对面集中活动成果基础上形成的，为解决青年生育后顾之忧积极开展政策倡导和社会倡导。

二、具有组织结构体系优势

（一）共青团成员数量庞大，组织健全

团员是共青团肌体的细胞，是团组织力量所在。按团章规定，“年龄在十四周岁以上，二十八周岁以下的中国青年，承认团的章程，愿意参加团的一个组织并在其中积极工作、执行团的决议和按期交纳团费的，可以申请加入中国共产主义青年团”[①]。所以，符合条件的中国青年可以申请加入团组织，这就为团组织的成员来源提供了广泛的青年群众基础；把好新团员的入团关口，严格入团标准和入团程序，提高发展团员的工作质量，就是确保把坚定拥护党的领导、立志永远跟党走、把自己的青春力量贡献给中国特色社会主义建设和共产主义伟大事业的优秀青年吸收进团员队伍。

团的干部是团的工作的骨干，是做好党的青年群众工作的骨干力量，团的组织结构中的团干部主要包含专职干部、兼职干部、挂职干部三种类型。专职团干部，一

① 江西省团校共青团理论研究中心，江西共青团和青年工作理论研究会编：《共青团章程汇编：共青团早期临时章程至共青团十八大章程》，江西人民出版社2018年版，第214页。

般是指在各级团组织成立的委员会中担任职务且专门从事共青团工作的人员，负责机关的日常运转，有专门的分工。兼职团干部，一般是指在承担本职工作的同时，兼任团内某一职务、以部分时间或业余时间从事团务工作的团干部和工作人员，不脱离原来的工作岗位。挂职团干部，一般是指相关单位根据工作需要或者公务人员的个人愿望，以挂职锻炼形式到各级团组织成立的委员会中担任有一定限期的职务。在数量上，兼职团干部体量最大，来源涵盖党政机关、学校、科研院所、国有和民营企业、社会组织、媒体机构、军队等多个领域，他们是团的工作与兼职干部所在行业及领域对接的节点，是基层共青团发挥作用和影响力的核心力量，也是共青团吸引和团结各领域青年的关键所在。一定数量的专、兼、挂三种类型的团干部群体，为党的青年群众工作提供了队伍保障。

作为群团组织，共青团的组织体系在结构形态上具有复合性。外在形态上，共青团具有纵向逻辑体系的“金字塔”组织结构，根据中央→省→市→县（区）→乡（镇）→村（社区）六大层次进行纵向建构；解放军和武警部队，企业、机关、学校、社会团体等基层单位也有组织建制；根据实际需要，还有临时性、流动性、专项性的基层组织设置，形成纵横交织的组织体系。团章规定，企业、农村、机关、学校、科研院所、街道社区、社会团体、社会中介组织、人民解放军连队、人民武装警察部队中队和其他基层单位，凡是有团员三人以上的，都应当建立团的基层组织。根据工作需要和团员人数，分别设立团的基层委员会、总支部委员会、支部委员会。在基层委员会、总支部下建立支部。如果工作需要，在基层委员会下也可以建立总支部。在一个支部内可以分若干个小组。团的基层组织设置从实际出发，可以不完全与党组织和行政建制对应。适应街道社区、非公有制经济组织、社会团体等单位和领域的特点，适应团员青年流动和分布聚集的特点，灵活设置团的组织。

因此，共青团的组织网络与党的组织网络很相似，延伸到社会的各个领域，强大而密集。共青团建立了团的中央组织，省、地（市）、县（区）等团的地方组织，军队和武警部队团组织、企业、农村、机关、学校、科研院所、街道社区、社会组织和其他基层单位团组织，构建起横向到边、纵向到底的网络化的、层级化组织结构体系，有相应的行政编制，有一支相对稳定的具有群众工作经验的工作队伍。

截至2021年12月31日，全国共有共青团员7371.5万名。其中，学生团员4381.0万名，企业团员565.1万名，乡镇（村）团员1327.4万名，机关事业单位团员460.2万名，城市街道（社区）团员456.8万名，社会组织和其他领域团员181.0万名。全国共有共青团组织367.7万个。团的地方委员会0.3万个，基层团（工）委18.4万个，团（总）支部349.0万个。其中，学生团组织183.8万个，企业团组织67.2万个，乡镇（村）团组织60.6万个，机关事业单位团组织31.2万个，城市街道（社区）团组织13.3万个，社会组织和其他领域团组织11.6万个。[①]

（二）共青团与其他青少年组织关系紧密

共青团与其他青少年组织的关系源远流长。早在1922年9月10日，团中央执委会发出《本团与各种青年团体之急应联络》通知，青年团的主要工作是“应该联合全国为自由而战的一般民众，结成一个最大的群众势力，一致的在同一战线上努力奋斗”[②]，这说明青年团的早期定位就是全国青年团体的联合的组织者身份和核心力量。2018年修订的《团章》在总则部分新增以下内容：“中国共产主义共青团受中国共产党的委托领导中国少年先锋队的工作。中国共产主义共青团是中华全国青年联合会的核心团体会员，发挥主导作用。中国共产主义共青团在中国共产党的领导下，指导中华全国学生联合会开展工作”[③]。《团章》增写团同少先队及团和青联、学联的关系的内容，反映青联、学联、少先队组织改革实践，强调团对青联、学联、少先队工作的作用，进一步明确了党的青少年群团组织的相互关系。一百年来，在党的领导下，共青团始终与不同青少年组织保持紧密互动关系，带领一代又一代青年为民族解放、国家富强贡献青春力量，发挥特有的价值和作用。

目前，我国存在着群团组织框架内的青少年组织、依法注册的青年社会组织、形形色色的青年社团等不同的青少年组织。共青团与其他青少年组织互动的历史经验、现行体系、运行逻辑及功能定位，使共青团能最大限度联系青少年群众，更好地为党凝聚青少年，巩固党的群众基础。

1. 共青团与青年联合会

中国共青团与中华全国青年联合会都是党领导下的全国性群团组织，都是党的青年工作体系中的重要组成部分，肩负着为党做好青年群众工作的职责，同属中国人民

---

① 《中国共青团团内统计公报》，中国共青团网，2022年5月2日。

② 姜红：《中国社会主义青年团第一届执行委员会大事记述》，载《党的文献》1999年第4期，第91—95页。

③ 江西省团校共青团理论研究中心，江西共青团和青年工作理论研究会编：《共青团章程汇编：共青团早期临时章程至共青团十八大章程》，江西人民出版社2018年版，第214页。

政治协商会议框架内的“基本人民团体”。共青团和青联这两个组织在工作性质、工作对象、工作范畴、工作方式、工作职能等方面都具有诸多相似性和重叠性，因而关系也非常密切。两个组织的相互关系，经历了起源、建立、发展和深化等阶段，是不同历史时期政治、社会背景下演变的结果。

新中国诞生前夕，为了更广泛地团结、教育全国各族各界青年，为新民主主义革命的胜利和建设新中国而奋斗，也为了巩固和发展中国青年统一战线，在着手建立青年团的同时，中国共产党将成立全国青联的工作提到了议事日程上来。1948年9月，中共中央在西柏坡召开政治局会议，讨论了1949年上半年召开全国青年代表大会、成立全国青年联合会的问题。1949年5月4日，中华全国第一次青年代表大会在北京隆重召开，出席大会的是代表着全国各个地区、不同职业、不同民族、不同阶级、不同党派、不同信仰的青年及青年工作者，大会正式宣告全国青联诞生，通过了全国青联章程。青联组织的统战性质决定了它具有三大特有优势：一是广泛的团结联络优势，即在爱国主义和社会主义的旗帜下，吸引和凝聚海内海外、各族各界的中华青年；二是密集的人才智力优势，即青联组织汇集了各行各业的青年人才精英；三是多方面、多层次的代表协调优势，即青联组织的统战对象来自不同地区、民族和界别、党派和团体，联系面广，代表社会各方利益。

新时代共青团与青联的关系，在2020年8月中华全国青年联合会第十三届委员会全体会议上通过的《中华全国青年联合会章程》中，“总则”第一条中明确规定：“中华全国青年联合会是中国共产党领导下的我国基本的人民团体之一，是以中国共产主义青年团为核心力量的各青年团体的联合组织，是我国各族各界青年广泛的爱国统一战线组织。”青联章程明确表达了接受党的领导，以共青团为核心力量，形成各族各界青年最广泛的爱国统一战线，这是定位青联组织属性的三个关键点。其中，共青团既是青联的团体会员，又是在青联中起主导作用的核心力量。在基本任务方面，共青团和青联的章程对各自的具体任务表述各有侧重，但在组织动员青年为实现中华民族伟大复兴的中国梦而奋斗的落脚点是完全一致的。这也是共青团在青联组织中团结凝聚其他青年组织的“最大公约数”。在组织连接方式方面，各级青联领导机构一般设在同级团委，各级青联主席一般由同级共青团的主要副职担任，从组织角度确保共青团在青联中的核心作用。在核心作用发挥方面，共青团作为各级青联的团体会员，始终把模范履行自己应当承担的责任义务摆在重要位置。青年工作的大量实践已经证明：凡是共青团工作扎实、富有成效的地方，青联工作都不乏亮点；而共青团工作缺少生机和活力的地方，青联工作也常常乏善可陈。共青团工作活跃的程度，对青联工作具有刚性制约作用。[①]

共青团与青年联合会的历史渊源与互动关系

1922年到1948年，是共青团与青联关系的起源时期。共青团是伴随着党组织的建立而成立的，因此具有内生性，共青团作为党的青年组织成为各青年革命团体的核心组织。以共青团为核心的青年统一战线，是青年联合会早期形态建立的基础，在抗日战争前并不具备组织形态[②]。1936年，为团结各界青年投入抗日救亡斗争，党提出根本改造共青团。1937年，西北青年救国联合会成立，共青团的核心作用和青年统一战线的广泛动员实现了有机融合，形成了“青年救国联合会”这一新型组织形态。1946年，中共中央决定重建青年团，发出的《关于建立民主青年团的提议》指出：“青年积极分子需要有一个单独的组织以满足其工作与学习的要求，并成为党团结领导广大青年群众的核心”，“在青年团普遍成立后，现有的青联会拟转化为各种青年团体的联合大会性质，仍为各地全体青年的代表机构”[③]。可见，党对即将恢复成立的青年团组织定位为具有先进性的党的青年工作“核心”组织，对青联会等组织定位为具有广泛代表性的青年团体联合大会，差异化定位奠定了两者之后关系发展的基点。

1949年到1976年，是共青团与青联关系的建立时期。党对两个组织的定位、联系的目标群体以及工作方式，在1949年《中国共产党中央委员会关于建立中国新民主主义青年团的决议》中均做了明确，明确了青年团的领导地位和先锋性，青年联合会的基础地位和广泛代表性；青年团联系的群体多使用“先进青年”“青年群众中的先进积极分子”等表述，青年联合会使用的是“广大的青年群众”“全中国的青年群众”；明确了青年团“要团结和组织先进青年的积极分子，再经过这种青年积极分子的组织去团结和教育广大

---

① 张华：《共青团与其他青少年组织的连接方式与关系模式》，载《青年发展论坛》2017年第2期，第11—21页。

② 高天，孙鹏：《历史变迁中的共青团与青年联合会关系研究》，载《中国青年研究》2016年第3期，第24—29、23页。

③ 郑洸，叶学丽：《中国共产党与中国共青团关系史略》，中共党史出版社2015年版，第91、93页。

的青年群众"[1]，而青年联合会做基层青年群众的工作，青年联合会在青年团的领导下开展工作。1953年，共青团成立统战部，参与青年联合会引导和服务党的统一战线所联系的青年群体的工作。全国青联下设秘书处，负责日常事务，团中央统战部部长和副部长一般担任全国青联的秘书长和副秘书长，其他副秘书长则由团中央常委、团中央国际联络部部长等团中央有关部门负责人兼任，青联的青年统战工作职能取得了比较大的发展。

1977年到2012年，是共青团与青联关系的发展时期。"文化大革命"结束，共青团和青联逐渐恢复组织和工作，面临的主要工作是党的青年工作体系的恢复和建构。共青团组织恢复后，其定位基本不变，青年联合会则从"社会主义统一战线"过渡到"爱国统一战线"，处于党的青年工作体系和统战工作体系之中，是党领导下我国各族各界青年广泛的爱国统一战线组织。团中央统战部主要负责研究、指导青年统战工作，负责全国青联秘书处的工作，研究和指导需要统战的各类主要群体的青年工作。这些群体也是青联需要联系、团结和教育的对象。共青团和青联在联系的青年群体上虽有重叠，但注重差异化的定位，两者在工作空间上也有开创和互补，如青联还注重青年外事联谊、国际交往工作方面的作用发挥。

进入新时代，共青团与青联关系的进一步深化。党从全局和战略高度推进群团改革，共青团和青联全面深化改革。以共青团为核心力量的青联组织，政治意识、政治功能显著增强，汇聚力量、服务大局的作用明显提升，深入青年、代表青年的职责更加彰显，青联的组织形态、工作格局、精神面貌焕然一新。[2]共青团和青联都是党的群团组织、我国基本的人民团体、政协的组成单位，都是党联系青年的桥梁和纽带，为党巩固和扩大执政的青年群众基础。共青团是青联的团体会员之一，在青联中发挥着核心领导作用；青联一方面积极为共青团工作提供人才、资源支持，另一方面有效延伸了共青团工作手臂、拓宽了共青团工作覆盖面。共青团和青联不断适应新形势，

---

① 团中央青运史研究室，中央档案馆：《中共中央青年运动文件选编》，中国青年出版社1986年版，第710页。

② 《以习近平新时代中国特色社会主义思想为指导 高扬理想主义 厚植家国情怀 坚定推进改革 汇聚实现中华民族伟大复兴中国梦的磅礴青春力量——在中华全国青年联合会第十三届委员会全体会议上的工作报告》（摘要），中国共青团网，2020年8月20日。

开辟工作新空间，创造工作新格局，建构稳定的、欣欣向荣的党的青年工作新格局。

2. 共青团与学生联合会

中华全国学生联合会（以下简称“全国学联”）是中国共产党领导下的中国高等学校学生会、研究生会和中等学校学生会的联合组织。《中华全国学生联合会章程》明确规定，该会按照民主集中制的组织原则，在中国共产党的领导和中国共产主义青年团的指导下，依照国家的法律、法规和本组织的章程，独立自主地开展工作。同时，全国学联以团体会员身份参加中华全国青年联合会。

共青团是学联工作的指导者。在基本任务方面，学联和学生会工作内容与学校共青团工作的要求高度一致。按照学联章程，学联的基本任务有五项，学生会、研究生会的基本任务有六项，在涉及遵循和贯彻党的教育方针、团结和引导的目标、桥梁和纽带作用的发挥、依法依章程开展工作、增进各民族同学团结、加强与台湾、港澳同学联系等方面与学校共青团的要求都保持很高的一致性。在覆盖联系面方面，与共青团相比，学联具有更强的群众性，覆盖更多的学生群体，相当于延伸了共青团的工作手臂。由于囊括了所有承认学联章程的国民教育体系中的全日制普通高等学校和中等学校的学生会、高等学校和科研教育机构的研究生会、国外中国留学生团体，学联在各级各类学校具有更广泛的群众性。在工作职责上，共青团对学联学生会负有指导和帮助双重责任，指导意味着把握方向，使学生会的工作不偏离党政工作大局和学生健康成长的需要；帮助意味着在学生会工作遇到困难的时候，共青团组织要给予必要的支持，解决单靠学生会自身的力量难以解决的实际问题。目前，全国和地方学联的办事机构一般设在同级团委负责学校工作的部门，学校的学生会、研究生会也设在校团委，有力地保障共青团的指导地位。

2017年3月，共青团中央、教育部、全国学联联合印发了《学联学生会组织改革方案》，改革方案要求：要把学联学生会改革作为共青团改革的重要组成部分，进行统筹规划、整体推进，执行情况将纳入各级党委、团组织和教育行政部门的考核内容；地市团委要指导本地学联和各学校学生会组织制定具体措施，协调政策资源；要巩固和完善党领导下的“一心双环”团学组织格局，明确以共青团为团学组织的核心，学生会、研究生会作为主要学生组织，由学校团委具体指导，并配合团组织加强对学生社团的引导、管理和服务；校级学生会须聘任1名秘书长，由团委专职团干兼任。各级学联学生会组织将在党组织的领导下、团组织的指导下，按照统一部署，把握改革重点，抓住关键节点，积极主动推进改革。

共青团与学生联合会的历史渊源与互动关系

全国学生联合会是一个具有厚重历史和光荣传统的组织。①全国性学生群体组织的形成，发生在五四运动的过程之中。1919年6月16日，第一次全国学生代表大会在上海召开。这次会议宣告了中华民国学生联合总会的正式成立，表明一个属于中国学生自己的全国性组织登上了中国的政治舞台。

在新民主主义革命时期，共产党、共青团始终把青年学生作为革命的一支重要力量，投入相当多的精力和时间对学生运动进行领导和指导。1922年青年团一大就强调要加强对青年运动尤其是学生运动的领导。1923年全国学联的四大改变了以前学生运动"只问外交，不问政治"的倾向，制定了明确的奋斗目标，标志着中国学生运动发展到一个新的水平；青年团开始设学生委员、学生部，专门负责领导学生运动。在中国共产党地方组织、共青团地方组织的策划和影响下，1935年12月9日爆发了"一二·九"抗日救亡运动，推动了抗日民族统一战线的建立。1936年5月，全国学联十一大根据中国共产党提出的"停止内战、一致抗日"的号召，决定把中华全国学生联合会改名为中华全国学生救国联合会，为迎接抗日战争的全面到来作了思想上的准备。②解放战争时期，在党的指导和影响下，学生运动形成反对国民党统治的第二条战线。1949年3月，为适应全国即将解放的新形势，全国学联十四大召开，大会宣布成立全国学生的统一领导机构——中华全国学生联合会。

新中国成立后，共青团与学生联合会的关系进入一个新的历史阶段。共青团通过学联带领学生走在保家卫国的第一线，全国80%以上的学校均在不同程度上参加了抗美援朝运动。1955—1965年间，共青团推动学联带领学生

---

① 历史上全国学生联合会几次易名，有中华民国学生联合总会、中华全国学生联合会、中华全国学生救国联合会、中国学生联合会等。

② 中华全国学生联合会主页。

走上与工农群众相结合的道路，直接参加国家各项建设事业。共青团通过学联培育社会主义新人，沿着又红又专的道路，把青年学生培养成党和国家期望的全面发展的建设人才。在工作机制上，青年团加强对学联的指导，选派优秀团员参加学生会工作，学校中的团组织是学生会最有力的支持者；学生会为青年团创造了联系广大同学的良好条件。

改革开放和社会主义现代化建设时期，在共青团指导下，学联在改革开放中开创工作新局面。1983年全国学联二十大对学联章程进行了修改，将党对学联组织的领导明确写入章程，进一步强调了党对学联组织的领导关系，再一次明确了学联组织的政治属性，同时也强调了共青团对学生会的指导帮助关系。进入21世纪，共青团帮助学联把服务学生落到实处，学联在济困助学、勤工助学、就业指导、心理辅导等方面开展各种形式的综合服务，形成了“挑战杯”“三下乡”“青马工程”等多个有影响力的活动品牌。

进入新时代，在群团改革大背景下，共青团与学联将继续构筑良性互动关系。2017年印发的《学联学生会组织改革方案》要求，要把学联学生会改革作为共青团改革的重要组成部分，进行统筹规划、整体推进。各级学联学生会组织按照方案部署要求，把握重点环节，针对突出问题，积极推动改革措施落实落地，各级学联学生会组织日益展现新面貌新气象。各级学联学生会组织将进一步学习领会党中央对青年学生的信任与关怀，认清和把握学联学生会组织肩负的职责使命，满怀热情、坚定自信地为党做好青年学生工作，把广大青年学生紧紧凝聚在党的周围。共青团按照党的要求，为学联的健康发展发挥重要的指导帮助作用。

3. 共青团与中国少年先锋队

由于共同的政治属性，在共青团与相关社会群团组织的关系图谱中，共青团与少先队的关系是最密切、最亲近和最明确的。自共青团诞生之日起，党就把领导和带领少年儿童的任务交给了共青团，组织、领导和带领少年儿童成为团的一项基本任务和重要工作，这成为共青团和少先队之间最明确的关系。[①]《中国少年先锋队章程》规定，中国少年先锋队是中国少年儿童的群团组织，是少年儿童学习中国特色社会主义

① 陈卫东：《共青团与少先队关系的历史发展》，载《中国青年研究》2016年第3期，第18—23页。

和共产主义的学校，是建设社会主义和共产主义的预备队。少先队的创立者和领导者是中国共产党，党委托共青团直接领导少先队。少先队作为中国少年儿童分批全员加入的第一个组织，处于党、团、队政治培养链条的战略性、基础性、源头性地位。

中国共产党是少先队的创立者和领导者，把少年儿童组织起来教育好，是共产党人开创的事业薪火相传的战略需要，体现了党对少年儿童的关怀和期望。中国革命的少年儿童组织的历史可以追溯到共产党建立初期，1922年的安源儿童团被认为是中国少年儿童运动的发端[①]，是中共最早的儿童团组织、中国最早的红色儿童团。历史中出现的“劳动童子团”“共产主义儿童团”“抗日儿童团”“地下少先队”等少年儿童组织形态都在党的领导下为中国革命事业发挥过重要的作用。党委托共青团直接领导少年与儿童工作。1949年1月，党中央《关于建立中国新民主主义青年团的决议》明确规定，青年团领导少年与儿童工作，“青年团应选派最好的干部领导这一工作，并在各级团委之下设立少年儿童部，或少年儿童委员会，作为儿童团和少年先锋队的领导机关”。[②]1949年10月13日，团中央根据党中央的指示，公布了《关于建立少年儿童队的决议》，这标志着中国少年儿童队正式建立，后于1953年更名为中国少年先锋队，10月13日亦成为少先队建队纪念日。1958年6月，共青团的三届三中全会决议明确提出：“带领好少先队是党交给共青团的一项崇高的任务”，并确立了“全团带队”的工作路线。此后，“全团带队”就成为共青团领导少先队的基本方针，成为共青团与少先队关系的集中概括，成为少先队工作的一项优良传统。《中国共产主义青年团章程》单列第十章“团同少年先锋队的关系”，明确提出共青团要发扬“全团带队”的传统，健全少先队组织的各级工作机构，加强少先队组织建设，支持少先队创造性地开展工作；提出团的组织要做好少年先锋队辅导员的选派和聘请工作。《中国少年先锋队章程》亦明确了党、团、队的关系。在党、团、队一体化建设框架下，从队章、团章、党章中的表述可以看出，少先队是“预备队”，共青团是“突击队”，共产党是“先锋队”的定位，构成了稳定的政治关系，为中国青少年开辟了顺利实现政治社会化的组织渠道。历史上，共青团在带队实践中进一步完善和丰富全团带队的途径、具体要求和任务，推动了不同时期少先队工作的与时俱进。身份上，共青团员在年龄和心理上跟少年儿童最为接近，是可亲可敬的“大哥哥”和“大姐姐”，在带

① 魏兆鹏：《中国少年儿童运动史上限的认定》，载《中国青年政治学院学报》1993年第3期，第22—24页。

② 《中国共产党中央委员会关于建立中国新民主主义青年团的决议》，中国共青团网，2016年9月13日。

领少年儿童方面具有天然的优势。

进入新时代，“全团带队”进一步加强和完善。党的群团工作会议后，共青团在推进自身改革的同时，积极履行带队职责，对少先队改革进行全面部署。2017年2月，共青团正式公布了《少先队改革方案》，继续坚持和完善全团带队，落实立德树人根本任务，把竭诚服务于少年儿童健康成长作为工作的出发点和落脚点，加强各级团组织对少先队工作的具体领导，主动带思想、带组织、带工作、带队伍、带作风。2020年7月，中国少年先锋队第八次全国代表大会召开。习近平总书记给大会发来专门贺信，指出，“共青团要带领少先队履职尽责、奋发有为，为红领巾增添新时代的光荣”[①]。贺信为少先队未来的改革和发展指明了方向，提供了基本遵循。2021年《中共中央关于新时代全面加强少先队工作的意见》发布，强调进一步夯实共青团组织全团带队责任，“共青团要在政治上、组织上、队伍上、工作上加强对少先队的指导，加大在干部配备、资源分配等方面的力度，切实履行好全团带队的政治责任”[②]，并提出了具体的指导意见。

共青团与少先队的历史渊源与互动关系

中国共产党从成立之日起就十分关注、关心和关爱广大青少年。党成立后不久就把组织领导少年儿童运动的工作交给了共青团，组织、领导和带领少年儿童成为团的一项基本任务和重要工作，也是共青团和少先队之间最明确的关系。

1922年—1949年，少先队组织未正式建立，但少年儿童组建的团体组织已经出现，共青团与少先队的关系历史也由此开端。1922年，共产党把安源煤矿的小矿工和工人子弟学校的小学生组织起来成立了儿童团组织，这是党建立的最早的革命儿童组织。1922年7月党的二大通过了《关于少年运动问题的决议案》，充分肯定了同年5月社会主义青年团第一次代表大会通过的有关改善童工生活状况等决议内容[③]，这成为党委托共青团领导少先儿童的

① 习近平：《论党的青年工作》，中央文献出版社2022年版，第230页。

② 《中共中央关于全面加强新时代少先队工作的意见》，载《人民日报》，2021年2月4日第1版。

③ 中国少年先锋队全国工作委员会，中国少年先锋队工作学会：《中国少年先锋队大全》，中国少年儿童出版社2005年版，第106页。

首次历史记载[①]。土地革命战争时期，党在各革命根据地——苏维埃地区建立了共产儿童团，并委托共青团领导共产儿童团。共青团从中央到地方各级团部，都设立儿童局，领导儿童工作[②]。抗日战争时期，青年团组织根据党的指示和要求，帮助已有的儿童团体普遍建立抗日儿童团，动员儿童参加抗战动员工作。解放战争时期，解放区的少年儿童运动在当地青年联合会的领导下开展活动和工作[③]。这个时期，少年儿童组织在党的关心和共青团的直接领导下，组织动员少年儿童积极参与斗争，侦察队、巡视队、放哨岗都可以看到他们的身影，为革命事业作出了自己的贡献；共青团在革命斗争实践中，锻炼了领导少年儿童组织的能力，发展和巩固了共青团与少年儿童组织之间的密切关系。

1949年1月，党中央《关于建立中国新民主主义青年团的决议》就明确了由青年团领导少年与儿童工作，并对具体任务、干部人选、领导机关等做了规定。青年团受党的委托承担起了全面建队和带队的新的历史使命和光荣职责。1949年10月13日，团中央公布《关于建立少年儿童队的决议》《中国少年儿童队章程草案》和《建立中国少年儿童队的几个问题的说明》等文件，第一次比较全面系统地规定了领导和组织新中国少年儿童的基本方式与原则，标志着中国少年先锋队的正式诞生。1953年6月，中国新民主主义青年团二大一致通过把“中国少年儿童队”改名为“中国少年先锋队”，并在团章中增加了中国少年先锋队组织一章，明确了少先队在青年团领导下进行工作。[④]1958年6月，共青团明确提出“全团带队”思想，系统阐述了全团带队方针的基本含义。之后，全团带队的工作路线得到了不断贯彻和实施，几乎历次有关共青团召开的少先队工作的重要会议，都要重申全团带队的重要性，并不断有所发展与创新，全团带队也逐渐形成明确具体的理论体系和工作方式，即做到思想带队、组织带队和工作带队。[⑤]

---

① 陈卫东：《共青团与少先队关系的历史发展》，载《中国青年研究》2016年第3期，第18—23页。

② 《土地革命战争时期的共产儿童团》，中国共青团网，2007年4月16日。

③ 陈卫东：《共青团与少先队关系的历史发展》，载《中国青年研究》2016年第3期，第18—23页。

④ 江西省团校共青团理论研究中心，江西共青团和青年工作理论研究会编：《共青团章程汇编：共青团早期临时章程至共青团十八大章程》，江西人民出版社2018年版，第64页。

⑤ 陈卫东：《共青团与少先队关系的历史发展》，载《中国青年研究》2016年第3期，第18—23页。

改革开放和社会主义现代化建设时期，共青团开创全团带队新局面。1981年8月，共青团中央通过了《关于加强少先队工作的决议》，继续强调和重申了领导好少先队是党赋予共青团的光荣任务，各级团委要切实加强对少先队的领导，要求各省、市、自治区团委及省辖市团委应尽快设立少年部。1984年7月，共青团中央、教育部联合召开少先队员代表和辅导员代表大会，会议选举产生了我国第一个全国少先队工作领导机构——中国少年先锋队全国工作委员会。2000年5月，团中央、全国少工委于下发了《关于进一步加强少先队工作的意见》，对新世纪少先队工作的开展进行了整体规划。这一时期，少先队开展了“五讲四美三热爱”“雏鹰行动”“手拉手”“少年军校”等丰富多彩的实践育人活动，在抗震救灾、迎奥运等重大事件中，也能看到少先队的身影。

党的十八大以来，党和国家更加重视对少年儿童进行社会主义核心价值观的培育，更加重视共青团和少先队在教育引领少年儿童健康成长中的重要影响和作用。2017年2月，共青团公布了《少先队改革方案》，对少先队改革进行全面部署。2021年《中共中央关于新时代全面加强少先队工作的意见》发布，强调进一步夯实共青团组织全团带队责任。这一时期，少先队开展了“红领巾相约中国梦”“争做新时代好队员”“请党放心，强国有我”等活动，传承红色基因。共青团应进一步坚持和加强全团带队，并不断丰富其内涵，丰富其具体形式，为团队事业的可持续发展注入不竭动力，不断巩固发展新型团队关系。

4. 共青团与其他青少年组织

共青团为了更好地履行自身职能，与众多青少年组织保持密切的联系。这里的青少年组织主要有两大类，一类是活动领域与共青团服务青少年事业重合程度较高、与共青团关系最为密切的团属社会组织或机构，他们是共青团工作手臂的延伸；另一类是除团属社会组织之外，以青年为主体和以青少年为主要服务对象，依法登记注册的青年社会组织（早期亦称青年自组织），包括社会团体、基金会、社会服务机构等类型，或由青年发起成立、活跃在城乡社区但未正式注册的青年社团、小组、社群等。改革开放以后，共青团工作从高度组织化走向逐步社会化，开始建立起“党领导下，以共青团为核心，以青联、学联、少先队为骨干，以团属青年社团为外围，以青年自组织为延伸”的同心多层模式。[①]

共青团与团属社会组织及机构具有强关系的链接，建立了直接指导、联系服务的关系。团属社会组织及机构包括专项工作组织与机构，如各级青年志愿者组织、青年创业就业联合会等；服务特定青年群体的组织，如青年企业家组织、青年商会组织、青年农村致富带头人组织等；承担学术及研究性质的机构，如青少年研究会、少先队工作学会等；具备募捐和资助功能的慈善组织，如青少年发展基金会等。20世纪80年代，根据团中央的统一部署和团工作实际发展的需要，从全国到地方的共青团机关陆续建立了承担着较强政治功能的社会组织，如少先队工作学会、青年企业家协会、青少年发展基金会等。90年代以后，市场经济体制建立使青年生存状态从单位化向原子化转变，共青团组织进一步探索团工作的社会化运行模式，组织功能从强调政治功能转向社会功能，如在“青年志愿者行动”基础上推动成立青年志愿者协会等；探索与其他权力主体合作的模式以构建新型团青关系，如成立团属青少年研究会，承担研究咨询职能，发挥着支持性的社会功能等。本世纪初以后共青团开始探索区域团建的创新载体，如青年中心等。2008年以后，部分地区共青团探索枢纽型组织建设实践，在各类青年社会组织中建设一批枢纽型组织，联系和引导各类社会组织健康发展。近年来，随着政府购买服务推行、政府职能转移加快，地方团的机关也纷纷孵化成立一系列服务型、专业性的青年社会组织或民非组织，支持它们的能力建设以更好地承接青少年事务。团属社会组织，一边联系着团组织，一边联系着青年群体和青年自组织，在联络和整合青年方面发挥着重要作用，是共青团为党开展青年工作的重要手臂延伸。在共青团直接指导和推动下，团属青年社会组织也通过发育、整合、转型、改革等方式，整体呈现出发展空间不断壮大、组织结构日益多元的发展趋势。[②]

改革开放以来，共青团对青年社会组织的关系构建及政策取向大概分成三大阶段：加强对“青年社团”的管理（2006年以前）、关注“青年自组织”发展（2007年

① 《深入学习贯彻党的十七大精神　努力为党做好新形势下的青年群众工作——胡春华同志在共青团十五届六中全会上的讲话》，中国共青团网，2007年12月27日。

② 钟宇慧：《青年再组织化导向的共青团团属社会组织发展路径——以C市E区青年商会为例》，载《青少年研究与实践》2017年第4期，第77—84页。

至2013年间）以及联系、服务和引导“青年社会组织”（2013年以来）。[①]

（1）加强对“青年社团”的管理阶段。2006年以前的青年社会组织规模小、人数少、功能有限，一般称之为“青年社团”。共青团着重强调要加强与其联系联合以共同做好青年工作，如1988年共青团十二大通过的《关于共青团体制改革的基本设想》要求共青团的活动方式要群众化、社会化，要善于联合其他青年组织一起开展活动，“通过多种多样的俱乐部、兴趣小组和社团，吸引青年参加活动”[②]；1993年5月召开的共青团十三大明确要求“加强对经济界、科技界等方面青年专业社团的工作”以延伸团的“工作手臂”[③]；1998年12月共青团十四届二中全会通过的《共青团工作跨世纪发展纲要》指出，青年社团是青少年组织体系的重要组成部分，共青团要“认真履行管理和指导青年社团的职责”“充分发挥团组织联系青年社团的优势”[④]，建构共青团社会化、青年化的运行机制。这一时期，国家对青年社团的管理采取的是民政部门注册、共青团业务主管的双重管理体制结构，因此，共青团主要承载业务指导的使命和职责。1999年12月，共青团中央专门印发《全国性青年社会团体管理办法》，对全国性青年社团的名称规范、设立要素、注册条件、监管职责、活动管理等方面进行了具体细化规定。2003年，共青团十五届二中全会通过的《全面建设小康社会进程中共青团工作战略发展规划》正式确立了对青年社团“一手抓培育发展，一手抓监督管理”的基本原则和方针，以促进各级各类青年社团规范健康发展。[⑤]

（2）关注“青年自组织”发展阶段。2007年至2013年间，共青团系统主要使用“青年自组织”这一称谓。这一时期，“青年自组织的迅速兴起是近年来青年中出现的一个突出现象”，“无论成长速度、规模、活跃程度，还是在青年和社会上的影响，都在迅速提高”。[⑥]共青团在经过全面调查和审视研判后，把青年自组织视为其工作的重要推动力量和资源要素，并把其吸纳、聚合进其工作体系之中。2007年12月

---

① 康晓强：《改革开放以来共青团对青年社会组织的政策取向及启示》，载《科学社会主义》2017年第3期，第80—84页。

② 《共青团中央印发〈关于共青团体制改革的基本设想〉的通知》，中国共青团网，2008年8月30日。

③ 胡献忠主编，共青团中央青运史档案馆编：《中国共青团历次全国代表大会概览》，中国青年出版社2012年版，第547页。

④ 《共青团工作跨世纪发展纲要》，中国共青团网，2008年8月30日。

⑤ 《全面建设小康社会进程中共青团工作战略发展规划》，中国共青团网，2004年1月4日。

⑥ 《深入学习贯彻党的十七大精神　努力为党做好新形势下的青年群众工作——胡春华同志在共青团十五届六中全会上的讲话》，中国共青团网，2007年12月27日。

19日，共青团十五届六中全会通过的决议首次把“青年自组织”这个概念写入其正式文件之中并明确要求“把青年自组织纳入团组织领导和青联、学联联系合作的范围内”①。2008年共青团的十六大提出，要高度关注青年自组织，“深入研究青年自组织产生和发展的趋势，加强同青年自组织沟通联系，配合有关部门做好对青年自组织的引导和管理，同时要主动培育和发展具有自组织特点的青年社团”②。此后，“青年自组织”不仅成为共青团工作的一个新空间、重点场域，而且成为共青团相关研究的重要议题和聚焦点。

（3）服务和引导“青年社会组织”阶段。2013年6月，共青团十七大报告中用“青年社会组织”这个术语替代了“青年自组织”这个表述，在第六部分从“联系”“服务”和“引导”三个向度具体部署如何与青年社会组织构建关系③。之后，青年社会组织这一提法被确定下来，成为共青团系统固定使用的概念和话语单元，“联系”“服务”和“引导”也成为共青团与青年社会组织关系的基本取向，并且构成一个前后衔接、有机互动的管理网络链。第一，主动联系青年社会组织。通过主动联系摸清底数，研究其生成、生长及发育、发展的客观规律，将各类青年社会组织对共青团的冲击、挑战和竞争转化为积极功能，通过把青年社会组织纳入自身工作体系来优化自身的工作资源结构以拓展空间、延伸手臂。第二，服务青年社会组织。与共青团相比，青年社会组织具有自身的相对优势，比如，与青年有着天然的密切联系，能够及时敏锐地掌握青年思想动态、利益诉求并提供相应服务满足需要；在形式上自由、灵活、扁平，对青年人而言更具亲切感和吸引力；具有特定的人力资源优势和领域专长，吸引凝聚了来自经济建设、科技创新、文化艺术和社会民生等多方面多领域的青年人才等。共青团通过服务青年社会组织，承担政策倡导者、管理协调者、资源提供者等角色，使其更好地为不同群体提供更贴心、更专业的服务，优化了服务青年的品质、质量，提升共青团联系服务青年的有效性。第三，引导青年社会组织。共青团通过发挥“枢纽”作用，既直接联系个体化的青年，又面对“组织化”的青年，通过对青年社会组织的日常联系、有效服务，优化引导路径，如开展灵活多样、时尚新

---

① 《深入学习贯彻党的十七大精神　努力为党做好新形势下的青年群众工作——胡春华同志在共青团十五届六中全会上的讲话》，中国共青团网，2007年12月27日。

② 《高举中国特色社会主义伟大旗帜　团结带领广大青年为夺取全面建设小康社会新胜利而奋斗——在中国共产主义青年团第十六次全国代表大会上的报告》，中国共青团网，2008年6月24日。

③ 《秦宜智同志在共青团十七届一中全会上的讲话》，中国共青团网，2013年7月8日。

颖的方式开展学习活动，以加强骨干政治培养方式进行政治吸纳，以开展参与性强的主题教育实践活动方式，激发增强爱国爱党的热情，以选树优秀典型发挥示范激励作用，完成共青团引领各领域青年的重要使命。

2022年7月，团中央印发的《共青团中央关于全面加强新时代青年社会组织共青团工作的意见》明确指出，“青年社会组织蓬勃发展，已成为党推进国家治理体系和治理能力现代化的重要内容、党的青年工作的重要阵地和团的基层组织的重要形态”。接下来，各级团组织把新时代青年社会组织共青团工作作为健全党领导下的以共青团为主导的青年组织体系的重要举措。

所以，共青团为党做好青年群众工作，既有党治国理政的制度性安排，具有执政党青年组织和人民民主协商团体的正当性优势，又有组织结构体系优势，内部具有体系完整的组织优势，外部具有联系整合其他青少年组织的优势，能够更好地落实党的主张，反映各类青年群众利益诉求，化解社会矛盾、增进社会整合。

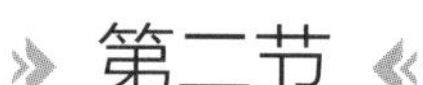

第二节 历史回望：共青团组织为党做好青年群众工作的历程与经验

中国共青团的发展历史，就是为党和人民奋斗的历史，就是在党的领导下组织引导广大青年坚定信念、紧跟党的步伐，为争取民族独立、人民解放和实现国家富强、人民幸福贡献力量的历史，是在各个历史时期为党做好青年群众工作的历史。百年团史证明，坚持党的领导、走中国特色社会主义群团发展道路、既围绕党的中心工作又照顾青年特点、走群众路线，是共青团为党做好青年群众工作的成功经验，对共青团在新时代继续履职尽责有重要启示及意义。

一、历史进程：共青团组织为党做好青年群众工作的职责担当

（一）新民主主义革命时期：传播马克思主义，发动青年群众参加革命斗争行动

新民主主义革命时期，党的主要任务是反对帝国主义、封建主义、官僚资本主义，争取民族独立、人民解放，党的青年群众工作主要围绕党的任务来开展。共青团团结带领广大青年踊跃投身群众运动，积极参加党领导的革命斗争。从1922年团的一大到1928年团的五大时期，共青团的主要任务是在党的领导下，在部分城市和农村的青年学生、青年工人、青年农民群体中宣传马克思列宁主义，对青年进行党的价值传播，同时积极发展团员，引导团员和青年为青年特殊利益而斗争，把青年团结在反帝反封建的旗帜下。建团初期，施存统、俞秀松、张太雷、谭平山、毛泽东、周恩来、蔡和森等青年领袖都很擅长做青年群众工作，他们深入工人、农民、士兵、学生当中，传播革命真理，动员群众加入革命斗争。抗战以后，共产党高举抗日斗争旗帜，需要最广泛地团结抗日青年力量。团组织在党的领导下进行组织形态探索，将自身改造成群众性的青年组织，更广泛地联系青年群众，在发动青年参与武装斗争中做出了重要贡献。在解放战争时期，正在重新组建中的青年团动员青年或奔赴战场为人民的

解放参加战斗，或在解放区努力生产提供战争物质保障，或在国统区积极开展各种形式斗争，为解放战争的胜利和新中国的建立作出重要贡献。

共青团作为党的助手和后备军开展政治运动，党团关系初步定型。1920年初，在上海中国共产党早期组织筹建之时，陈独秀就认为，要组织一个社会主义青年团，作为中共的后备军，或可说是共产主义预备学校。[①]陈独秀和李大钊作为革命导师，发起建立上海和北京两地的青年团早期组织，还通过写信、寄发团章、派人指导或直接组织等方式推动各地青年团早期组织的建立。1921年7月，党的一大针对早期社会主义青年团人员成分复杂、信仰各异、活动不能经常化的实际情况，研究了在各地建立发展团组织并将其作为党的预备学校问题。在中国社会主义青年成立后的一年里，各地团组织基本上都能根据中共的领导和安排开展政治斗争，也服从党组织对人员的调动与安排。[②]共青团成立以后，由于性质和任务方针明显党化，团在革命中发挥了十分重要的作用，特别是在重大历史关头能够坚守信念，有力地推动了中国革命的发展，党的六大充分肯定了大革命失败以后，共青团在党领导的各种工作和斗争中所发挥的重要作用，称赞共青团“是青年无产阶级革命的政治组织，在革命运动中他是党很有力的助手”，“是中国共产党动员和组织广大的劳动群众到革命方面来的最亲近的助手之一”，对共青团的政治作用予以了高度评价。[③]共青团在青年运动中注重吸收青年分子，将团的活动分子送到党内，壮大与增强党的力量，给党输送干部人才。

共青团发挥青年组织的先锋作用，成为青年运动的核心力量。在党的领导下，中国共青团经历了1922年的创建，1925年更名，1936年改造，1946年试建，1949年重建的不平凡发展道路，还积极开展学生组织、少年儿童组织工作，成为青年运动的核心力量，以组织化的形式将进步青年集合起来，并通过他们影响更多青年，最大程度为党争取和巩固青年力量。在“五卅”反帝运动中，共青团积极组织和发动青工、童工和学生参加游行示威、罢工罢课罢市，广大青年学生成为这一反帝运动的积极宣传者和先锋。在北伐战争中，大批团员和青年在团组织的带领下，积极响应党的号召，投身反对北洋军阀的武装斗争。为巩固和扩大苏维埃政权，共青团在革命根据地大力加强组织建设，以全部力量发动全体劳动青年群众，号召“劳动青年兄弟们！投到红

① 胡献忠：《中国青年运动一百年》，江苏人民出版社，中国青年出版社2022年版，第50页。

② 胡献忠：《从早期青年团的创建及活动看党团关系的雏形》，载《青年探索》2012年第6期，第44—48页。

③ 张华：《中国共产主义青年团职能研究》，人民出版社2013年版，第101页。

军方面去！帮助红军帮助苏维埃打退国民党的进攻！”[①]为进一步激发群众参军参战的热情，经党中央批准，在共青团中央和红军总政治部的倡议下，1933年8月建立了“中国工农红军少共国际师”，全师由1万多名青年组成，党团员占70%以上，战士平均年龄18岁左右，还有不少十四五岁的“红小鬼”。[②]抗日战胜时期，党对共青团进行改造，并领导组建了一大批青年抗日团体，原共青团组织中的大批骨干成员在各地青年抗日团体的组建整合、发动群众、宣传革命、配合作战等方面作出了重要贡献。1946年11月，在党中央发出建立民主青年团的提议后，全国第一个农村团支部新民主主义青年团冯庄支部成立，组织青年积极参加军事训练，抢修攻势，受到群众的好评[③]。1949年4月11日，中国新民主主义青年团第一次全国代表大会召开，标志着中国新民主主义青年团正式成立，从此，中国青年运动又有了自己的核心力量。任弼时在《在中国新民主主义青年团第一次全国代表大会上的政治报告》中总结道：“过去青年运动的经验告诉我们，必须要有青年群众自己的积极分子的组织，作为青年群众中领导的核心，才更能有力地推动青年运动的发展。”[④]在筹备召开新民主主义青年团一大的同时，1949年3月1日至6日，中华全国学生第十四届代表大会在北平召开，大会宣布成立中华全国学生联合会。新民主主义青年团一大召开后，中华全国青年第一次代表大会于1949年5月4日到11日召开，会议宣告中华全国民主青年联合会总会（即后来的全国青联）成立。新民主主义青年团、全国青联、全国学联这三个全国性青年组织的建立，把全国青年力量汇集起来，使中国青年运动达到前所未有的统一和团结，标志着中国青年运动进入了一个新的阶段。这一时期，共青团在青年运动中发挥了重要的核心作用，组织和动员了千千万万的青年踊跃入党、参军、作战，巩固和扩大了党的青年群众基础。

共青团积极探索团的工作青年化群众化，为做好青年群众工作积累了宝贵经验。大革命时期以前，党团组织不分，工作不分，共青团工作套用党的工作模式，缺乏青年属性，团自身也存在学生化、成人化的问题，党中央和团中央十分重视解决这个问题，提出团的工作青年化群众化的要求。青年团三大以后团中央在促使团的工作青年

---

① 《中国共产青年团扩大的第三次中央全体会议》，中国共青团网，2006年11月14日。

② 共青团中央青运史档案馆编：《历史的轨迹：中国共产主义青年团90年》，重庆出版社2012年版，第58页。

③ 张华：《中国共产主义青年团职能研究》，人民出版社2013年版，第58—61页。

④ 任弼时：《任弼时选集》，人民出版社1987年版，第484—485页。

化群众化方面开始了积极的探索。第一，推进“党团分化”，实现团的组织青年化。具体做法包括党团员按年龄分化，将入团年龄的上限不断降低，持续将超龄团员输送入党，使团组织得以青年化；配合相应的党组织建立团组织，实现党团组织分化；开辟青年工作新领域，加强对高小学生的引导等。通过“党团分化”，团的组织更加扩大，团员更加年轻，党组织在分化中也得到了发展壮大，青年团“由偏重研究性的小团体，渐形成实际领导群众行动的组织”[①]。第二，维护青年利益，使团的工作群众化。共青团在提出青年群众化口号的基础上，要求各级团组织注意为共青团本身利益而斗争。任弼时要求各级团组织要经常抓好两项工作，一是在各工人区域，用适当的名义召集各种没有党派的青年群众会议或代表会议，以扩大团的宣传工作，争取更多的青年参加政治运动，为他们本身利益而斗争，促进实现青年群众化；二是要把组织劳动童子军，看成是共青团重要工作的一部分。1927年5月，共青团第四次全国代表大会告诫全体团员：“今后应努力唤起全社会对于青年利益的重视，同时积极参加工会农会工作，在所有的机会中经过工会农会，领导劳苦青年群众，为其自身的经济与政治的利益而奋斗。”[②]

共青团积极利用报刊对青年进行宣传和教育。通过报刊宣传自己的政治主张、路线，方针、政策，达到教育广大青年的目的，是中国共产党扩大和巩固青年群众基础最直接、有效的途径。在党的领导下，共青团利用报纸、杂志向青年宣传党的主张，对青年进行爱国主义宣传、教育，唤醒、提高青年觉悟，扩大党在爱国青年中的影响力，《先驱》《中国青年》《无产青年》《列宁青年》《青年实话》等团的刊物在宣传马列主义，指导青年运动，帮助青年提高理论修养方面发挥了重大作用，在广大追求真理的进步青年中有着巨大的影响。1922年1月创办的《先驱》是中国社会主义青年团的第一份机关报。1923年8月《先驱》停刊，1923年10月20日，新的团中央机关刊《中国青年》创刊号正式出刊。这一时期，《中国青年》以它特有的战斗风格，热烈的思想感情，鲜明的政治观点，深入浅出的方法，通俗易懂的语言，鼓舞和教育了千百万要求进步的青年冲破各种反动思想的枷锁，投身到伟大的革命洪流中。《中国青年》曾喊出“到民间去”的响亮口号，动员青年知识分子到工人、农民、兵士中唤醒民众，还于1926年3月13日刊登了堪称“毛泽东思想萌芽”的《中国社会各阶级的

① 郑洸，叶学丽：《中国共产党与中国共青团关系史略》，中共党史出版社2015年版，第40页。

② 郑洸，叶学丽：《中国共产党与中国共青团关系史略》，中共党史出版社2015年版，第40—41页。

分析》一文。同时它特别注意青年的切身问题，如学习、婚姻、家庭、个人修养问题等，帮助青年探求和解决这方面问题的正确答案，被誉为“青年的良师益友”[①]。在1927年11月至1934年3月间，《中国青年》曾先后改用《无产青年》《列宁青年》等名称秘密出版。1939年《中国青年》复刊，成为陕甘宁边区革命根据地比较有影响力的青年刊物，主要向青年传播马克思主义，宣传中共中央抗日战争的方针政策，刊载青年运动及动态、青年工作、中共中央领导人关于青年工作的文章等，对于唤起青年的民族危机感、激发广大爱国青年的抗日热情、激励他们投身到抗日战争洪流，具有十分重要的意义。复刊后的《中国青年》在选题上并不局限于“革命”的严肃内容，还常和青年讨论读书、考试、恋爱等青年们关心的话题[②]，关心青年，帮助青年解决人生道路上的种种难题，受到了青年群众的喜爱，达到了宣传和凝聚的目的。

共青团在斗争中对青年开展马克思主义教育和训练。早在地方性党团组织创建初期，对青年进行马克思主义和社会主义的思想教育就是党团组织的一项重要任务，各地团的早期组织都以公开或半公开的形式积极开展马克思主义的传播工作。比如，1920年9月，上海共产党早期组织就在上海社会主义青年团机关创设了“外国语学社”，培养进步青年，从这所学校走出了刘少奇、任弼时、萧劲光、罗亦农等一大批党的重要领导人。1926年底，在周恩来的支持和领导下，广东的中共潮梅特委和青年团汕头地委举办了青年干部训练班，周恩来亲自任课讲授世界大势和中国政局，培养革命青年骨干。1928年7月，在莫斯科召开的共青团第五次全国代表大会通过的《苏维埃区域内本团工作大纲》指出：要“开办团校和各种训练班，尤其是团的地方团部与支部的负责同志及军事政治工作人员等下级干部的训练”。[③]1928年10月，湘赣边界党、团特委分别在宁冈茅坪象山庵和茨坪集中举办过两期党团训练班，对党团员进行马克思主义教育和党团工作训练，训练班学员由湘赣边界各县选派的300余名党、团员组成，时间约一个月到一个半月。[④]1932年12月，在中共苏区中央局的关心和帮

---

① 贾忠才：《早期著名青年刊物的演变及历史作用》，载《中国青年研究》2010年第6期，第53—57页。

② 陈鑫，贾钢涛：《延安时期〈中国青年〉杂志的办刊特色及启示》，载《兰台世界》2015年第34期，第159—160页。

③ 中国新民主主义青年团中央委员会办公室厅编：《中国青年运动历史资料（第4册）》，中国青年出版社1981年版，第157页。

④ 郑炎明，乐亚山，卢婉琪：《共青团干部教育培训工作发展的历史缩影——关于列宁团校旧址的考证》，载《青年发展论坛》2020年第2期，第92—95页。

助下，团苏区中央局创办了列宁团校，成为中央团校的前身。列宁团校第一期学习时间是两个月左右，学习内容，有党史、团史、政治、地理常识和游击战术等课程，教员由苏区中央局的领导同志担任，包括毛泽东、任弼时、徐特立、陆定一等。这一时期，各种形式的训练班或团校，为团干部培训、青年政治人才培养作出了历史性贡献。1948年6年，为了适应建团工作急需培养大批团干部的需要，中共中央青委首先在华北党校内开办了青年班，称作华北党校六部。同年9月，华北党校六部独立出来，迁到两河村，正式命名为中央团校。①学员通过团校学习，提高了理论水平，掌握了党的政策、青年运动的方向和建立青年团的方法，为团的事业发展培养了大批干部。

冯文彬就重新建团问题作专题发言

1947年8月28日，在河北平山县西柏坡召开的全国土地会议期间，中央青委书记冯文彬向大会作了关于建立青年团的专题发言，这是第一次在党内重大会议上对重建青年团问题进行全面、系统的论述。冯文彬讲了历史上青年运动的经验教训问题，并从为什么要建团、建立一个什么样的青年团、怎样建团和团的任务四个方面对建团问题作了全面论述。

为什么要建团？冯文彬从五个方面进行了论述。一是青年需要。他说：“青年需要学习，引导青年群众走正路，单纯依靠家长管教是不成的，依靠学校教育是不够的，必须要有一个青年自己的组织，运用集体主义的教育与方法经过青年人自己的思想，相互的学习批评与自我批评才能克服不良现象，才能引导青年群众走上正路，教育整个青年的一代。……有了青年团更能使青年和青年组织有了斗争与团结的中坚。”二是工作任务需要。土改需要发动青年参加斗争，建立青年团增加斗争的力量与作用；民主运动中反对官僚主义斗争，青年是党最可靠的与有力的助手；改造现有学校以培养工农自己的知识分子，需要青年团来有组织的工作。三是青年积极分子需要。他说：“十年来在党的教育与影响之下，广大青年积极分子要求入党，因条件不够而苦闷，他们迫切需要一个能够满足他们政治要求的组织。这从党的需

① 共青团中央青运史档案馆编：《历史的轨迹：中国共产主义青年团90年》，重庆出版社2012年版，第97页。

要来说，不仅需要一个助手，还需要一个训练后备军的学校。”四是目前形势需要。“建立一个旗帜鲜明、有战斗力的青年团，更加需要”，对于国民党区域的青年工人店员、职业青年、学生青年是很大的鼓励和有力支援。五是与国际加强联系需要。“从世界各国的联系说，也需要一个全国统一的青年团体。”

要建立一个什么样的青年团？冯文彬认为要建立一个真正是群众自己的团。他对青年团是这样描述的：“1. 这个青年团应该是先进积极的劳动青年及一切革命的学生、职员，与青年知识分子自己的组织，是在进步青年自觉自愿的基础上建立起来的。它是团结广大青年群众的核心与中坚，而不是脱离广大青年群众的狭隘的小集团。”“2. 这个青年团的组织原则，应该是民主集中制。团内的生活应该是民主的生动的活泼的，应当完全适合青年自己的。团的作风，应该完全是切实的、民主的按着青年所需要的，而不是老年化死气沉沉，强迫命令的。每个团员应培养成为虚心、谦逊，为工农大众当勤务员，而绝不应该是看不起群众和站在人民之上的‘官’。”“3. 这个青年团，是完全在中国共产党领导下去进行工作，应无条件的完全接受共产党的政治领导，并应以毛泽东思想去教育团员。虽在组织上团内生活上是独立的，但是在政治上方针是与党完全一致的。”“4. 这个青年团，应该积极参加整个工农群众的解放斗争，并在各种斗争中发挥青年的积极作用。……团应该在执行党政军民的（如农会）各种工作中去有组织的发挥青年的积极作用、突击作用，并成为最可靠的助手；在这个基础上经常关心与实现青年的特殊要求和日常生活的利益，并为青年服务。”

怎样建团？冯文彬认为应当完全走群众路线，依靠群众自己的积极性创造性来建团。“应该在各种运动与斗争中、工作中去建团，不应脱离实际特别应当在土地改革中，把青年团建立起来。就是在发动群众中应当包括把青年群众发动起来，并有意识的去培养青年积极分子。”“应该从下而上的建团。不搭架子也不包办代替，而且建了村的再建区，有了区才建县。……组织过程应该由小到大、由少到多、由分散到集中统一。”

青年团的学习任务是什么？冯文彬认为，“最主要最经常的方法是在实际斗争中去学习。比如青年团去发动群众组织青年在参加土改斗争与民主斗争中去学习，使他们懂得地主怎样剥削压迫农民、破坏农会的种种阴谋，去反对压迫人民的剥削人民的贪污腐化官僚主义分子等等。”“青年团应该提倡和领导青年向群众学习，向人民学习的精神。”他认为，青年团的工作人员要提倡眼睛向下，要到群众中去，俯首甘为孺子牛；知识青年更应当真正到群众中去，决心与甘心当工农群众的勤务员，学生青年要提倡为工人农民服务；每个团员应该学会怎样去组织群众、团结群众、与群众密切的联系在一起。“每一个团员加入青年团以后，只有当勤务员的义务不准对人民调皮，不但没有任何的特权，不能把加入青年团看成当了官，相反的，加入团以后，要比一般青年更能牺牲自己，刻苦的学习和工作，成为一般青年的表率，要更善于为人民为广大青年服务。”“脱离群众是团的致命伤。……它应该是真正群众自己的为群众谋利益的组织。如果不是这样的话，那就没有建团的必要。所以建团决不是增加一批官，而是为群众的需要增加一批真正为群众服务的勤务员大学，训练一批真正全心全意为人民服务的勤务员。”①

这个发言内容，包含了如何认识青年群众，如何既组织和发动青年群众又为青年服务，如何走群众路线依靠群众来建团，如何带领团员开展群众工作，如何训练一批真正全心全意为人民服务的勤务员，是对青年团如何为党做好青年群众工作的系统思考和实践总结，为青年团的重建和工作开展提供了很好的思路和指引。

（二）社会主义革命和建设时期：响应党的号召，动员青年群众为巩固人民政权、进行社会主义革命和建设而奋斗

社会主义革命和建设时期，党的主要任务是实现从新民主主义到社会主义的转变，进行社会主义革命，推进社会主义建设。党的青年群众工作主要是动员广大青年积极参与中华民族有史以来最为广泛而深刻的社会变革。新中国成立以后，共青团获得了无可争议的政治合法性和行政合法性，实现了组织大发展，迅速完善了以共青团为主要核心的包括青联、学联在内的青年群众工作组织体系。在党的领导下，共青团动员广大青年群众积极参加抗美援朝、镇压反革命、土地改革和“三反”“五反”等运动，巩固党的执政基础；根据青年的特点，通过青年突击队、青年志愿垦荒队和青年扫盲队等组建形式，调动青年群众参与建设的热情，扩大团的覆盖面；既依靠青年

① 郑洸，叶学丽：《中国共产党与中国共青团关系史略》，中共党史出版社2015年版，第95—98页。

又教育青年，通过选树雷锋等典型，对青年群众进行教育和引导。

共青团发挥生力军和突击队作用，动员青年投身社会主义革命和建设。在新解放区，青年团协助人民解放军和人民政府完成接管工作，在广大群众中开展宣传教育，对于稳定社会秩序和恢复生产起到了积极的促进作用。在镇压反革命和“三反”“五反”的斗争中，青年团动员和组织广大青年检举罪恶重大的反革命分子、贪污分子和违法资本家的犯法行动，有力促进了党的各项重大部署的顺利实施。1954年，为适应冬季紧张施工工作，北京苏联展览馆的建筑工地上出现了木工青年突击队。后来在团中央“重点建设、逐步推广”方针的指引下，先后在各地建立和发展了各种青年突击队。青年突击队从生产需要出发，组织青年在急、难、险、重、新的任务中发挥了突出的作用。[①]青年突击队形式很快拓展到工业、商业、科技、学校、农村等领域，成为引领青年建功立业的一面旗帜。1955年9月，毛泽东在为《中山县新平乡第九农业生产合作社的青年突击队》的按语中，提到青年“最积极、最有生气、最肯学习、最少保守思想”的“四最精神”，成为社会主义建设初期的亮丽特色。为解决国家发展农业、增产粮食的问题，团中央动员青年积极参加垦荒工作。1955年8月，北京率先组织了“北京市青年志愿垦荒队”，到黑龙江省萝北县开荒种地；10月，上海青年组成志愿垦荒队，来到鄱阳湖畔，建立了共青社；1956年1月，温州青年志愿垦荒队奔向大陈岛开荒生产，成为全国青年的学习榜样。青年团领导的以垦荒、移民、扩大耕地、增加粮食为主要内容的青年志愿垦荒活动，为新中国的农业生产及边疆建设作出了重要贡献。除此之外，1955年，共青团号召广大青年响应党中央绿化祖国的号召，开展了规模空前的植树造林活动。总之，团组织按照党的要求，围绕党的中心工作开展了大量符合青年特点的活动，在社会民主改革和国民经济恢复的过程中发挥了巨大作用。

共青团带领广大青年保卫新中国，巩固新生人民政权。在抗美援朝时期，共青团动员和组织广大团员青年踊跃参加中国人民志愿军。在两次由团中央直接负责动员青年报名参加军事干校的工作中，报名青年达70万人，党团员报名的占报名青年总数的70%以上，其中绝大多数是团员。[②]朝鲜战场上，中国人民志愿军中青年指战员占66%，战斗连队中青年达到80%以上，基层官兵大部分是青年团员，战斗英雄50%以

① 李玉琦主编：《中国共青团史稿（精编）》，中国青年出版社2012年版，第208页。

② 李玉琦主编：《中国共青团史稿（精编）》，中国青年出版社2012年版，第190页。

上为青年人。[①]团中央全国青联和全国学联，还号召全国青年和青年团员捐献“中国青年号”“中国儿童号”“中国学生号”飞机，为夺取抗美援朝的胜利、为保卫祖国作出了重大贡献。新中国成立时，共青团通过全国青联和全国学联，遵循中国政府的外交方针，高举和平友好旗帜，积极发挥民间和青年外交的优势，努力拓展国际交流，积极开展、参与国际单边或多边外交活动，扩大新中国的影响，为巩固新中国作出努力。[②]

共青团在实践中提高青年思想文化素质。抗美援朝时期，共青团协助党组织广泛深入地对广大团员、青年进行了“抗美援朝、保家卫国”的爱国主义和国际主义教育，大大提高广大青年的民族自尊心和抗美援朝的自信心。[③]1953年，新民主主义青年团的二大就明确指出，青年团在建设祖国的斗争中，协助党以共产主精神教育团员和青年。[④]1953年，中共中央确定了过渡时期的总路线，团中央颁发《关于学习和宣传过渡时期总路线的指示》，各级团组织迅速在团员青年中开展学习和宣传活动，引导青年认识实现国家工业化的重大意义。[⑤]1954年10月到1955年7月，在党的领导下，青年团组织同有关方面进行了培养青年共产主义道德，抵制资产阶级思想侵蚀的宣传教育工作，不仅在反对资产阶级思想及其生活方式对青年的侵蚀方面起了显著作用，而且通过这一工作打击了社会上勾引青年犯罪的资本主义势力及腐朽势力，这一宣传教育活动得到了党中央的充分肯定。1955年12月，团中央发布了《关于在七年内扫除全国农村青年文盲的决定》，决定从1956年到1963年，依靠已有的3000多万农村识字青年扫除全国7000多万农村青年文盲，使全国80%的青年文盲脱离文盲状态。[⑥]团中央还要求全国农村团组织普遍建立青年扫盲队，组织农村知识青年担任民校、记工学习班、识字小组的教员或辅导员。1956年，共青团贯彻落实党中央“向科学进军”的号召，把培养青年专家、带领青年向科学进军、努力普及文化工作作为当前的重要任务，在广大青年中间深入开展了“向科学进军”的组织动员，采取多种措施帮

① 胡献忠：《中国青年运动一百年》，江苏人民出版社、中国青年出版社2022年版，第270页。

② 李玉琦主编：《中国共青团史稿（精编）》，中国青年出版社2012年版，第189—191页。

③ 李玉琦主编：《中国共青团史稿（精编）》，中国青年出版社2012年版，第189—190页。

④ 共青团中央青运史档案馆编：《历史的轨迹：中国共产主义青年团90年》，重庆出版社2012年版，第117页。

⑤ 共青团中央青运史档案馆编：《历史的轨迹：中国共产主义青年团90年》，重庆出版社2012年版，第119—120页。

⑥ 李玉琦主编：《中国共青团史稿（精编）》，中国青年出版社2012年版，第210页。

助青年解决学习和科研中的实际问题，迅速掀起向科学进军的热潮。1958年，共青团通过《关于组织广大青年学习马克思列宁主义、学习毛泽东著作的决议》，群众性的学“毛著”活动由此兴起。[①]1963年2月，共青团开展“学习雷锋”的教育活动，3月初，《中国青年报》《人民日报》等报纸发表了毛泽东、刘少奇、周恩来、朱德、邓小平等中央领导人号召向雷锋学习的题词，学习雷锋的活动在全国青少年中迅速形成高潮，对于树立一代新风，培育一代新人产生了深远的影响，雷锋精神也成为中国人民的宝贵精神财富。

以共青团为核心的青年组织体系迅速发展，为党的青年群众基础的扩大和巩固提供组织支撑。1949年4月，中国新民主主义青年团成立时，全国团员累计19万人。[②]1950年3月，团中央召开全团组织工作会议，这时全国团员总数为150万人，占青年总数的1%左右。团中央根据团组织发展工作的实际情况，提出要“正确地发展团的组织”，既反对关门主义，也反对形式主义[③]。青年团认识到，要巩固地向前发展，必须注意和广大群众保持密切联系，及时解决群众的问题，接受广大青年群众的监督，这样才能扩大团的影响并克服自身的特点。1951年3月，团中央要求每个团员必须参加一件团的或社会工作，此项活动加强了团员的责任感，培养了团员的新观念、新品质，改进了团的工作，同时活跃了团的组织生活，扩大了团员与青年群众的联系，密切了团群关系，加强了团队青年积极分子的培养和使用，使团组织与群众建立起了紧密而巩固的联系，从而扩大团的影响。[④]1950年到1952年，团中央开展了一系列提高团员素质、巩固团组织发展的工作和活动，包括要求共青团干部和机关工作的团员干部均应参加党的整风运动，出版青年团中央机关报《中国青年报》加强对青少年的思想教育工作，要求青年团员参加党的共产主义与共产党的学习，注重在实际斗争中建团等。1952年底，全国团员发展到850万人，占全国青年总数的7%，青年团

---

① 李玉琦主编：《中国共青团史稿（精编）》，中国青年出版社2012年版，第216页。

② 共青团中央青运史档案馆编：《历史的轨迹：中国共产主义青年团90年》，重庆出版社2012年版，第100页。

③ 共青团中央青运史档案馆编：《历史的轨迹：中国共产主义青年团90年》，重庆出版社2012年版，第110页。

④ 李玉琦主编：《中国共青团史稿（精编）》，中国青年出版社2012年版，第194页。

已经成为全国性的青年核心组织。[①]到1978年，全国团员已经有4800万[②]，与中国新民主主义青年团成立时相比有大幅度增长。除此之外，全国学联、全国青联等青年组织，在党的领导下，也积极发展壮大自己的组织，大量的青年加入青年组织，接受组织的覆盖、教育、引领和动员，提高了对党领导下的社会主义事业的价值认同、情感认同和行为认同，激发了投入经济社会建设的巨大热情，为完成党在这一时期的历史任务贡献了青春力量。

20世纪五六十年代团中央工作方法

1952年，胡耀邦接手冯文彬主持团中央的工作，把党联系青年的优良作风推向了崭新的阶段。他不仅与青年打成一片，而且从组织建设、干部作风、工作安排等诸多方面要求各级团组织与青年紧密联系。他除去在团中央处理公务的时间，就是下基层与青年打交道。他创导了联系青年的“五同”工作法，即与青年同吃、同住、同劳动、同学习、同娱乐。他要求团干部做到：能说、能写、能玩、能做榜样，为的是更好地服务青年，做好青年工作。在照顾青年特点方面，胡耀邦身体力行，从写文章的标题、内容、语气，作报告的遣词造句，与青年打交道的礼节姿态等方面，都注意青年的心理特点和需要。在社会主义建设的第一、二个五年计划期间，他与青年垦荒队、工人突击队、大学生联系非常紧密，大陈岛青年志愿垦荒队、黑龙江萝北县青年垦荒队、江西共青垦荒队都是他具体抓的点。他与北京大学59级中文系一个班团支部保持四年的联系，直到该班毕业。胡耀邦密切联系青年的行为带动了全团，使那个阶段的共青团工作在青年和社会上影响广泛，受到毛泽东同志和中央的高度重视和充分肯定，被誉为共青团历史上的“黄金时期”。[③]

据老团干吴木同志回忆，20世纪50至60年代，团中央书记处在实践中

① 共青团中央青运史档案馆编：《历史的轨迹：中国共产主义青年团90年》，重庆出版社2012年版，第111—112页。

② 共青团中央青运史档案馆编：《历史的轨迹：中国共产主义青年团90年》，重庆出版社2012年版，第159页。

③ 李建一：《共青团密切联系青年的历史启示》，载《江西青年职业学院学报》2016年第5期，第5—8页。

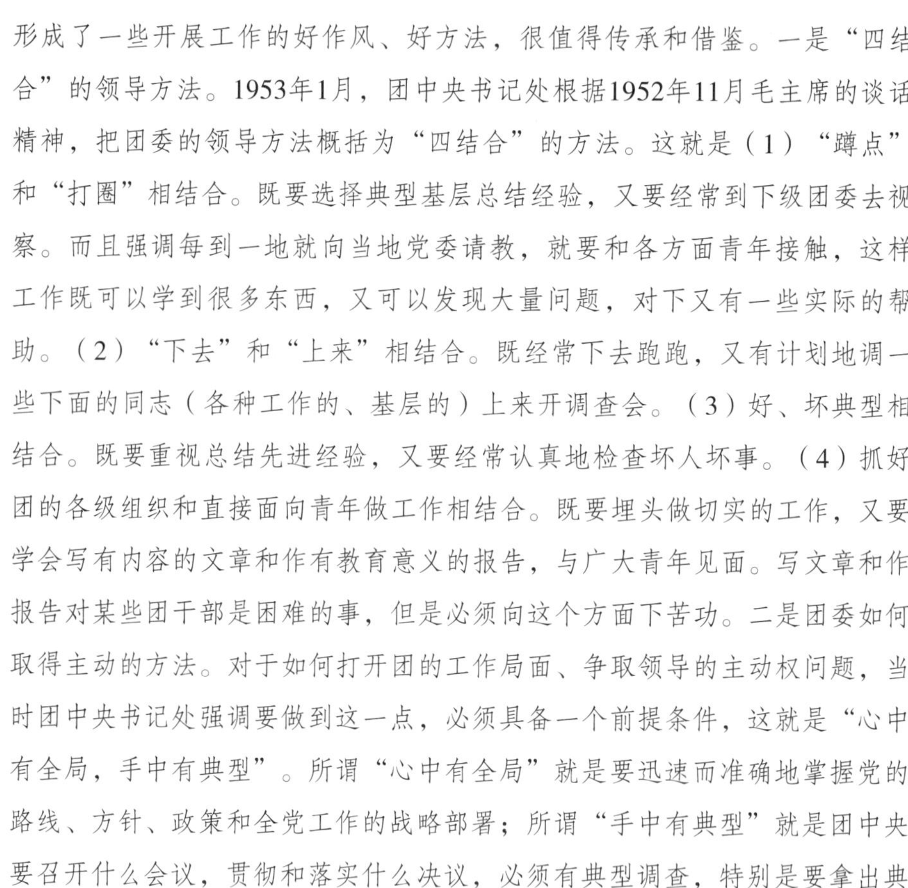

形成了一些开展工作的好作风、好方法，很值得传承和借鉴。一是“四结合”的领导方法。1953年1月，团中央书记处根据1952年11月毛主席的谈话精神，把团委的领导方法概括为“四结合”的方法。这就是（1）“蹲点”和“打圈”相结合。既要选择典型基层总结经验，又要经常到下级团委去视察。而且强调每到一地就向当地党委请教，就要和各方面青年接触，这样工作既可以学到很多东西，又可以发现大量问题，对下又有一些实际的帮助。（2）“下去”和“上来”相结合。既经常下去跑跑，又有计划地调一些下面的同志（各种工作的、基层的）上来开调查会。（3）好、坏典型相结合。既要重视总结先进经验，又要经常认真地检查坏人坏事。（4）抓好团的各级组织和直接面向青年做工作相结合。既要埋头做切实的工作，又要学会写有内容的文章和作有教育意义的报告，与广大青年见面。写文章和作报告对某些团干部是困难的事，但是必须向这个方面下苦功。二是团委如何取得主动的方法。对于如何打开团的工作局面、争取领导的主动权问题，当时团中央书记处强调要做到这一点，必须具备一个前提条件，这就是“心中有全局，手中有典型”。所谓“心中有全局”就是要迅速而准确地掌握党的路线、方针、政策和全党工作的战略部署；所谓“手中有典型”就是团中央要召开什么会议，贯彻和落实什么决议，必须有典型调查，特别是要拿出典型经验来。这是因为青年团作为党的助手，心中无全局，不仅不能准确地选择团的突击方向和工作重点，而且还有迷失方向、帮倒忙的危险；手中无典型，那就会使工作停止在一般号召上，做出的决议也往往是照抄照转，改头换面，纸上谈兵，流于空谈。①

从总体上看，20世纪五六十年代，是共青团在党政格局中发挥作用最大、在青年中最有吸引力凝聚力、在社会上影响最为广泛的时期之一，很多工作内容和工作方法是具有开创性的，对现在的工作仍具有深刻的启示。

（三）改革开放和社会主义现代化建设时期：动员广大青年投身改革和现代化建设，完善对青年群体的利益关照体系

改革开放和社会主义现代化建设时期，党的主要任务是，继续探索中国建设社会

① 《“文革”前团中央书记处的领导作风和工作方法》，中国共青团网，2007年4月15日。

主义的正确道路，解放和发展社会生产力，使人民摆脱贫困、尽快富裕起来。共青团积极适应党和国家工作中心战略转移，在现代化建设各条战线勇立潮头、敢闯敢干、引领风尚。共青团迅速恢复组织体系，动员广大青年群众投入到经济、社会各领域建设，开展了争当新长征突击手、青工技术练兵比武、“五讲四美三热爱”、青年文明号、保护母亲河等活动，充分调动了青年群众的参与热情。随着经济的快速发展和社会的多元化，青年的多样化利益诉求更突显，共青团开始自我反思：只有在维护人民群众总体利益的同时，代表和维护青年的具体利益，才能密切联系青年群众，赢得青年信任。这一时期，共青团的社会化动员能力得到增强，形成了青年志愿服务等活动品牌，吸引了大量青年参与。

共青团以活动为载体动员青年群众在改革开放的伟大实践中建功立业。为了充分调动广大青年参加社会主义建设的积极性，共青团在党的领导下，以丰富的活动为载体开展青年群众工作。1979年3月，共青团开展“争当新长征突击手”活动，通过树立榜样、命名表彰的形式调动广大青年的社会主义建设的积极性，围绕增产节约、增产增收组织形式多样的生产突击活动。这项活动顺应了历史客观发展需要，反映了团员和青年献身现代化建设事业的强烈愿望，得到了各级团组织和青年团员的热烈响应，很快在全国各行各业蓬勃开展起来。20世纪80年代，共青团在企业团组织和青年中开展“五小”活动，即小发明、小创造、小革新、小设计、小建议，引导青年立足本职岗位，关心企业的发展，促使青年在生产实践中发挥聪明才智，解决生产岗位上存在的问题，推动企业技术进步。1993年底，团中央决定实施中国青年志愿者行动，此后，团中央又陆续推出了“中国青年志愿者‘一助一’长期服务计划”“青年志愿者扶贫接力计划”“扶贫服务团‘三下乡’”“大学生志愿服务西部计划”“中国青年志愿者海外服务计划”等活动。[①]青年志愿者活动的兴起，一方面向世界展示了当代中国青年崭新的精神面貌，另一方面显示了巨大的社会效能，受到了社会的普遍重视和良好评价，成为动员广大青年参与群众性精神文明建设的重要载体。随后，各级青年志愿者协会建立，形成全国、省级、市级、县级组成的志愿服务组织管理网络，团中央及各省市相继成立志愿者行动指导中心，作为规划、协调、指导青年志愿服务工作的专门机构。1994年，青年文明号活动拉开序幕，该活动培养了青年的敬业意

① 共青团中央青运史档案馆编：《历史的轨迹：中国共产主义青年团90年》，重庆出版社2012年版，第205页。

识、创业精神，树立质量、安全、竞争、协作、服务、效益观念，提高了青年的业务技能，用全新的方式公开了中国青年对社会的承诺，以优质的服务，良好职业道德文明的风尚，加强了千家万户的联系，产生了极大的综合效益。1995年3月，团中央正式向全团推出了“服务万村行动”，把加强农村基层团组织建设与服务农村经济全面发展、服务农村青年致富成才有机结合起来，全面活跃农村基层团的工作。1999年，“保护母亲河行动”开始实施，动员包括青少年在内的最广大的社会力量开展的大型群众性生态环保公益活动，为我国生态文明建设作出了积极的贡献。

共青团以多种形式对广大团员、青少年进行思想引领和理想信念教育。针对十年动乱后部分青年出现信念动摇和思想偏差的情况，共青团要求各级团组织坚持正确的政治方向，积极协助党和政府做好青年的思想政治工作。例如，开展青少年道德教育座谈会，会同有关部门就青少年思想教育工作发布文件，通过青年报刊组织人生观问题讨论等。1981年，共青团倡议在青少年中开展“五讲四美”活动，1983年扩充为“五讲四美三热爱”活动，成为新时期全社会精神文明建设的重要内容。团中央十分重视发挥先进典型的示范作用，20世纪80年代相继推出了优秀共青团员张海迪、一山两湖英雄群体等，为青少年树立了一组闪耀着共产主义思想光辉的、具有鲜明时代特色的英雄群像，使广大青少年受到教育和鼓舞。为了对青少年进行革命传统教育，从1983年开始，共青团开展了“学史建碑”活动，组织青年去寻查史迹、收集编写史料，通过青年自己的努力去再现那些具体的、生动的、感人的历史场景，从中探索革命真理，成为青少年进行自我革命传统教育的新形式。“手拉手”互助活动开始于20世纪90年代初，是引导少年儿童团结互助、共同进步的一项有意义的实践教育活动，使不同环境、不同状况的少年儿童架起了沟通的桥梁，成为加强未成年人思想道德建设的重要载体。1995年5月4日，团中央在北京人民大会堂举行了隆重、庄严的成人宣誓仪式，自此，18岁成人仪式教育活动成为共青团主导的一项重点活动，在全国各地得以广泛开展，成为共青团关于青少年思想道德文化教育的一项重要品牌活动，以其丰富的文化内涵和生动的表现形式赢得了青少年的喜爱和全社会的广泛关注。1997年，为了进一步加大和宣传当代青年先进典型的力度，在广大青年中形成崇尚先进、学习先进的风气，共青团和全国青联开展了中国青年五四奖章评选表彰活动，对在社会主义现代化建设中表现突出，作出重大贡献的先进青年颁发“中国青年五四奖章”，这一评选活动为青年人才的脱颖而出铺设了一个重要的平台，通过奖章的授予宣传举荐了一大批走在时代前列的优秀青年人才。进入21世纪，共青团以理想信念教育为核心，加强青少年思想道德建设。2006年，团中央发动了“我与祖国共奋进”主题教育实践活动，以社会主义荣辱观教育为主线，展现广大青年在党的领导下与祖国共奋进、与时代同发展、与人民齐奋斗的时代风貌。2007年，团中央、全国学联启动“青年马克思主义者培养工程”，抓好大学生的理论学习，在广大青年中培养一大批坚定的马克思主义者。

突出青年主体地位，完善对青年群体的利益关照体系。早在1979年9月底，叶剑英代表中共中央在庆祝建团30周年的讲话中就明确指出：“工会、青年团、妇联等团体是广大群众的重要代表者……同时一定要坚决维护自己所代表的群众的利益，积极解决他们日常生活中的切身问题，反对不关心群众痛痒的官僚主义。”①改革开放后，中国共产党不再通过大规模群众性政治运动的方式来组织和动员青年，坚持以人为本，青年的主体地位日益增强。共青团围绕党的中心任务，关心青年的工作、学习和生活，切实为青年服务，向党和政府反映青年的意见和要求，保护和促进青少年的健康成长。“文革”后，在各级党委和政府的支持下，各级团组织把组织好8小时以外的活动作为团的工作的重要内容，广泛发动群众，积极恢复、兴建青少年宫，为青少年开展活动提供必要的阵地支持。1983年，团中央明确提出“社会实践活动”的命题，把人才培养和促进国家经济社会发展有机结合，在实践中促进青年学生的成长进步。同年，团中央号召全国广大青年积极参加读书活动，满足青年学习科学文化知识的现实要求。20世纪80年代，各地团组织还普遍开展了青工岗位练兵、技术比武活动，调动广大青工学习技术、钻研业务的积极性，提高青年工人技术技能水平。1988年，团中央开展培养“青年星火带头人”活动，把团的组织优势与活动的技术优势有机结合，加速农业科技成果的应用推广，培养高素质农业青年带头人。1989年，团中央组织发起“挑战杯”中国大学生系列科技创新竞赛活动，适应了教育体制改革的趋势和青年学生成长成才的需求，经过30多年的发展，该活动已成为培养大学生创新能力、创业能力、实践能力和提高综合素质的重要载体。为提高青年职工综合素质，共青团联合其他部门开展了青年岗位能手活动，作为跨世纪青年人才工程的重要组成部分，目标是培养造就一大批“品德优良、技术精湛、贡献突出”的优秀青年人才。1998年以来，团中央在全国组织实施了“中国青年创业行动”“青年就业促进计划”“大学生就业见习行动”“大学生素质拓展计划”等一系列活动，建立一批共青

① 李玉琦主编：《中国共青团史稿（精编）》，中国青年出版社2012年版，第266页。

团“青年就业创业见习基地”，建立团中央和省级的青年创业就业基金会，各级团组织与金融机构合作推出青年创业小额贷款项目，开展青年就业创业技能培训等，服务青年就业创业与成长。

此外，共青团还注重服务特殊青少年群体。为救助贫困地区失学少年儿童，团中央、中国青少年发展基金会在1989年发起希望工程这项公益事业，通过援建希望小学与资助贫困学生，改变失学儿童的命运，改善贫困地区的办学条件，促进基础教育的发展。迈入新世纪，共青团把权益工作摆在更加突出的位置，推出“青少年维权工程”，包括实施“青少年法制建设计划”，实施“12355维权行动”，推进“青少年维权岗在行动”活动，实施“未成年人保护行动”，深化“为了明天——预防青少年违法犯罪工程”。共青团中央参与《未成年人保护法》《预防未成年人犯罪法》《婚姻法》等法律的起草，积极推动立法，以制度化方式保障青少年合法权益。2009年，共青团十六届二中全会提出了共青团权益工作的基本思路：“注重把维护青少年合法权益与引导青年的有序政治参与结合起来，把关注个案与关注普遍性的权益问题结合起来，把代表和反映青少年的普遍性利益诉求与相关法律法规的贯彻落实结合起来，探索建立维护青少年合法权益的制度性安排”[①]。各级团组织在青少年维权工作中积极争取党和政府的领导和支持，循序渐进地推进青少年立法工作和政策配套工作。

共青团加强组织建设，推进体制改革。1978年10月16日至26日，共青团十大在北京召开，大会正确评价了经过“文化大革命”磨炼的中国青年一代，提出并阐述了新时期青年一代的光荣使命，是动员全团和各族青年参加社会主义现代化建设的誓师大会[②]，共青团组织系统得以正式恢复。为了切实改变团组织松散瘫痪、缺乏战斗力的状况，共青团开展了“创先进团支部”、做合格团员教育等活动，提高团员队伍质量，增强团组织战斗力。经过4年努力，共青团各方面工作开始重新恢复和逐步健全，到1982年底，全国团员数量为4800万名，其中2600万名团员是在共青团十大闭幕后加入团组织的，在党的关怀和领导下，具有光荣历史和传统的共青团组织正在重新成为团结教育全国青年的核心[③]。20世纪80年代中后期，为了使基层工作活跃起来，

① 共青团中央青运史档案馆编：《历史的轨迹：中国共产主义青年团90年》，重庆出版社2012年版，第240页。

② 《中国共产主义青年团第十次全国代表大会》，中国青年网，2013年6月6日。

③ 共青团中央青运史档案馆编：《历史的轨迹：中国共产主义青年团90年》，重庆出版社2012年版，第174页。

共青团要求团的领导机关和广大团干部“要面向基层、面向青年、面向实际开展工作”，树立“基层第一”的观念，抓基层组织建设[①]，同时，还根据改革开放形势的要求，积极进行体制改革的探索。1988年8月30日，团中央印发了《关于共青团体制改革的基本设想》，目的是更好地实现先进性和群众性的辩证统一，形成充满生机和活力的内部运行机制。1990年，团中央召开共青团组织会议，推出了90年代团的基层整体化建设的新构想，即“以支部为基础，以团委为主导，以阵地为依托，以活动为联结，全面建设团的基层”[②]。迈入21世纪，共青团紧跟党建发展步伐，加强团的自身建设。团的建设开始纳入党的建设总体规划，各地团组织逐步建立健全了联席会议制度、工作考核制度和团建工作情况通报制度，大力推动团建创新，巩固传统领域基层组织体系，推进新兴领域基层团建工作，着力构建新型基层共青团和青年工作网络，进一步扩大对青年群众的广泛覆盖和有效联系。

（四）中国特色社会主义新时代：全面深化共青团改革，团结带领广大青年在实现中华民族伟大复兴的赛道上奋勇争先

中国特色社会主义进入新时代，党面临的主要任务是实现第一个百年奋斗目标，开启实现第二个百年奋斗目标新征程，朝着实现中华民族伟大复兴的宏伟目标继续前进。共青团响应党的召唤，在新的历史方位和历史挑战面前，激发先进青年组织的政治敏锐，以扬鞭奋蹄的行动热情积极投身伟大斗争、伟大工程、伟大事业、伟大梦想的实践，全面深化自身改革，团结带领广大团员青年在脱贫攻坚战场、科技攻关岗位、抢险救灾前线、疫情防控一线、奥运竞技赛场、保卫祖国哨位等党和人民最需要的地方贡献青春，为党和国家事业取得历史性成就、发生历史性变革贡献青春、建立功勋。

共青团强化思想引领，加强政治锻造，按党的意志教育引领青年。党通过群团组织提高群众素质是党的群众工作的重要经验。共青团把提高青年群众思想政治素质和整体素质作为长期的战略任务，加强政治锻造，努力培养造就中国特色社会主义事业的建设者和接班人。共青团旗帜鲜明、坚持不懈用习近平新时代中国特色社会主义思想武装全团、教育青年。各级团组织和团员青年把学习习近平新时代中国特色社会主

① 李玉琦主编：《中国共青团史稿（精编）》，中国青年出版社2012年版，第290页。

② 李玉琦主编：《中国共青团史稿（精编）》，中国青年出版社2012年版，第294页。

义思想作为一种自觉行动、内在需求，团干部将其作为第一任务和核心业务，不断掀起理论学习热潮。“青年大学习”连续多年开展，每周吸引超过5000万人次团员青年参加。规模达2万人的青年讲师团队伍，组成了理论宣讲轻骑兵。青年马克思主义者培养工程，累计已有300多万各领域优秀青年受到了政治锻造。共青团还十分注重深入开展党史学习教育、“我的中国梦”主题教育、社会主义核心价值观培育践行等工作，广泛开展了“向上向善好青年”“中国青年好网民”等活动，积极培育弘扬社会主义核心价值观。

共青团贯彻新发展理念，团结带领青年奋勇投身新时代发展大潮。当代青年的人生黄金期与党的两个百年奋斗目标的发展征程完整契合，党面临的任务和时代课题需要青年一代当先锋、做闯将。在脱贫攻坚战中，各级团组织开展贫困村的定点扶贫工作，选派两千多名专职团干部奋战在一线。开展“三个10万+”行动，助力教育扶贫、就业扶贫、创业扶贫。脱贫攻坚任务完成后，接续实施乡村振兴青春建功行动，开展“两助两帮”、大学生“三下乡”“返家乡”社会实践、青年农村电商培育工程等工作；让青年在创新创业舞台上勇显身手，擦亮“挑战杯”“创青春”品牌，深入实施青少年科技创新攀登行动，推进大学生乡村创业帮扶计划、中国青少年科技创新奖励基金等工作；让青年在岗位平台上勇显身手，深入推进“青年文明号”、青年岗位能手、青年安全生产示范岗、青年突击队、“振兴杯”全国青年职业技能大赛等活动；让青年在区域协调发展和社会治理中勇显身手，“研究生支教团”“西部计划”“博士服务团”等持续推进，参与志愿服务成为广大青年中盛行的精神时尚；让青年在生态文明建设中勇显身手，开展“美丽中国青春行动”，深化“保护母亲河”理念和行动，动员广大青少年积极参与节能减排、“光盘行动”等生态环保实践。2020年新冠肺炎疫情爆发后，团中央第一时间划拨1260万元特殊团费，专项支持基层团组织防疫工作；各地团组织不到两个月就组织165万名团员青年加入青年突击队，170余万名团员青年报名成为疫情防控志愿者。[①]

共青团强化服务职能，传递好党的关怀，倡导青年优先发展理念。国家《中长期青年发展规划（2016—2025年）》（以下简称“规划”）首次明确“党管青年”的原则和“青年优先发展”的理念，构建了涵盖10个发展领域、44项发展措施和10个重点

① 青宣：《紧跟伟大的党 铸造青春荣光——中国共青团成立一百年来的壮阔征程》，载《中国共青团》2022年第9期，第5—21页。

项目的青年发展政策体系。各级团组织以《规划》为政策牵引，努力推动《规划》各项工作落地，提高服务青年工作水平。目前，青年发展纳入了“十四五”规划和2035年远景目标纲要，省级青年发展规划全部出台，中央和省、市、县级青年工作联席会议机制普遍建立，建设“青年发展型城市”成为全国大批城市的自觉行动。[①]

共青团加强从严治团，推动自身的全面改革，锻造党的先进青年组织。贯彻中央党的群团工作会议精神，落实2016年中办印发的《共青团中央改革方案》，围绕去除“机关化、行政化、贵族化、娱乐化”，增强政治性、先进性、群众性的目标，全面推进共青团改革。团的各级机关全面加强党的建设，抓好巡视整改。团十八大之后，团中央印发《关于提高政治站位改进工作作风的六条规定》，大力强化团干部作风建设。强化制度建设的作用，逐步推进团内规章制度体系建设。全团大力拓展组织覆盖，建成涵盖368万个团组织、7300多万名团员的数据库，“两新”和社会领域组织密度大幅提升，行业系统团建持续延展。还建成青年之家实体阵地4.9万个，建立和联系各类基层青年社团16.5万家。全团大力推进县域共青团基层组织改革，在全国31个省份的621个县（市、区）扩大试点。[②]随着互联网的发展，网上群众工作也在进一步探索。共青团大力向新媒体进军，全团新媒体平台总粉丝量超过7亿，综合影响力长期位居前列。敢于亮剑，与网上敌对、错误言论正面交锋，每年开展重大舆论斗争20余次，成为维护网上意识形态安全的排头兵。[③]

二、历史启示：共青团为党做好青年群众工作的经验总结

（一）坚持党的领导，在思想理论创新成果的指引下前进

党的青年群众工作是党的群众工作的重要组成部分，只有坚持中国共产党的领导，坚持在党的科学理论指引下前进，才会有出路，才会有前途。政党需要青年，青年也需要政党。共青团是共产党创建的，是党的青年政治组织，其身份属性很明确，就是党的助手和后备军，其重要职责是为党做好青年群众工作，巩固和夯实党的青年

① 青宣：《紧跟伟大的党 铸造青春荣光——中国共青团成立一百年来的壮阔征程》，载《中国共青团》2022年第9期，第5—21页。

② 青宣：《紧跟伟大的党 铸造青春荣光——中国共青团成立一百年来的壮阔征程》，载《中国共青团》2022年第9期，第5—21页。

③ 青宣：《紧跟伟大的党 铸造青春荣光——中国共青团成立一百年来的壮阔征程》，载《中国共青团》2022年第9期，第5—21页。

群众基础。坚持党的领导，才能确保共青团的政治价值理念、指导思想，与党的政治价值理念、指导思想是高度一致的。坚持党的领导，才能确保共青团具有特定的党性原则，以党的纲领为奋斗目标，以党的指导思想为行动指南，以党的中心任务为光荣使命，才能体现共青团的组织功能和存在价值。坚持党的领导，才能把履行政治职责和维护和保障青年群众合法权益联系起来，避免庸俗化，避免沦为一般的社会组织。

中国共产党是从群众中走来的党，在长期的革命、建设、改革和发展过程中，一以贯之地重视青年群众工作，结合不同历史条件、历史任务的具体国情，不断丰富和发展党的青年群众工作理论，并使之体现鲜明的时代性。把青年群众组织起来、争取过来，动员起来、团结起来，思想上牢固树立马克思主义的青年群众观点，提出党的群众路线，密切联系青年群众，从思想上教育群众、引领群众，在实践中维护好青年群众的合法权益，是党的青年群众工作重要理论成果与实践总结。中国特色社会主义进入新时代，党提出走中国特色社会主义群团组织发展理论，提出群团组织政治性、先进性和群众性三大本质属性，加强和改进党对群团组织的领导，推动群团组织加强自身建设，更好发挥作用。党的青年群众工作理论不断丰富和发展，习近平总书记关于群团工作的重要论述，形成马克思主义党群理论中国化时代化的最新成果、建构了中国特色社会主义群团组织发展理论、成为习近平新时代中国特色社会主义思想的重要组成部分、为新时代党的青年群众工作提供了行动指南。

（二）走中国特色社会主义群团发展道路，锻造成为走在时代前列的政党青年组织

群团工作是党的事业的重要组成部分，百年来中国共产党在领导群团工作的奋斗历程中，开创和形成了中国特色社会主义群团发展道路。习近平总书记指出，“中国特色社会主义群团发展道路，是中国特色社会主义道路在群团工作领域的具体展开。这条道路是在党探索中国特色社会主义工会发展道路、中国特色社会主义青年运动方向、中国特色社会主义妇女发展道路的长期实践中形成和发展起来的，符合我国国情和历史发展趋势”。[①]自觉接受党的领导、团结服务所联系的青年群众、依法依章程开展工作，是共青团走好中国特色社会主义群团发展道路的特征要求。

---

① 中共中央文献研究室编：《习近平关于青少年和共青团工作论述摘编》，中央文献出版社2017年版，第191页。

组织化是中国青年群体觉醒的重要依托，共青团始终是党的组织化的青年群众工作核心力量。青年个体力量需要整合，青年集体行动需要引导，青年群体力量发挥需要组织，青年远大理想目标需要依托组织来实现。共青团是党带领青年群体广泛参与社会运动的产物，百年来经历成立、更名、改造、试建、重建、再更名的历程，不管名称如何变化、组织形态如何变化，始终紧跟党的步伐，勇于自我革命，以开风气之先的精神和勇气，成为实现中华民族伟大复兴的先锋力量。百年来共青团在党的领导下以先进思想引领广大青年，在行动上开风气之先，持续不断改革及优化其组织形态，以创造出更具吸引力的青年组织形式。改革是保持共青团永葆生机和先进性的"密码"，通过持久有序的"调适"，保持政党青年组织发展持久的生命力。

（三）围绕党的中心工作，照顾青年特点开展工作

共青团根据党在不同历史时期的任务，组织动员及团结凝聚青年力量。青年是人民群众中特殊的部分，处在人生由不成熟到成熟的过程之中，他们有自身的特殊利益和特殊要求，要把青年人的整体利益和他们自身的特殊利益有机地结合起来。例如，在新中国成立初期，新生的人民政权还不稳固，面对复杂的国内国际环境，这时期的青年人对共和国怀着满腔赤忱、对新生活怀有美好憧憬，愿意以前所未有的高涨热情投入到社会主义建设大潮中挥洒热血和青春，"建设祖国""保卫祖国"就成为当时既围绕党政中心、又适应青年特点的两大主题。抗美援朝、土地改革、恢复国民经济，社会主义改造，实现国家的工业化，执行第一个五年计划……在共青团的组织和带领下，组建青年扫盲队、青年科技攻关小组、青年生产突击队、青年志愿垦荒队等成为当时青年中最普遍、最活跃的群体社会活动形式，具有强大的号召力量。改革开放后，青年兴趣和利益更加多元，共青团突破传统的以社会政治运动为核心内容和基本形式的模式，走向了更广阔的经济和社会生活领域，使青年群众工作的社会价值和作用，在更大程度上得到全面实现，以往那种疾风骤雨式的、轰轰烈烈的群众运动，转变成为扎扎实实、丰富多彩的多元表现形式，共青团围绕青年学习、就业、健康等青年面临的实际问题开展活动。同时，在国家遭遇重大自然灾害或举行重大社会活动时，团组织都会对青年进行有力度的社会动员，如1998年的抗洪救灾、2008年的抗震救灾、北京奥运会、2020年以来抗击新冠肺炎疫情志愿服务等，既配合党政工作的需要，又提供了青年与人民一道，历练自己、实现抱负的平台。

作为党开展青年群众工作的主要渠道，按照党的要求，把广大青年团结在党的周

围，是共青团的重要任务，同时，共青团还根据青年的特点开展工作，在维护人民群众总体利益的前提下，表达和维护青年的具体利益，促进青年发展，带领青年前进。共青团的发展历史清楚表明，由先进分子组成的共青团不能搞关门主义，“画地为牢”，历史上团的“第二党”倾向，严重影响了团的群众性，以致形成关门主义，无法有效代表青年。[①]共青团只有“善于围绕党的中心任务”“照顾青年的特点”“有自己的系统的工作”[②]，从实际出发，根据青年的时代特征和成长成才规律制定青年工作计划、开展青年群众工作及引领青年为人民服务，才能在各个历史时期团结带领青年取得一系列伟大胜利。照顾青年特点，需继续坚持并突出团的群众性，细心体察青年群众愿望，反映青年群众的意愿、要求和情绪，尊重青年的主体地位，紧扣服务青年的工作生命线，针对青年兴趣爱好的特点，不断创新工作方式、加强自身建设，更好团结青年，更好地围绕党的中心任务开展工作。

（四）走群众路线，掌握青年群众工作本领

“从群众中来，到群众中去”属于马克思主义的方法论，明确了党走群众路线的领导方法和工作方法，必然也在青年群众工作中体现。“百年征程，塑造了共青团扎根广大青年的活力之源”[③]。中国青年运动的杰出领袖均具有高超的青年群众工作本领，他们善于争取青年、教育青年、发动青年、组织青年，为党的青年群众工作积累了宝贵经验。毛泽东在延安青年群众举行五四运动二十周年纪念会上指出，“中国的知识青年们和学生青年们，一定要到工农群众中去”，“一定要和广大的工农群众结合在一块，和他们变成一体，才能形成一支强有力的军队”[④]。党早期的重要领导人之一、共青团的创始人之一和青年运动的卓越领导人张太雷主张青年学生的实际工作是要“到无产阶级和农民中间去唤醒他们起来奋斗和组织”，通过“往民间去”的运动，提高工人及农民等底层群众的革命意识，扩大国民运动的群众基础。[⑤]共产党和

---

① 张良驯主编：《共青团政治性先进性群众性研究》，中国发展出版社2017年版，第18页。

② 共青团中央，中共中央文献研究室编：《毛泽东邓小平江泽民论青少年和青少年工作（增订本）》，中国青年出版社2003年版，第99页。

③ 习近平：《在庆祝中国共产主义青年团成立100周年大会上的讲话》，载《人民日报》，2022年5月11日第2版。

④ 共青团中央，中共中央文献研究室编：《毛泽东邓小平江泽民论青少年和青少年工作（增订本）》，中国青年出版社2003年版，第41页。

⑤ 李冲：《青年运动的卓越领导人张太雷》，载《群众》2021年第18期，第63—64页。

共青团早期领导人、青年运动杰出领袖恽代英是党内最早提出青年运动必须始终走与群众相结合道路观点的领导人之一，他鼓励广大青年在寒暑假深入农村与农民交流，了解农村的真情形，讨论农村的真问题，引导农民运动，同时告诫广大青年要与无产阶级的革命势力联合，才能凝聚革命力量，取得革命的最后胜利①，他创办团中央机关刊物《中国青年》，积极宣传马克思主义，并对青年遇到的各种问题提供思想引导和实际帮助。

面对各个历史时期不同任务及青年的特点，共青团坚持走群众路线，创新青年群众工作思路，不断改进青年群众工作水平，掌握工作本领，提高工作的科学性、艺术性和实效性。比如，善于通过各种渠道与广大青年群众联系，并抓住关键性群体并与他们保持最紧密的联系，如青年知识分子，青年工人、青年农民等；善于在群众中发现并培养青年群众领袖，比如在群众工作中发现青年人才，将党团组织之外的青年精英吸纳到党团组织体系之内；善于从思想上教育、引导青年群众，通过榜样教育、思想政治工作、宣传工作、宣讲活动、文化传播、提供服务等方法引领青年；坚持开展调查研究，走到青年群众中间去，利用调查研究工具掌握群众意见，为决策提供第一手材料；根据党政的要求和青年群众特点，创造性打造青年品牌活动，为青年在实践中学习提供丰富载体和平台；坚持组织化动员与社会化动员相结合，善于资源整合，发挥共青团引领作用和各类骨干带动作用；既抓基层组织建设，提高组织的有效覆盖面，又抓团干部及团员作风建设，密切与青年群众的联系；适应互联网发展，探索网上群众工作方法，全面进驻微博、微信、B站、知乎、抖音、快手、视频号等平台，形成强大的新媒体矩阵，促进团网深度融合、团青充分互动，等等。

---

① 刘文晴：《恽代英青年工作思想及当代价值》，载《青少年学刊》2018年第1期，第3—6页。

第三章

动力与困境：党的青年群众工作面临新形势新要求

中国特色社会主义进入新时代，党的青年群众工作面临复杂新形势。世界青年运动复杂化，青年阵地“争夺战”激烈化；党面临的历史任务需要青年群众工作承担更艰巨任务。当代青年群众的价值取向、群体结构、生存状态等呈现新变化，新时代党的青年群众工作任务变得更加具体化、多样化和复杂化，共青团传统青年群众工作模式存在局部失灵情况，需要不断进行自我革命以适应政党战略调整和经济社会转型的需要。

第一节 青年群众工作面临复杂新形势

当今世界正经历百年未有之大变局，国际格局和国际体系正在发生深刻变革，青年群体已成为影响世界的重要变量。近年来世界范围内发生了不同程度的青年运动，给不同国家、地区的政治、社会、经济、文化带来不同程度影响，有的甚至引发政治动荡和社会骚乱。某些西方国家对中国青少年的“争夺战”从来没有停止。进入新时代，党面临的任务赋予中国青年更大责任与使命，这也使新时代党的青年群众工作任务更艰巨。

一、世界青年运动复杂化，青年阵地“争夺战”激烈化

青年运动是青年群体基于某种社会需要和切身的利益，为追求一定的社会价值目标并在其过程中表现和实现自我价值，而由青年参与的、具有一定组织的、有一定规模的社会群体行动。[①]一般而言，青年运动是个中性词，只是由于不同的时间、参与群体、价值取向以及不同的国家、运动的不同影响等等，被赋予了特殊的涵义。因青年运动的目标通常是改变社会面貌、争取自身利益，这就决定了青年运动首先是政治运动，是国内国际政治运动的有机组成部分。[②]

青年一代容易接受社会上的新思想和新理念，对民主政治、人权自由及社会变革等问题抱有激进而富有理想主义色彩的认识，因而青年运动往往具有改革社会、批判现实的本质特性。尤其在社会矛盾激化和利益错综复杂的时代，青年容易将各种以推翻现存社会政治制度为目标的革命理论作为自己的行动纲领和思想依据。[③]从近年来世界范围内发生的青年运动来看，以青年为行动主体的社会运动产生的巨大力量，对

① 于俊如，杨君：《建党90年来中国青年运动的基本历程与基本经验》，载《中国青年研究》2011年第7期，第24—29页。

② 董霞，徐林：《国际青年运动发展概述》，载《中国青年研究》2008年第12期，第18—22页。

③ 廉思：《世界范围内青年运动新趋势研究——对“茉莉花革命”、英国青年骚乱、美国“占领运动”的分析》，载《中国青年研究》2013年第12期，第5—10页。

传统的政治体系、文化规范、社会生活带来了强力的冲击，甚至引发颠覆性的变革，成为影响一个地区、国家甚至世界格局的一种重要形式。在各国此起彼伏的罢工，游行示威和骚乱中都有一个鲜明的特点，运动参与者以青年为主，打先锋的学生身影尤为引人注目。[①]特别是在互联网和自由化思潮的加持下，当代青年运动特别是社会政治运动呈现更加分化、更加多元的特点。

21世纪以来，2010年突尼斯“茉莉花革命”、2011年英国青年骚乱、2011年美国“占领华尔街”运动以及2018年的法国巴黎“黄背心运动”等一系列的社会运动，青年均构成了运动的先锋和主力。这些运动爆发的深层次原因主要有以下几方面。一是经济困境。2008年爆发的全球金融危机，引发了多个国家的青年抗议浪潮，青年贫困、失业、社会不平等问题让青年对国家的发展失去信心。二是青年民生问题。青年的社会处境恶化，贫富差距扩大，失业率攀升，教育机会不公，阶层流动受阻，使年轻人在社会发展中不断被推向边缘。青年背负的压力使他们对生存现状充满不满和愤恨，不得不喊起口号、走向街头、制造骚乱。三是西方国家内部的宗教移民种族等问题。遭受移民排斥、种族歧视、宗教冲突等问题的青年，情绪积累到一定程度后就会以激烈爆发的方式发泄。四是青年自身的原因。青年群体内部不断分化，处于弱势地位的青年更容易被“唤醒”，加上处于青年期的年轻人更具理想化、情绪化、冲动性、效仿性和趋群性，更容易采取偏激行为，加入社会活动群体。五是网络媒体的推波助澜。网络情绪宣泄以及组织动员，是动乱迅速蔓延升级的“催化剂”，网上网下彼此呼应，虚拟与现实相结合，使事态迅速发酵。总之，金融危机使资本主义固有的基本矛盾充分展现，社会矛盾日益加深，政府实施的系列措施直接或间接影响了青年的生存与发展，导致世界青年抗议活动高涨，使经济危机向社会危机全面传导。

纵观21世纪以来世界范围内有代表性的青年运动发展历程，它们有爆发的相似原因，也在一定程度上引发了社会动乱和政治变动，还可以发现，从动员途径看，网络化趋势增强；从运动骨干来看，打先锋的学生和失业青年尤为引人注意；从组织动员看，无组织机构和领袖人物的趋势愈加明显，不确定性和不可控性增加。

在中国，特别是党的十八大以来，随身经济社会的快速发展和国家治理水平不断提升，青年自身获得了长足的发展，青年激进行为在全国层面来说已经退场。青年

① 宋丽丹：《关于经济危机下世界青年抗议浪潮的思考》，载《马克思主义研究》2014年第3期，第122—129页。

运动从政府主导这种单一的动能模式逐步转变为行政赋权与市场、社会、个人赋能并行的动能模式。[①]以党团组织为主导的有效动员即行政赋权仍然是青年运动的主要动能，尤其是在遭遇重大自然灾害或举行重大社会活动时，党团组织对青年有号召力、组织力的社会动员仍然发挥着非常重要的作用，如抗击新冠肺炎疫情的青年志愿者动员等。市场赋能上，以资本力量推动青年参与各类商业及经济活动。社会赋能上，随着社会组织参与公共事务的空间越来越大，为青年群体参与社会活动提供了多样化选择，丰富了青年运动的实现形式。个人赋能上，随着青年个体意识觉醒以及亚文化凝聚，青年凭借互联网的技术赋权，形成虚拟化、个性化、自组织化的青年集体行动模式，如“帝吧出征”行动。这个时期我国大规模的青年集体行动更多体现了“爱国主义”的鲜明特征，反映出我国的青年运动在受到国际运动思潮影响的同时，更体现出一种本土发展的特征。青年运动的“东方之治”和“西方之乱”形成鲜明对比。无论是党和政府发起与领导的，还是青年自发的，都充分反映了当代青年高度的担当责任意识，深层次反映了当代青年对党的十八大以来以习近平同志为核心的党中央治国理政的认同拥戴，青年的国家自信和民族认同感达到前所未有的高度。2021年，广东共青团面向全省56万团员青年开展的调研结果显示，广东青年对党和国家的政治认同达到近年来的历史高位。[②]但是，并非只要经济发展了，青年就必然发展，就必然不会有青年街头政治。远的如美国、法国这些西方发达国家的前车之鉴，近的可看中国香港，香港的“占中”事件及修例风波，亦能反映出香港青年发展的深层次问题及香港青年工作的复杂形势。

国内外青年社会政治运动的实践充分证明，青年既可以成为建设社会的磅礴力量，也可能成为破坏社会的负面能量。某些西方国家为了遏制中国发展、维护自身霸权地位，利用青年好奇心强、社会阅历浅以及容易被鼓动等特点，将青年拉入“反中”“乱中”计划。习近平总书记曾深刻指出：“长期以来，各种敌对势力从来没有停止对我国实施西化、分化战略，从来没有停止对中国共产党领导和我国社会主义制度进行颠覆破坏活动，始终企图在我国策划‘颜色革命’，他们下功夫最大的一个领域就是争夺我们的青少年。毛泽东同志早就说过：‘帝国主义说，对我们的第一代、第二代没有希望，第三代、第四代怎么样，有希望。帝国主义的话讲得灵不灵？我不

① 谢碧霞：《青年运动的价值演变与时代重塑》，载《中国青年社会科学》2019年第3期，第32—40页。

② 杨洋：《“青言青语”最润心》，载《南方》2022年第8期，第18—19页。

希望它灵，但也可能灵。’现在算起来，在校高校学生大概就处在第三代、第四代这个范围，以后还有第五代、第六代以及十几代、几十代人的问题。争夺青少年的斗争是长期的、严峻的，我们不能输，也输不起。我们一定要警醒！”[①]

不管是公开的、激烈的对抗，还是隐秘的、渗透的斗争，某些西方国家对中国青少年的“争夺战”从来没有停止。例如，某些西方国家经常通过幕后收买、操纵某些青年，干涉中国内政、破坏中国社会秩序；通过公开造谣和媒体丑化宣传等手段抹黑中国在本国或他国青年心中的形象；通过经济制裁、技术垄断的方式抑制中国青年出国深造、学习先进技术以阻碍中国青年发展进步；通过直接或间接渗透西方价值与文化以腐化中国青年心智，弱化中国青年斗志，进而削弱中国发展的有生力量；通过暴力限制或利益诱惑以阻碍海外青年人才归国奉献；通过经费提供、培养骨干等方式把国际性青年组织作为对他国青年和青年组织进行意识形态渗透的重要媒介和工具，把西方话语体系下的平等、自由和民主等价值观作为政治目标，并将此价值观通过召开会议、发布倡议等各种形式输入到该组织成员国家和其他的第三世界国家以实施影响等。这些都反映出其正在将“抑中”“反中”“乱中”的“政治图谋”延伸至青年领域，这也进一步使得我国青年阵地的“争夺战”在新形势下变得愈发复杂激烈。[②]

二、党的历史任务需要青年群众工作承担更艰巨任务

党的奋斗历程表明，要取得持续不断的胜利，就必须不断永葆青春，有源源不断的新生力量。共产主义事业的实现具有长期性、艰巨性和复杂性，需要数代人甚至更长时间的努力才有可能实现，这就要求党需要一代代青年不懈努力和奋斗来实现目标。党既以发挥现实作用而离不开青年，又以传承未来事业而信得过青年，党以现实任务去要求青年，以党的未来使命去激励青年，以党的实践胜利去鼓舞青年，以广大人民利益去希盼青年。[③]党的二十大提出新时代新征程党的使命任务，要求“全党要把青年工作作为战略性工作来抓”，必然要求中国青年要增强历史主动性，把个体的发展融入以中国式现代化全面推进中华民族伟大复兴的国家进程中。习近平总书记在庆祝中国共产主义青年团成立100周年大会上的讲话指明了新时代共青团工作的努力

---

① 习近平：《论党的青年工作》，中央文献出版社2022年版，第171页。

② 黄亮：《新时代党的青年工作路径探究》，载《中国青年社会科学》2021年第1期，第34—39页。

③ 孟东方主编：《中国共产党代表、赢得、依靠青年研究》，人民出版社2016年版，第11页。

方向，对广大共青团员寄予殷切希望，对共青团干部提出明确要求。讲话深入论述了新时代中国青年运动和青年工作团结、组织、动员青年为实现第二个百年奋斗目标、实现中华民族伟大复兴的中国梦而奋斗的重大课题。习近平总书记着眼实现中华民族伟大复兴战略全局，着眼党的事业后继有人、红色江山永不变色根本大计，鲜明指出，新时代共青团要坚持为党育人，始终成为引领中国青年思想进步的政治学校，要自觉担当尽责，始终成为组织中国青年永久奋斗的先锋力量，要心系广大青年，始终成为党联系青年最为牢固的桥梁纽带，要勇于自我革命，始终成为紧跟党走在时代前列的先进组织。新时代共青团员要做理想远大、政治坚定的模范，做刻苦学习、锐意创新的模范，做敢于斗争、善于斗争的模范，做艰苦奋斗、无私奉献的模范，做崇德向善、严守纪律的模范。团干部要筑牢对党忠诚的政治品格，高扬理想主义的精神气质，要自觉践行群众路线、树牢群众观点，要培养担当实干的工作作风，要涵养廉洁自律的道德修为。同时，重要讲话还强调，过去、现在、将来青年工作都是党的工作中的一项战略性工作，各级党委（党组）要倾注极大热忱研究青年成长规律和时代特点，拿出极大精力抓青年工作，落实党建带团建制度机制，推动党、团、队育人链条相衔接、相贯通。这些论述指明了新时代共青团事业健康发展的必由之路，指明了新时代团员和团干部健康成长的必由之路。

随着中国特色社会主义进入新时代，中国青年身上肩负的责任与使命变得愈加多样和艰巨，这也使新时代党的青年群众工作任务变得更加具体化、多样化和复杂化。比如，为解决城乡发展不平衡问题而提出的乡村振兴战略，要求党的青年群众工作必须引领青年深入基层、走进农村，在城乡基层大显身手、贡献智慧；为建设创新型国家而提出的创新驱动发展战略，要求党的青年工作必须紧跟世界科技发展大势，鼓励、引导、激发青年勇于挑战、乐于钻研，将智慧与力量转化为新科技；为解决区域发展不平衡不协调问题而提出的区域协调发展战略，要求党的青年群众工作必须关注青年动向，帮助青年特别是青年人才在不同区域之间流动起来，以实现人力资源的相对平衡；为适应世界融合发展大势而提出的人类命运共同体发展战略，要求党的青年群众工作要切实做到培养青年合作共赢意识和大局观念，鼓励青年“走出去”与“带进来”，传播中国价值，弘扬中国文化，在国际青年之间的友好交流互动中，为构建人类命运共同体担当责任。[①]

① 黄亮：《新时代党的青年工作路径探究》，载《中国青年社会科学》2021年第1期，第34—39页。

第二节
当代青年群众呈现新变化

中国共产党是世界第一大执政党，领导14亿多人口的大国，始终把青年视为国家发展的重要力量，把青年工作作为一项关系根本、极端重要的工作。2021年12月，中国青少年研究中心、中国国际青年交流中心、清华大学青少年德育研究中心、北京大学中国国情研究中心联合课题组发布《国际青年发展指数报告2021》，在测算的85个国家中，中国排名第23位，处于前30%的位置，高于中国人均GDP和人类发展指数（HDI）的排名情况，部分二级指标更处于前15%的位置。总体看，中国青年发展水平整体优先于经济社会发展进程，多项核心指标达到中高收入国家平均水平，中国青年发展事业实现全方位进步、取得历史性成就。[①]2022年4月，《新时代的中国青年》白皮书发布，充分展示新时代中国青年的风貌和担当，百年来“中国青年爱党、爱国、爱人民的赤诚追求始终未改，坚定不移听党话、跟党走的忠贞初心始终未变”。[②]成长于新时代的新青年，价值取向、群体结构、生存状态都呈现新特征，把握新时代中国青年成长特点，是有效开展青年群众工作的重要依据和前提。

一、青年价值取向：主旋律与多元化并存

在历史发展过程中，人类的价值观既有主流与个体之分，也有核心与一般之别。一般而言，社会的价值观总是主旋律与多元化并存的状态，两者力量对比及强弱关系是历史传承、现实变革交错博弈的结果。社会主流价值观受历史文化、社会主要矛盾、社会利益格局、掌握统治地位的阶级属性、外部文化冲突与融合等多种因素影响而形成。个体的价值观则受家庭、学校、群体、组织、文化、社会等因素影响，其先天条件、后天环境和人生经历的不同，使价值观因人而异，具有差异性。总的来说，

① 《〈国际青年发展指数报告2021〉摘编》，载《中国共青团》2022年第14期，第63—67页。

② 中华人民共和国，国务院新闻办公室：《新时代的中国青年白皮书》（2022年4月），人民网，2022年4月21日。

一个社会既存在价值观的主旋律，也存在价值观的多元化，是社会变革的必然格局。

青年时期是人的社会化的重要时期，是形成价值观的关键时期，具有较大的可塑性。而青年的价值观对于国家、民族的发展至关重要，“是因为青年的价值取向决定了未来整个社会的价值取向”①。时代环境与生存现实是青年价值观形成的社会基础。中国的经济结构和社会结构发生了深刻变化，青年的思想观念和价值观念也随之改变。国家、民族的尊严是青年价值观形成的时代因素，政治清明、公平正义是青年价值观形成的政治基础，大众舆论、社会心态是青年价值观形成的社会基础，新媒体对青年价值观形成产生重要影响。②一方面，中国青年的价值观表现为对国家、民族主流价值观的认可，另一方面，青年价值观的多元化与差异性也为青年的成长带来一定的风险。

据《新时代的中国青年》白皮书介绍，中国青年的理想信念更加坚定。新时代中国青年把树立正确的理想、坚定的信念作为立身之本，努力成长为党、国家和人民所期盼的有志青年。中国青年坚信中国道路。他们通过历史对比、国际比较、社会观察、亲身实践，深刻领悟党的领导、领袖领航、制度优势、人民力量的关键作用，绝大多数青年对中国特色社会主义道路由衷认同，对实现中华民族伟大复兴充满信心，在展现国家发展成就的一系列生动事例、客观数字、亲身体验中，深切感受到“中国速度”“中国奇迹”“中国之治”，做中国人的志气、骨气、底气进一步增强，为实现中华民族伟大复兴中国梦团结奋斗的思想基础更加牢固。中国青年坚守价值追求。他们从英雄模范和时代楷模中感受道德风范，积极做社会主义核心价值观的实践者、推广者，一大批青年优秀人物成为全社会学习的榜样，面对社会思潮的交流交融交锋虽有困惑、有迷惘，但对党和国家的赤诚热爱、对崇高价值理念的不懈追求的主线始终未变。中国青年坚定文化自信。他们不断从中华优秀传统文化、革命文化、社会主义先进文化中汲取养分，特别注重从源远流长的中华文明中获取力量，“国潮”火爆盛行、“国服”引领风尚、“只此青绿”红遍全国，他们对中华民族灿烂的文明发自内心地崇拜、从精神深处认同，传承中华文化基因更加自觉，民族自豪感显著增强，推动全社会形成浓厚的文化自信氛围。

虽然中国青年群体总体上表现出对党、国家和社会主义道路的认同，但青年作为

① 中共中央文献研究室编：《习近平关于青少年和共青团工作论述摘编》，中央文献出版社2017年版，第25页。

② 胡献忠：《社会变革中的共青团》，中国青年出版社2018年版，第110—112页。

对社会变革反应最敏感的群体，其思想观念的独立性、选择性、多变性和差异性是社会多元化、复杂化的重要体现，其中可能会掺杂消极落后、甚至与主流价值背道而驰的因子，青年若不善鉴别则容易眼花缭乱、趋之若鹜甚至误入歧途。青年价值取向既受社会现实的客观影响，也在于政治势力的主动争取。当前，世界范围内各种思潮交流交融交锋，国内各种矛盾和热点问题叠加出现，境内外敌对实力对中国实施西化、分化战略一刻也没有放松，这些都对青年的世界观、人生观、价值观产生着潜移默化的影响。[①]比如，全球化对青年价值观产生巨大影响，可能会在政治领域弱化青年的国家主权意识、民族意识；在经济领域使青年群体中滋长文化消费主义思潮，导致青年的非理性消费行为、物质享乐主义蔓延和审美品位庸俗化；在意识形态领域夹杂自由化思潮导致部分青年人价值观混乱。另一方面，青年的各种利益诉求是形成不同价值观的物质基础，对于大多数普通青年来说，利益是不容回避的。马克思有句名言："'思想'一旦离开'利益'，就一定会使自己出丑。"[②]一些生活在社会底层的青年、边缘青年、合理利益诉求无法得到关注的青年、生存和发展陷入困境的青年等，若他们面临的困境无法解决，则难以形成对主流价值的认可，还会产生负面价值观，甚至激发抗争行为及集体性事件。

在尊重主流价值观的前提下，呈现多元化、多层次的价值观，是一种生活多样、观念丰富的表现，是社会生活丰富多彩的反映。但若产生与主流价值观相悖甚至相矛盾、相冲突的多种价值观，如果不加以引导，则容易导致社会内部的冲突与撕裂，不利于社会的整合。因此，对青年价值观的正确引导，对负面因素和风险因子需要加以防范和纠偏，是青年群众工作必为和可为的重要空间。

二、青年群体结构：原子化、组织化、液态化并存

新中国成立以来，中国社会的结构形成了"组织化社会"和"社会组织化"两种完全不同的社会建构体系。[③]社会的组织化本质是社会成员通过不同的途径建立相互

---

① 中共中央文献研究室编：《习近平关于青少年和共青团工作论述摘编》，中央文献出版社2017年版，第23页。

② 马克思，恩格斯：《神圣家族》，《马克思恩格斯全集》第2卷，人民出版社1957年版，第103页。

③ 林尚立：《民间组织的政治意义：社会建构方式转型与执政逻辑调整》，载《云南行政学院学报》2007年第1期，第4—8页。

联系方式参与社会管理，实现社会自组织的有效运行，实现社会组织的和谐与治理目标[①]。而在青年群体中，则呈现原子化和组织化并存的状态。

一方面，社会原子化催生了青年原子化状态。由于计划经济发展到市场经济，体制外青年呈现出“非组织化”“去组织化”和“低组织化”的现象，“被组织化”的单位人逐渐转变成“原子化的个人”。青年群体分化出外出务工青年、在民营企业就业的技术人员、管理人员、中介组织就业的从业青年、创业青年、灵活用工青年、自由职业青年等新的社会阶层及就业群体，呈现出相对独立、分散的原子化状态。国有企事业青年、国家机关青年、青年学生、青年军人等还属于体制内单位化青年也因职业的变化而发生身份转换。目前，高校毕业生在体制外就业逐年呈上升趋势，职业身份越来越多样化，还催生了自由撰稿人、签约作家、网络作家、网络意见领袖、独立演员、歌手、流浪艺人等职业身份青年。青年的原子化对共青团传统的依据单位、部门、区域来建构的组织形态带来一定程度的解构。

另一方面，青年的组织化出现新特征。随着政府职能转变、市场机制完善、公民意识觉醒、青年需求多元、信息技术发展，青年的“再组织化”“自组织化”现象日益显现，青年社会组织大量出现，能够提供个性服务、满足青年需求，对青年具有很大吸引力。虽然青年社团组织是青年自我发展、青年文化多元化的必然结果，几乎覆盖了青年社会生活的方方面面，但若共青团对青年影响不够大、吸引力不够强，某种意义上而言，青年自由结社的团体与传统的团组织形成一定程度的竞争关系。共青团能否通过促进青年社会组织的健康发展、构建良性互动关系来推动团青关系的重构与共生，是摆在各级共青团面前重大的现实性课题。

此外，青年的液态化状态日趋明显。英国社会学家齐格蒙特·鲍曼曾在他的著作《流动的现代性》中认为，现代性经历了由“固体阶段”向“液体阶段”的过渡，“固体阶段”的现代性是笨重的、沉重的、庞大的，象征稳固性和确定性的社会状况，最具代表性的是福特制；“液体阶段”的现代性是流动的、漂泊不定的、轻灵的、短暂的、变动极快的，象征着不稳定性和不确定性的社会状况，最具代表性的是移动互联网公司。随着中国互联网经济的崛起，集中在文化产业、生活服务业的新兴职业年轻人液态化、流动性特征更为明显。青年的液态化对共青团组织形态亦造成一

① 胡仙芝，罗林：《社会组织化与社区治理研究》，载《中共福建省委党校学报》2007年第11期，第36—41页。

定程度的冲击。市场经济的建立打通了青年获取资源的路径，青年可以通过劳动、技术、知识等参与社会分配，在市场中自主获得自己发展所需的资源，争取发展空间。政治身份对个体获取资源、参与分配的吸引力减小，对个体地位流动的助推作用削弱。一方面，青年的地域性流动已十分普遍，大量青年向经济发达和沿海开放地区流动，同时一部分城市青年选择返乡、入乡就业，区域性的流动成为正常现象。另一方面，青年的职业性流动亦有增加趋势，不少青年都有更换多种职业的经验，有的甚至频繁跳槽。更进一步的是，流动的现代性使部分青年缺乏对现在和未来的确定性把握，成为“液态青年”，他们的现代生活具有不稳定性、不连续性、短暂性以及易变性等特质，应变策略就是变得灵活、有弹性，随时准备面对失业，并迅速适应新的工作岗位。青年流动频繁、工作变换快、身份角色及工作生涯充满着不确定性，导致相对固定的团组织关系及团组织成员身份重要性降低，与团组织的联系日益疏离，有的团员在团组织关系转接过程还遭遇不少困难，最后导致“失联”结果。

三、青年社会化生存：发展机遇与挑战并存

从生命历程理论视角来看，青年正处于一生的黄金时期，在此时期的成长成才为自己一生的发展奠定基础，更重要的是，“新时代中国青年生逢中华民族发展的最好时期”[①]，其人生黄金时期同中华民族发展最好时期的“双期重合”，意味着中国青年在人生黄金时期拥有更优越的发展环境、更广阔的成长空间，面临着建功立业的难得人生际遇。《新时代的中国青年》白皮书指出，超过2500万贫困青年彻底摆脱贫困，中国青年拥有更高质量的发展条件、更富足的精神成长空间；新时代青年教育机会更加均等、职业选择丰富多元、发展流动畅通自由，拥有更多人生出彩的机会；新时代青年享受更全面的保障支持，包括法治保障、政策保障、社会保障、组织保障等。白皮书指出，新时代中国青年理想信念更为坚定、身心素质向好向强、知识素养不断提升、社会参与积极主动，素质过硬、全面发展。白皮书指出，新时代中国青年在平凡岗位上奋斗奉献、在急难险重任务中冲锋在前、在基层一线经受磨砺、在创新创业中走在前列、在社会文明建设中引风气之先，展现出勇挑重担、堪当大任的积极形象。白皮书呈现了党的十八大以来中国青年发展事业取得的巨大成就，勾勒了新时

① 中华人民共和国，国务院新闻办公室：《新时代的中国青年白皮书》（2022年4月），人民网，2022年4月21日。

代中国青年的主流群像：从成长环境看，他们生逢中华民族发展的最好时期，正迎来建功立业的难得人生际遇；从发展成就看，他们在奋斗中锤炼本领、在磨砺中增长才干，显现出堪当民族复兴重任的能力素养；从担当作为看，他们展现出不怕苦、不畏难的青春风采；从人类情怀看，他们“走出去”的道路越来越宽、沟通合作的“朋友圈”越来越大，更加开放自信地融入世界，展现出构建人类命运共同体的开阔眼光。

中国青年面临的发展机遇，也得益于全球化背景下的新科技革命和产业革命的深入发展，全球化的深入推进为持续经济增长和世界经济发展开拓了新的机遇。然而，全球化的急剧变革和调整使全球发展深层次矛盾日益突出，全球治理体系变革进入深水期，正处于“百年未有之大变局”，“大变局”之下的国际社会治理赤字、信任赤字、和平赤字、发展赤字四大挑战对人类的发展带来各种威胁。自2008年全球金融风暴以来，资本主义体系的结构性危机已经演化为具有传染性的全球性社会危机，青年由于缺乏抵御风险的累积优势和资本积累自然表现出了群体的脆弱性，成为事实上的弱势群体，成为社会结构中受经济危机直接冲击最严重的构成部分[①]。“大变局”下的青年危机是全球性的也是全方位的。仅就业问题而言，2013年，国际劳工组织在《全球青年就业报告》中以“陷入危机的一代”来形容全球青年的生存状况和发展前景。最新的《2020年全球青年就业报告》中显示，世界范围内目前有13亿15～24岁的青年人，大约只有41%的人口在劳动组中，全球半数以上的适龄青年缺少工作。[②]国际劳工组织在2021年发布的《新冠时代的青年就业》报告显示，在新冠疫情的冲击下，全球超过1/6的年轻人被裁员，这一群体的心理健康和福祉遭受严重影响，疫情发生后，年轻人在找工作时面临明显挑战，处于不利地位，他们的工作经验及资产明显不足，社交关系也相对较弱，“在职贫困”水平高，因此针对年轻人就业问题，各国应实施长期性干预举措。[③]

全球化背景下中国青年也难以独善其身，在中国特有的人口结构和比较激烈的人才竞争环境下，当代青年面临的工作、学习、生活的压力又大又现实。遇到人生的

---

① 刘庆帅：《“青年危机”与“发展承诺”：世界青年政策的转型与启示》，载《青年探索》2020年第5期，第41—49页。

② 刘庆帅：《“青年危机”与“发展承诺”：世界青年政策的转型与启示》，载《青年探索》2020年第5期，第41—49页。

③ 《关注疫情影响下的青年就业》，中国社会科学网，2021年10月29日。

重大抉择，青年表现出迷茫和困惑，有的时候会丧失方向感，感觉使不上力气[①]。部分青年面对困惑，会想说“躺平”，标榜自己是“佛系”，这些词语的背后，也反映出深层次问题。面对新时代中国社会主要矛盾的深刻变化，面对世界百年未有之大变局，中国青年发展领域出现不少新情况新矛盾，各阶层各群体都面临不少“急难愁盼”问题需要破解，需要社会各方面关心理解、协同支持。青年问题不是单一的，而是立体的，根据其产生原因和表现形态，青年问题可分为矛盾性青年问题、困难性青年问题、越轨性青年问题、反映性青年问题、失衡性青年问题和认知性青年问题六种类型[②]。这些青年问题在不同时代有不同的表征，是与社会中的经济、政治、文化问题紧密相连的，是社会问题在青年群体中的体现。

矛盾性青年问题是指青年在自身发展过程中产生的内在矛盾，典型表现形式是未成年青年的生理和心理发展矛盾。青年时期是自我创造、自我发展的快速进步时期，也是人的生理功能形成和成熟的时期，未成年青年随着荷尔蒙的日益分泌、性意识的逐渐萌发和外貌的明显变化，会产生成人意识和各种生理困惑及心理烦恼。一般而言，人在14～35周岁阶段，自我意识增强，面对外部世界的多样性和复杂性，需要直面尖锐的发展问题，会出现不少的学习、生活和工作问题，到了35岁以后，人的发展中的基本问题，如受教育、成家立业等，基本得到了解决或大致定型，矛盾性的问题就不再成为突出的发展问题了。但随着青年期的标志性事件发生变化，离家、上学、就业、结婚、生育等标志性事件发生的固定顺序有了改变，青年的人生进程从线性发展更多地变成复合性发展。例如，以往青年先受教育再就业，现在，青年受教育与就业这两者同时交叉进行的现象呈渐增之势；有的青年在结婚、生育后，又重新接受正规教育，继续深造；有的青年在35岁以前，不一定经历就业、结婚或生育等人生事件。过去，个体经历了关键事件并完成相应的社会角色转换，就意味着完成青年期的任务，现在，青年受高等教育比例迅速上升、教育年限延长、就业模式多样、青年的婚龄逐渐增大等等，这一切都将使青年的新身份更加复杂多变，这一期间的矛盾性青年问题也可能提早消失，也可能叠加其他问题而更加复杂。

困难性青年问题指青年受到社会消费环境的影响、家庭经济条件的制约和自身谋生手段的限制，出现一定程度的生活困难，主要出现在青年民生领域。困难性青年

---

① 《新时代的中国青年：生逢中华民族发展最好时期》，光明网，2022年4月22日。

② 张良驯：《青年问题的界定》，载《中国青年研究》2020年第9期，第31—38页。

问题涉及教育公平、劳动就业、收入分配、住房保障、物价上涨等与青年生活相关的广泛社会领域。在充分竞争的社会，学业繁重、就业不易、婚恋压力大、买房难等成为青年必须面对的现实挑战。一些出身于贫困家庭的青年学生生活拮据造成生活实际困难，还可能产生自卑、焦虑、抑郁等心理和行为问题。有的职业青年收入待遇不高，甚至入不敷出，被称为“日光族”“月光族”。部分青年的住房问题比较突出，高房价对于那些缺少父母资助的青年来说无疑是压力如山，有的大学毕业生选择住在拥挤的城乡结合部而被喻为“蚁族”。青年农民工较难进入公共事务决策层和资本世界之中，其情感和精神空间还面临贫瘠化的问题。部分城市青年包括白领青年群体、高知青年群体，不仅工作压力大、生活节奏快，在工作中面临“内卷化”，而且情感生活存在缺失，被称为“剩男”“剩女”。还有“房奴”“孩奴”“卡奴”“啃老族”“尼特族”“空巢青年”“打工人”“996”等与青年民生相关的流行词汇，都不通程度地反映了部分青年生活的艰辛状况。

越轨性青年问题是指部分青年出现了偏离社会主流价值观、不符合社会主导规范的现象。对社会主流价值观的偏离是越轨性青年问题的突出表现。在互联网的助推下，有些消极落后的思想观念得到快速传播，缺乏辨别力的少数青年出现了反主流、反权威的意识，一定程度上消解了他们对主流价值观的认知和认同。越轨性青年问题会导致青年在自身发展过程中与他人、与社会之间发生冲突，甚至出现严重的违反或背离社会规范的行为。根据越轨行为的严重性，可以将越轨行为分为六种类型，包括不恰当的行为、异常行为、自毁行为、不道德行为、违法行为和犯罪行为。对于学生阶段的青少年来说，主要常见的越轨行为有：逃课厌学，沉迷网络，性越轨，校园暴力，抢劫吸毒等，对于职业阶段的青年来说，常见的越轨行为有网络成瘾、诚信缺乏、道德越轨、职业越轨、吸毒、自杀、攻击、犯罪等。青年的这些问题偏离了社会的一般规范和人们的普遍期望，对他人造成一定的负面影响，对社会秩序产生了一定的动摇，甚至引发社会冲突，这种不良行为和负面现象阻碍了青年的社会化过程，是社会运行过程中一种不稳定的因素。

反映性青年问题是指虽然表面上属于青年自身的问题，实质上是人的共同问题在青年身上的投射和反映。青年问题在本源上是人的共同问题，是由于社会关系失调和社会利益分配失当而引发的人的问题。当代社会具有鲜明的市场性、开放性、流动性特征，这不可避免地会给青年的发展带来各种风险。[①]从市场性看，市场的盲目性和不确定性把制造和生产的风险转移给社会生活的各个人群，而涉世不深、阅历不足、资历不够的青年群体受到的风险往往更大，比如市场择业、市场创业给部分青年带来失业、失败的风险。从开放性看，在一个开放的社会中，青年个人由于生活经验的局限和辨识能力的不足，容易被误导、被欺骗、被伤害。从流动性看，流动带来的不稳定性、不确定性意味着发展的风险，社会资本较少的青年面对不确定性时风险承受能力较弱；未成年人面对常年在外打工的父母，忍受着见不到父母面、得不到父母陪伴的痛苦，这影响着这部分青少年的正常发展。

失衡性青年问题是指不同青年群体之间、不同青年个体之间，在自身发展上存在的不合理差异性，导致青年发展机会不公平而产生的青年问题。青年发展上的不均衡存在于地区之间、城乡之间、行业之间、阶层之间以及家庭之间，比如高学历、高收入青年和低学历、低收入青年之间，发达城市青年和落后农村青年之间，进城务工青年和城市青年之间确实在教育、收入、消费、居住条件和生存环境、乃至在政治地位、参政议政等各个方面都存在着一定的差距。青年因来自不同家庭、地区、阶层等，占有的发展资源存在差异，但现实中仍存在不同的障碍和不公，使部分青年在获得教育权利、就业和升迁机会等方面，都存在不同程度的不公平之处。部分农村青年难以得到城市青年同等的良好教育条件；有的青年在就业过程中遇到性别、年龄、家庭关系等就业歧视，面临着不公平的择业机会；有的弱势青年群体向上流动的通道不畅，普通青年难以凭后天努力改变命运等。

认知性青年问题是指源于人们的不同看法和认识，如价值观念和生活方式方面的不同和冲突，认定为某些青年问题。青年问题的认定是一个包含多种因素的复杂过程，不同的个人会依据自己的立场和认知来判定青年问题是否存在、是什么样的存在、如何给予解决。例如，对于青年的生活方式问题，不同的人从不同的立场出发，会给予不同的评价，甚至具有截然不同的看法。[②]不同的青年人对统一青年现象有不同的问题界定，年长一代对青年一代的问题也有不同的看法。主观判断及价值取向的不同，也将导致不同的青年问题呈现。

青年发展过程中问题和挑战的存在，一方面包含着一定的社会不稳定因素，另一

① 张良驯：《青年问题的界定》，载《中国青年研究》2020年第9期，第31—38页。

② 张良驯：《青年问题的界定》，载《中国青年研究》2020年第9期，第31—38页。

方面，也是一种“预警机制”。青年问题的显示是一种提示和预警，应该视为对社会革新的呼声和社会改变的压力，引起青年工作部门重视，形成合力，共同改善和解决青年问题，制定和完善相关法律政策，从而推动青年的发展。

四、“网生代青年”渐成主体：线上线下并存

1994年，中国内地全功能接入国际互联网，正式开启了互联网时代。相应地，90后、00后青年一代成为中国第一批“网生代青年”，在他们的世界里，互联网社会与现实社会逐渐融为一体，“网络原住民”成为当代中国青年的基本身份特质。第50次《中国互联网络发展状况统计报告》显示：截至2022年6月，我国网民规模为10.51亿，互联网普及率达74.4%。其中10～19岁、20～29岁以及30～39岁人口占比分别为13.5%、17.2%、20.3%，青年是网民群体的主力军。[①]“网生代青年”是伴随着互联网高速发展长大的一代，互联网是他们学习、生活、工作的重要空间，他们具有典型的互联网思维，是互联网文化的主要创造者和传播者。

从时间维度看，“网生代青年”与互联网同步成长，他们经历了互联网快速崛起的全过程。他们体验了台式机、笔记本电脑、平板电脑、智能手机，到今天各种智能终端互联互通一键触达；上网场域从固定设备、限定流量到现在的随时随地无限量流量的任意场所；功能上体验了从文字沟通、购物到移动支付、在线办公、直播、AI体验等，他们是见证与亲历互联网快速发展的一代。从空间维度看，“网生代青年”是互联网的主要活跃群体。他们使用的社交媒体从QQ、论坛、贴吧到微信、微博、抖音、快手等各类APP、小程序，如今，“一部手机就是一个世界”，手机的强大性能可以装下社交、娱乐、购物、学习、信息获取等各类自媒体和APP，互联网不仅仅只是一种工具、载体，更是他们的生活、学习、工作离不开的重要空间。从认知维度，“网生代青年”具有典型的互联网思维。互联网思维是一种基于互联网传播架构而形成的一种对互联网传播规律的思维认知，包括用户思维、简约思维、极致思维、迭代思维、流量思维、社会化思维、大数据思维、平台思维、跨界思维九个方面的内容[②]。受互联网影响，青年形成了更加开放透明、以人为本、共创共享、简约明了、快速创新、传播裂变等的认知模式，如青年广泛使用的网络流行语，则是简约明了、

① 《第50次〈中国互联网络发展状况统计报告〉》，中国互联网络信息中心，2022年8月31日。

② 赵大伟：《互联网思维独孤九剑》，机械工业出版社2014年，第25—27页。

共创共情、快速传播思维下的典型产物。从文化维度，“网生代青年”是网络文化的主要创造者、传播者。他们常年接触互联网，其价值观、思想观念、道德养成等形成受到网络文化的影响，与此同时，他们在网络互动中参与创造、传播、转化，在一定程度上促进了网络文化的发展，尤其是网络亚文化，青年是重要的创造和传播主体。部分青年借助互联网，甚至成为了网络舆论领袖，对网络文化产生一定的影响力。

对网络化生存的青年，如果利用好网络信息技术及合适的工作方法，可以促进青年群众工作在互联网领域的展开。比如，有研究显示，互联网平台使用、主流媒体接触对青年主流意识形态传播具有积极影响，青年群体互联网平台使用频率越高，接触到的主流媒体越频繁，他们对主流意识形态传播的倾向就越积极。[①]互联网也是青年抒发己见、表达诉求、建言献策和权力监督的重要平台，从党群互动视角来看，良性互动有利于问政于民、问需于民、问计于民，达到聚民心、汇民智、商国是的目的，进一步在实践中密切党群关系、干群关系。

但是，面对“网生代青年”，青年群众工作还面临不少实践挑战。第一，网上青年群众工作存在巨大真空。青年的“网络卷入程度”日益加深，网络成为他们的真实生活空间，他们有更大的自主性，他们对于现实的关注和参与程度不免会受到影响。同时，网络虚拟性和匿名性，使网民的身份可以隐藏，接受信息可以选择，这就使传统群众工作对象的稳定性、工作渠道的直达性、传播效果的公开性在网上失效了，主动的群众工作对部分青年无法覆盖、无法触达。部分青年群众工作者在运用互联网技术方面不如青年，未能掌握网上工作规律，存在“本领恐慌”“能力不足”，缺乏运用互联网开展群众工作的本领、通过网络服务青年的本领、运用网上语言与青年沟通交流的本领、妥善解决网上突发事件的本领。

第二，群众工作主客体的网络话语主导权互相博弈。互联网世界，每个人都可以成为网络时代社会的主体，生产信息、传播信息、影响自己和社会。作为群众工作的客体，青年通过网络赋能掌握更多的网络技能，从而拥有更多的话语权和影响力，拥有更多表达权益诉求的机会，增强了对自我权益积极争取的意识。如果群众工作主客体间能通过网络空间进行充分沟通对话，快速反应以疏导网民情绪，解决重大现实问题，则对营造一个风清气正、积极健康、向上向善的网络空间有促进作用。若对部分

① 张志安，李伟，聂鑫：《互联网平台使用对青年主流意识形态传播态度的影响研究》，载《青年探索》2022年第2期，第27—36页。

青年在网络中的“消极话语”不加以正确引导，则会导致失序的网络参与，甚至成为不法分子违法乱纪的“策源地”。

第三，互联网是青年价值观争夺的激烈阵地。网络信息纷繁复杂，多元信息和多元价值观对于正处于价值观成型期青年产生了极大的冲击，传统的思想政治教育和思想引领模式已经无法深度参与青年价值观塑造的过程。网络上各种思潮对网上群众思想行为、价值观念、利益诉求进行话语干扰，利用公众的舆论压力，使利益表达更强烈、攻击话语更有效、民粹化倾向更显著、影响力更为广泛，进而达到影响政治社会生活的目的，比较有代表性的有网络民粹主义、网络民族主义、网络虚无主义等。部分青年因辨别能力较差、政治信念模糊偏差、防范敌对势力政治渗透的警惕性不高等原因，主流价值思想逐步被侵蚀，甚至成为引爆网络社会思潮和社会舆论的“推手”，产生负面后果。

第四，网络空间乱象损害了部分青年的正当利益。由于主客观方面的因素，网络空间还存在着不少的乱象，内容上的不良信息、技术上违规操作，各种不规范行为甚至违法行为在网上屡见不鲜。网络谣言、网络暴力、网络色情、网络负面消息、网络传销、网络诈骗和虚假网络广告等网络乱象严重污染网络生态，损害青年网民的切实利益。如网络暴力，施暴者通常是以谩骂、羞辱、威胁、诅咒、人肉搜索、恶意P图等方式进行网络攻击，受害者轻则被骂到退网、惧怕社交，重则患上抑郁症，甚至付出生命代价。一份面向全国高校大学生展开的问卷调查显示，超七成受访大学生自认受到网络暴力影响。[①]比如网络谣言，借助自媒体时代信息来源去中心化、群众认知水平的局限和信息公开不及时不透明等漏洞，散布不实消息，引发青年从众性的非理性行为，造成社会秩序混乱，甚至影响社会稳定。比如网络诈骗，针对有时间但想赚点钱的青年群体，打着“动动手指就能日赚百元”的旗号来吸引大学生、全职妈妈等，其中，杀猪盘诈骗的损失最大，严重损害群众利益。

① 《超七成受访大学生自认受到网络暴力影响》，载《中国青年报》，2021年10月11日第8版。

第三节
共青团面临的新困境与改革动力

面对新的党情、国情、世情及青年群体的新状况，共青团的工作理念、工作方式、工作作风等方面仍存在路径依赖问题，存在“机关化、行政化、贵族化、娱乐化”问题。同时，传统青年群众工作模式局部失灵情况，主要表现为“失效”“失语”“失位”。不断适应时代环境、不断改革创新始终是共青团发展的主流和常态，始终是共青团改革的核心动力。

一、共青团面临的困境与传统青年群众工作模式的局部失灵

从历史中走来，共青团在做好党的助手和后备军、为党做好青年群众工作方面做出了重要的贡献。但面对新的党情、国情、世情及青年群体的新状况，其工作理念、工作方式、工作作风等方面仍存在路径依赖问题，在建设和发展过程中存在“机关化、行政化、贵族化、娱乐化”问题。共青团“机关化”问题主要表现在部分团组织及团干部远离青年群众生活，习惯坐在机关传达精神，在工作中忙于事务考核和文字资料整理，缺乏深入青年群众实地调研，缺少征求基层和一线群众意见，脱离群众与实际。共青团“行政化”问题主要表现在部分团组织及团干部将共青团视为党政机关，把自己当成领导干部，官气十足、高高在上，在工作中习惯下指标、下命令来落实青年工作，用工作简报反映业务水平，脱离实际，缺少活力。共青团“贵族化”问题主要表现在部分团组织及团干部缺乏服务意识，习惯与优秀青年、精英阶层或者领导干部联系，缺乏对普通广大青年群众、困难群众的关心和重视，喜欢开展追求声势的“高大上”活动，缺乏苦干实干精神。共青团“娱乐化”问题主要表现在部分团组织及团干部习惯以各种活动来应付工作，仅通过娱乐性、形式化、象征性的活动来完成青年群众工作，以吸引眼球、娱乐猎奇的活动来“取悦”青年，为活动而活动，缺乏政治性、思想性、引领性。

“四化”问题使共青团组织逐渐在青年群体中弱化，在服务社会发展过程中缺

位。此外，共青团抓主责主业自觉性不够，思想引领的吸引力感染力还需持续加强，团的干部走群众路线还不够，群众工作能力还有待提升等。共青团自身面临的困境以及传统青年群众工作模式局部失灵情况，主要表现在以下几个方面。

第一，传统青年群众工作模式的价值传递出现一定程度的“失效”。群众工作内容中很重要的部分，就是提高群众对党的价值观、使命和任务的认同。传统的青年群众工作模式，如运动动员模式，行政命令模式，价值灌输模式，教育填鸭模式，单向传递模式等，大多通过外在和“他者”方式由外而内实现价值观的外源性引导和塑造，青年群众往往被当成客体来对待，从而形成一种消极、被动的外生性认同，忽视了青年主体自身的积极性调动，忽视了青年自我教育、自我反思、自我调整、自我完善的内生性建构过程。传统模式通过外源性力量让青年强制性“被认同”容易造成青年与主流价值观的二元对立，青年因“不情愿”而容易对主流价值观表现出一种排斥的心理特征，导致话语体系及价值传递的“失效”。

第二，传统青年群众工作模式因能力及担当缺失出现一定程度的“失语”。随着经济社会转型发展，部分团组织对青年群众工作外在环境变化表现出明显的不适应，存在一定程度的“不愿做、不敢做、不会做”问题，在青年工作中陷入“失语”和无作为状态。有的团干部出于个人发展进步及自身利益的考虑，对青年群众没有感情，对上级负责而不对青年负责，谨言慎行、沉默是金；有的能力不足，没有走进青年、深入青年、了解青年，不懂青年工作规律，面对青年没有共同语言，不知如何沟通，不知如何解决问题；有的面对青年工作领域的错误思潮不善辨别，不敢发声，不敢亮剑，不会说服；有的不把青年当做服务对象，而是当成管制对象，缺乏做青年工作的耐心；有的不敢担当，不敢碰硬，只做容易做的工作，只做热闹的工作，不愿久久为功解决掣肘之事。这些“失语症”会一定程度损害青年利益，离青年越来越远。

第三，传统青年群众工作模式导致青年工作在部分场域存在“失位”。青年教育、就业、婚恋、文化、社会参与、合法权益保障等需要是青年工作的主要场域，有的团组织的功能职责在这些地方没有得到充分发挥，密切联系青年、服务青年弱化。而有的团组织，因多种原因而无法保障人力、物力和资源在主责主业上，耕了别人田，荒了自己的地。有的面对市场竞争，团组织工作空间不断被挤压，既不能保住传统优势阵地，又不能开辟新的工作空间。还有些新场域，如互联网上、社交媒体上、青年亚文化群体、新兴青年群体中，也出现了不同程度的工作“失位”，影响了对这部分青年的联系与覆盖。

二、改革动力：回归初心和突破困境的自觉

共青团的百年历史实际上就是共青团不断自我完善、自我净化、自我提升、自我革命的历史。面对党的新要求、时代的新发展、青年的新情况、工作的新挑战，共青团牢牢把握初心和使命，不断进行自我调适以适应政党战略调整和经济社会转型的需要，是政党青年组织进行自我革命的自觉和动力。有一句话叫“不担心共青团不跟党走，就担心青年不跟共青团走”，生动反映了党团关系和团青关系的张力。现今的党团关系既是历史演变的结果，还是政治规定与制度安排，在某种意义上而言是一种“既定性”的关系。但团青关系就不是“既定性”的。共青团与青年是什么关系呢？不是领导与被领导的关系，而是选择与被选择的关系。[①]青年可以选择更多的社会组织、社会服务，共青团的唯一选择就是青年，脱离了青年，共青团就成了无本之木，无源之水。突破困境不仅来自政党、政府、青年、市场的压力，更多的是来自内在动力。共青团是一个有100年历史传统的政治性团体，从诞生之日起就带有改革创新的特质、与时俱进的基因，形成了“党有号召，团有行动”“开风气之先”“朝气蓬勃，实事求是”等为重要内容的组织文化，还有一批具有理想主义情怀、怀有主动担当意识、具备干事创业责任感的组织骨干，以高度的自觉性不间断地进行自我革新。因此，不忘初心、突破藩篱，解决脱离群众问题，深入青年群众、融入青年群众、服务青年群众，聚青年“呼声”、为青年“发声”，不断适应时代环境、不断改革创新始终是共青团发展的主流和常态。

---

① 胡献忠：《社会变革中的共青团》，中国青年出版社2018年版，第101页。

第四章

改革与突破：做好青年群众工作的战略决策与发展路径

群团改革具有复杂性和长期性，新时代共青团改革再出发的逻辑起点，是基于对现实挑战的回应。1978年以来群团组织比较成型的改革，基本上都是在党政主导下进行的。[①]从党政视角而言，党政高位推动改革部署，为共青团做好青年群众工作提供坚强政治保障。从组织视角而言，共青团应从组织遵循、组织结构、组织行为、组织骨干等角度建构适应时代的组织建设与发展路径。从能力视角而言，党的青年群众工作需遵循过程路径逻辑，群团干部需拥有具体的群众工作本领。

① 胡献忠：《群团逻辑与团改攻坚》，上海社会科学院出版社2017年版，第17页。

》第一节《
党政视角：推动共青团做好青年群众工作的改革部署

历史中群团改革大多是在总体改革的大背景下进行的，基本上属于党政主导下的改革，是形势倒逼改革。随着时代的发展，外部环境、党的要求、青年群众等都发生了深刻的变化，共青团组织发展及工作运行与党的要求、青年群众的诉求之间还有许多不相适应的地方，主要表现在机关化、行政化、贵族化和娱乐化上，带来了脱离群众以及工作有效性下降等后果。在这种形势下，党的策略是积极推动团的改革，以解决组织不适应的问题。共青团的改革要取得成效，需要相关部门的协同配合才能达到预期目标。党政高位推动的改革部署，则为共青团做好青年群众工作提供坚强政治保障。

一、加强党的组织领导，解决组织领导弱化的问题

（一）建设强有力的组织领导体系

谁来领导共青团工作，是推动共青团工作发展的首要问题。在共青团发展的历史长河中，什么时候党对团的工作的组织领导有力，共青团工作就会发展蓬勃、高歌猛进；反之，共青团工作就会遭受重创、步履维艰。党的十八大以后，党中央从党和国家事业发展全局出发，高度重视和大力推进青年工作，推动青年工作取得历史性成就，党中央关于青年工作的要求，其中一条就是明确了必须加强党对青年工作的领导：“党的青年工作是一项政治性极强的工作，各级党委要加强对青年工作和团的工作的领导，为广大青年成长成才、建功立业创造良好环境和条件；各级领导干部要关注青年愿望、帮助青年发展、支持青年创业，做青年朋友的知心人、青年工作的热心人、青年群众的引路人”[①]。

① 习近平：《论党的青年工作》，中央文献出版社2022年版，第154页。

党对共青团工作的领导关系，在党章中是有明确规定的，即“共青团中央委员会受党中央委员会领导。共青团的地方各级组织受同级党的委员会领导，同时受共青团上级组织领导”。[①]各级团组织一直是各级党组织连接青年群众的重要界面，只有加强党对团的工作的组织领导，才能更好地确保团组织在政治取向、发展方向、内部治理等方面与党保持高度一致。各级党委要明确对团的工作的领导责任，党的有力领导是推动基层共青团工作的最重要动力。党章中明确规定共青团受同级党委和上级团组织双重领导。地方党委指导同级共青团贯彻落实党的理论、路线和方针政策，研究决定团的重大问题，管理同级团的领导班子，协调团组织与党政部门、其他群团组织的关系。上级团组织依法依章程领导或指导下级团组织工作。地方党委要加强与上级团组织的沟通和协调，形成合力。

（二）建立和完善组织制度和工作机制

各级党委要加强和改进党对群团工作的领导，构建“党委统一领导、党政齐抓共管、部门各负其责、党员干部带头示范、群团履职尽责”[②]的工作格局，形成支撑工作有效运转的会议机制、协调机制和工作机制。各级党委要深入把握党的青年工作规律，完善党领导共青团的制度，提高党的青年工作的科学化水平。各级党委要定期召开专门会议、听取汇报、研究工作。建立党委群团工作联席会议制度和考核制度，将群团工作成效纳入党委负责同志的考核内容。邀请工、青、妇等群团组织主要负责人参加或列席有关工作会议，县级以下团组织主要负责人按党章规定列席同级党组织有关会议。

以省级中长期青年发展规划为牵引　健全党管青年机制

青年政策是国家政策体系的有机组成部分，通过制定有效有力的各类青年政策，党和政府能有效地领导、团结、教育、保护、发展青年，促进青年事务的发展。2017年，中共中央、国务院印发《中长期青年发展规划（2016—2025年）》。与国家《规划》注重宏观性和战略性相比，省级青年政策是承上启下的关键层级，是对地市级乃至县级进行传导的“中继

① 《中国共产党章程》，人民出版社2022年版，第60页。

② 习近平：《论党的青年工作》，中央文献出版社2022年版，第109页。

站”。2018年12月，广东省委、省政府正式出台《广东中长期青年发展规划（2018—2025年）》并发布实施。广东《规划》提出9个领域共42项具体举措，逐条明确了牵头单位和参与单位。在组织与实施方面，要求建立规划实施的部门联席会议机制，明确地级以上市也要制定相应规划，并对保障青年发展投入、建立指标监测机制、协调推进和督导落实等提出要求。

在广东《规划》出台后，广东省按照国家中长期青年发展规划部际联席会议相关精神，不断加强规划落地的机制设计，为青年政策转化提供坚实基础。各级党委抓青年工作的力度明显加大，党管青年的机制不断健全。比如，广东在全国率先联合省委审计委办公室将“落实中央及省关于青年和共青团工作重大决策部署”纳入政策跟踪审计专项，把“青年发展规划实施工作情况”作为其中跟踪审计的核心指标，以审计促进党管青年原则整改抓落地落实。2019年10月，广东印发省级青年工作联席会议制度和联席会议名单，明确省委分管领导和省政府联系工作领导担任联席会议召集人，22家单位为联席会议成员单位，清晰梳理各自在规划实施过程中的职责任务。2020年10月，成员单位增至25个，在青年统战、青年创新创业、青年均衡发展、港澳青年工作等具有广东特色的青年工作领域，确保都有相应的职能部门深度参与，保证政策与各领域既有的政策实现有效衔接。

2020年9月，省中长期青年发展规划实施工作联席会议第一次全体会议在广州召开，通过了联席会议成员单位职责任务分工、规划统计监测指标、首批青年民生实事项目等文件。会议召开后，省委常委会、省政府常务会议多听取青年工作汇报，研究青年重大议题，示范带动全省各地参照执行。省联席会议召集人多次批示规划相关工作，各地市、试点区县党委及规划办（团委）迅速传达学习贯彻落实批示精神，推动青年发展规划纳入市党代会、市政府工作报告。省委党校和9个地市党校将党的青年工作理论纳入主体班课程，引导党政领导干部学习掌握运用党的青年工作理论政策。2021年12月，省中长期青年发展规划实施工作联席会议第二次全体会议召开，总结首批青年民生实事项目进展情况的基础上，接续推出第二批5项青年民生实事项目，持续释放规划实施红利。省青年工作联席会议出台打造“青春湾区”粤港澳青年发展型大湾区建设16条举措，并成功纳入粤港澳大湾区2022年重点工作安排。全省21个地市均将青年发展相关内容纳入市党代会报告，其中12个地市党代会报告明确提出建设“青年发展型（友好型）城市”。[①] 党委领导、政府主责、共青团协调、各方齐抓共管的党管青年工作格局持续巩固。

把团建纳入党建工作总体部署，完善党建带团建制度机制，推动基层党组织资源配置考虑团组织的需要，制定推优入党办法，把团组织的推荐作为政治录用的重要方式。工作制度和机制的缺失，一直是共青团工作面临的难题，通过《中共中央关于加强和改进党的群团工作的意见》加以明确，以文件政策的方式，推动各级团组织特别是基层团组织获得相应的工作保障。

（三）提高组织领导力水平

毛泽东在《关于领导方法的若干问题》中指出：党的一切实际工作，凡属正确的领导，必须是从群众中来，到群众中去。[②]这个过程就是贯彻群众路线的过程。团组织的委员会或领导班子要发挥领导核心作用，善于团结青年群众，密切关注青年群众思想、生活、工作等方面的变化，加强对重大问题的调查研究，引导青年群众理解和支持党的理论、路线方针政策及党的决策部署，善于把党的主张和任务转变成团组织决议和青年群众自觉行动。领导干部要加强对团工作理论的学习研究，提高对团的工作的领导、研判等水平。

“党和团的领导机关，都要学会领导团的工作”

新中国成立以后，青年团具体的工作任务、工作范围与工作方式与过去青年团相比已经发生了重大的变化，这就要求青年团必须在实际工作中加强工作方针、工作方式和方法的探索，使青年团工作全面活跃起来，以利于更加充分地显示和发挥青年团的作用。

1953年6月23日至7月2日，中国新民主主义青年团召开第二次全国代表

---

① 冉波：《牢记嘱托 感恩奋进 全力打造粤港澳青年发展型大湾区》，载《中国共青团》2022年第14期，第30—31页。

② 中共中央宣传部理论局编：《论党的群众工作——重要论述摘编》，学习出版社2011年版，第27页。

大会。毛泽东于6月30日接见了大会主席团成员，发表了题为《青年团的工作要照顾青年的特点》的重要谈话。在这篇谈话中，毛泽东指出，他曾经给出了两个题目要团中央研究，一个是党如何领导团的工作，一个是团如何做工作。他要求“党和团的领导机关，都要学会领导团的工作，善于围绕党的中心工作，照顾青年特点，组织和教育广大青年群众”，同时明确要求青年团“要照顾青年的特点，要有自己的系统的工作，同时又要受各级党委的领导”，并且强调“这并不是什么新发明，老早就有了的，马克思主义历来就是这么讲的。这是从实际出发的”①。

中国新民主主义青年团二大闭幕不久，中共中央在1953年10月发出了《关于加强党对青年团的领导给各级党委的指示》，根据毛泽东《青年团的工作要照顾青年的特点》的谈话精神，要求各级党委加强对青年团工作的领导，明确阐述了团的独立活动的涵义，科学处理了共产党、青年团、青年三者之间的关系，从而丰富了马克思主义关于青年运动和青年团建设的理论，为活跃青年团工作提供了重要保证。各级团组织按照中共中央和毛泽东指示的工作方针，团结全国各族青年，积极参加社会政治生活、经济生活和文化生活，采取青年喜爱的方式和方法开展活动，使青年团工作进入了一个十分活跃的时期。

二、发挥共青团的职能作用，解决各项任务开展的具体路径问题

团组织发挥职能的过程，就是青年群众工作各项任务具体开展的过程。按照《中共中央关于加强和改进党的群团工作的意见》，推动共青团开展青年群众工作，就是要做好思想引领、团结动员、服务群众、推进民主、社会治理等任务。

（一）做好思想引领，引导广大青年树立和践行社会主义核心价值观

共青团要把自身建设成为青年群众自我教育、自我管理的重要组织，这个平台不是一般的青年组织、群众团体或兴趣俱乐部，而是在党的领导下，高举共产主义思想

① 共青团中央，中共中央文献研究室编：《毛泽东邓小平江泽民论青少年和青少年工作》（增订本），中国青年出版社2003年版，第96页。

旗帜，有明确奋斗目标、严密组织体系和严格组织纪律、与广大青年密切联系的先进青年的群团组织。共青团要加强对青年的理想信念教育，引导青年扣好人生“第一粒扣子”。共青团把青年人组织起来，是在理想信念感召下坚定信仰的结合、科学主义的结合。[①]共产党要求党的青年组织永远站在理想信念的高地上，用党的科学理论武装青年，用党的初心使命感召青年，用党的光辉旗帜指引青年，用党的优良作风塑造青年。随着全球化的深入发展和碎片化信息的广泛传播，青年面临各种社会思潮的现实影响，难免会在理想和现实、主义和问题、利己和利他、小我和大我、民族和世界等方面遇到思想困惑。共青团需要教育和引导青年“用敏锐的眼光观察社会，用清醒的头脑思考人生，用智慧的力量创造未来”[②]。

共青团要根据青年特点，把社会主义核心价值观转变成青年喜闻乐见、富有成效的群众性实践；动员青年参与，利用纵横结合的组织网络和基层阵地，深化群众性的青年文化文明创建活动。比如，各级团组织要充分发挥引领社会风气之先的作用，动员广大青年参与群众性精神文明创建活动，弘扬社会新风。共青团可以组织青年积极参与乡村振兴、社区服务、大型活动、抢险救灾等方面的志愿服务，丰富和发展雷锋精神的新时代内涵；推动各级青年文明号集体用爱岗敬业、诚实守信、服务群众的实际行动创造一流工作业绩、体现高度职业文明；学校共青团可以引领大中专学生到农村开展实践活动，为农村两个文明建设作出积极贡献等。选树好青年典型，激发青年群众学习先进、追赶先进的持久内生动力。

（二）做好团结动员，引导青年围绕中心任务建功新时代

群团组织在团结动员群众干事创业方面有着天然的优势。团组织要做到“顶天立地”，顶天就是在党和国家大局下思考和行动，立地就是立足自身定位和所联系的青年，找准结合点和着力点[③]，为党政中心、工作大局提供支持。从第一个百年奋斗目标的实现，到第二个百年奋斗目标的实现，历程跨越三十多年，同新时代青年的成

① 习近平：《在庆祝中国共产主义青年团成立100周年大会上的讲话》，载《人民日报》，2022年5月11日第2版。

② 习近平：《在庆祝中国共产主义青年团成立100周年大会上的讲话》，载《人民日报》，2022年5月11日第2版。

③ 中共中央文献研究室编：《习近平关于青少年和共青团工作论述摘编》，中央文献出版社2017年版，第75页。

长期和奋斗期是高度重合的，广大青年将成为实现中华民族伟大复兴的亲历者和见证者。“党有号召，团有行动”，共青团要主动配合党和国家重大战略部署，团结带领广大青年成长为有理想、敢担当、能吃苦、肯奋斗的新时代好青年，动员广大青年把报国之志转化为实际行动，在全面建设社会主义现代化国家、实现中华民族伟大复兴的新征程中建功立业。共青团要聚焦发挥作用的主战场，把青年生力军作用和人才资源作用，转化为推动经济发展的巨大力量，激励青年在“经济建设主战场、文化发展大舞台、社会建设新领域、科技创新最前沿、重点项目第一线、基层实践大熔炉”[①]等领域贡献聪明才智。共青团促进青年在维护祖国统一、促进国际交流和民间交流方面发挥重要作用。

2018年7月2日，习近平同志在同团中央新一届领导班子集体谈话时强调，新时代共青团要“广泛动员青年建功新时代”，中华民族伟大复兴“需要广大干部群众特别是青年一代艰苦奋斗、不懈奋斗”，共青团“要围绕培养时代新人这一重大课题，找准工作着力点”，“新时代是奋斗者的时代，奋斗精神是时代新人的重要标志”，要引导广大青年“始终保持一股顽强拼搏、勇于开拓的精气神，做坚定者、奋进者、搏击者，而不做犹豫者、懈怠者、畏难者，扫除一切骄气、娇气、官气、暮气、邪气，把青春的奋斗热情激发出来”[②]。培养时代新人是党对青年成才的战略目标要求，是承接中华民族伟大复兴的历史重任和时代使命。“时代新人”要担当民族复兴大任，必须在理想信念、精神状态、本领能力、道德品质等方面“达标”：在理想信念上，以坚定的理想信念筑牢精神之基；在精神状态上，要弘扬新时代爱国主义精神、涵养积极向上的奋斗精神、具备与时俱进的创新精神；在本领能力上，要有与新时代相匹配的素质和能力，不断增强工作本领，干在实处、走在前列；在道德品质上，具有善良的道德情感、正确的道德判断、自觉的道德实践。[③]因此，共青团要为党培养担当民族复兴大任的“时代新人”，为实现第二个百年奋斗目标、实现中华民族伟大复兴的中国梦源源不断提供生力军。

---

① 中共中央文献研究室编：《习近平关于青少年和共青团工作论述摘编》，中央文献出版社2017年版，第64页。

② 习近平：《论党的青年工作》，中央文献出版社2022年版，第158—160页。

③ 邓志强：《“时代新人”的科学内涵、主要特征与培育路径——基于共青团工作视角》，载《中国青年社会科学》2021年第1期，第40—47页。

（三）切实联系服务青年，维护青年合法权益

联系和服务是青年群众工作的两个重要方面。“不深入青年、不密切联系青年，就谈不上引导青年；不解决青年的问题、不维护青年的权益，就得不到青年认可”[①]。联系青年群众要扩大共青团的有效覆盖面，在凝聚社会组织上继续积极探索，延长团的手臂，团结凝聚更多青年，使“广大青年融入以团为主导的青年组织体系中”[②]，团组织要主动关注“北漂”“蚁族”，自由职业者、网络意见领袖、网络作家、签约作家、自由撰稿人、独立演员歌手、流浪艺人等新兴群体，积极联系、有效覆盖。

联系、覆盖青年群众是第一步，更重要的是服务好、引导好。服务青年要聚焦在青年所急、党政所需、共青团所能的领域，着力帮助青年群众解决日常生活中最关心、最现实、最关注的利益问题和实际问题。习近平总书记指出，当代青年在“成长成才、身心健康、就业创业、社会融入、婚恋交友”等方面面临新困难新问题[③]，团组织有责任提供关心、关爱和帮助。青年需求越多元，越需要提升精准服务能力。各级团组织要按照本级职能边界和自身特点，分工协作，既从政策层面关注青年普遍性需求的实现，又要调动全团、全社会资源为青年的个性化需求提供个性化服务。

共青团要继续贯彻落实好《中长期青年发展规划（2016—2025年）》（以下简称“《规划》”），加强统筹协调，压实牵头和参加单位责任，一项一项加以推进。截至2021年，《规划》实施工作部际联席会议制度不断完善，青年发展统计监测指标体系初步建立。省级规划全部出台，党委和政府领导下的青年工作联席会议机制实现省级全覆盖，市、县两级覆盖率分别达97.5%、94.5%。促进青年发展的制度机制基本成型，青年优先发展理念逐步普及。《规划》提出的“到2020年，具有中国特色的青年发展政策体系和工作机制初步形成”这一阶段性目标基本实现。[④]《规划》明确规定了共青团在该规划实施中的的协调和督促职责，共青团应该积极主动，增强实施青年发展规划的执行力，充分发挥共青团维护青年发展权益的重要作用。各级共青团组织

---

① 习近平：《论党的青年工作》，中央文献出版社2022年版，第160页。

② 习近平：《论党的青年工作》，中央文献出版社2022年版，第160页。

③ 中共中央文献研究室编：《习近平关于青少年和共青团工作论述摘编》，中央文献出版社2017年版，第66页。

④ 《纵深实施青年发展规划，迎接青年发展“大时代”》，载《中国共青团》2021年第7期，第15页。

要把握《规划》的政策目标、政策领域和政策措施，运用政策执行工具，设计政策执行方案，争取政策执行资源，增强处理青年发展事务、解决青年发展问题的能力。①

（四）发挥在社会主义民主建设中的作用，更好保证人民当家作主

作为八大人民团体之一，共青团是所联系的青年群众依法、有序、广泛参与管理国家事务及社会事务、管理经济和文化事业的重要渠道，是中国政治生活中发扬社会主义民主的重要形式。应进一步拓宽共青团政治参与、政治协商的制度化渠道，进一步规范协商民主的内容、程序、形式，在体制规范、广泛参与、监督评议、提案征集等方面积极探索，进一步提高参政议政水平。共青团要积极推动将青年关切、与青年相关的议题纳入协商范围，转化为政协提案，以多种形式向各级党组织准确、全面地反映青年群众的思想动态和普遍诉求。

做全过程人民民主青春代言人②

上海是世界观察中国特色社会主义民主政治的重要窗口，长宁又是全过程人民民主的首次提出地。长宁加强培育青少年民主参与意识，搭建民主参与平台，建设民主参与载体、丰富民主参与手段，让青春与民主“全链条、全方位、全覆盖”深度融合。

阵地建设全域覆盖，推动青年群体的政治参与更为热情、更彰显民意。建设“联络站—专项小组—团代表”三重联络服务工作体系，区内的全国、市、区各级团代表全部进驻团代表联络站。先后在商务楼宇、经济园区、青年中心、学校内设立4家团代表联络站，打造“学校—社区—楼宇”三位一体的青年参政议政参与链条。实行团代表属地报到制度和承诺亮诺践诺行动，逐步形成了1名团代表直接联系团支部1个，直接联系团员青年、团代表10名的“1+1+10”两联工作机制和扁平化联系沟通途径。

品牌项目全域升级，推动社情民意的信息征集更显融情、更凝聚民力。2020年11月，在全市率先成立了党建引领下的“社宁居”青年业委会议事中

① 张良驯：《青年发展规划实施中的协同治理研究》，载《中国青年社会科学》2018年第1期，第102—110页。

② 《打通社情民意“直通车” 做全过程人民民主青春代言人》，载《中国共青团》2022年第10期，第49页。

心，引领团青骨干通过参与业委会建设投身社区治理，将人民建议征集工作与团代表联络站建设相结合，形成了线上征集、项目征集、专项征集、调研征集等多种方式。2022年1月，人民建议征集邮筒"青春上海"长宁站点在团代表联络站启用揭幕，旨在构建集收集梳理、办理反馈和宣传引导于一体的闭环工作机制，广泛征集来自长宁青少年群体的建言献策，让更多社情民意直达各级决策层。

青年声音全域传播，推动人民民主的故事讲述更有共情、更鼓舞民心。积极发挥"团代表联络站""青年中心·学习社"作用，开展各类学习活动，及时跟进学习党的创新理论。通过"青年大学习""青年讲师团""长宁少年说"等载体传好身边青年参与民主政治建设的生动案例。以全国首例中学生参与国家法律修订的良好氛围为基础，鼓励更多青年学生参与立法建议征集；通过青年工作联席会议机制大力引导青年发声。

无论是青少年参与立法实践，青年参与社区治理，还是人民建议征集邮筒"青春上海"长宁站点、团代表联络站、青年业委会议事厅，都是青年学习和理解全过程人民民主理念、体验和践行人民当家作主这一民主本质的具体而现实的工作载体，是共青团进一步发挥桥梁纽带作用、丰富青少年民主参与渠道、将青年思想动态的诉求传递给党和政府的特色实践。

（五）参与创新社会治理，维护社会稳定

党和政府支持共青团依法参与社会事务尤其是青少年事务的管理，把适合共青团承担的服务职能交给共青团行使，支持共青团立足自身优势，以合适的方式参与政府购买服务。共青团特有的三项组织功能为其有效参与社会治理奠定了基础。一是共青团的社会基础功能，主要表现为党团关系紧密、社会基础深厚、具备显著的群众影响力；二是共青团的社会服务功能，主要表现为在社会建设中发挥组织、协调等服务功能；三是共青团的社会整合功能，主要表现为在政策制定和权益维护中拥有利益协调和社会整合功能。共青团可以发挥自身优势和功能，在新的社会治理格局中积极作为。共青团可通过试点先行的方式承接政府转移职能，建立相应的运行机制，要做到严格管理、规范实施，做到政府放心、社会认可、自身有活力。共青团应积极引导和推动青年社会组织健康有序发展、互补互促互融，做到政治引领、示范带动、联

系服务。共青团是社会治理领域的“国家队”，共青团围绕打造共建共治共享的社会治理格局，推动志愿服务、社会组织、社工队伍整体提升，带领青年群众在深度参与基层社会治理中长青春才干、树文明新风。

各级党委和政府要重视发挥共青团在创新社会治理、维护社会稳定中的积极作用，支持共青团参与青少年普法教育、推动建设普法和法律服务志愿者队伍，支持共青团发挥组织优势和群众工作优势开展青少年禁毒宣教工作，支持共青团开展预防和治理青少年违法犯罪工作、推动法规制度体系建设。建立健全共青团参与社会治理创新的机制和制度化渠道，对团员青年群众进行行为引导、规则约束、权益维护。

三、推动共青团的改革创新，解决组织自身不适应的问题

习近平总书记在中央党的群团工作会议上强调，“必须把群团组织建设得更加充满活力、更加坚强有力，使之成为推进国家治理体系和治理能力现代化的重要力量”[①]。共青团要增强自我革新的勇气，“深入推动思想教育、问题整改、体制创新，转变思想观念，强化群众意识，改进工作作风，提高工作水平”[②]。共青团的改革要坚持问题导向，对准“机关化、行政化、贵族化、娱乐化”问题，“真正从思想上、工作上、制度上把这个问题解决好”[③]。共青团的“四化”问题，本质上是脱离群众的问题，共青团要通过改革和青年群众保持血肉联系，实现能力破茧，增强发展活力、赢得群众信任，重点解决团的机关改革、基层组织建设、健全群众工作制度、网上群众工作等问题。

（一）推动机关及基层组织改革

团的机关层面，主要改革改进机构设置、管理模式和运行机制，体现政治性、群众性。以团中央为例，按照共青团中央改革方案[④]，改进团中央领导机构人员构成、机构设置和运行机制。一是完善代表大会和委员会制度。增强团的代表大会、全委

---

① 习近平：《论党的青年工作》，中央文献出版社2022年版，第106页。

② 习近平：《论党的青年工作》，中央文献出版社2022年版，第106页。

③ 习近平：《论党的青年工作》，中央文献出版社2022年版，第162页。

④《共青团中央改革方案》（摘要），中国共青团网，2016年8月9日。

会、常委会的代表性，在团的领导机构中保证基本群众代表的合理比例，注重吸收农民工、社会组织骨干、自由职业者等新兴青年群体中的优秀党员、优秀团员，严格把握代表资格，明显提高基层和一线团干部、团员的比例；扩大代表大会代表的参与渠道，建立代表大会发言制度，建立团中央委员会向代表报告工作和听取意见建议制度，建立团代表走访团员青年制度等；完善全委会委员议事建言机制，建立委员重点发言制度，建立委员提案制度，每位委员在任期内要结合本地区本领域青年工作提出提案；更好发挥常委会作用，负责就贯彻落实中央重要决策部署形成决议，研究决定团的重要工作，建立向共青团智库咨询、向团员青年征求意见、邀请专业人士列席会议等制度。二是改革优化机关职能和机构。实行工作力量"减上补下"，精减团中央机关行政编制，带动省级团委根据实际情况适当精简编制、充实部分县级团委和直接服务青年的工作领域；统筹部门职责，设立组织部（机关党委），成立青年发展部、基层组织建设部、社会联络部等；改革团中央直属单位等。三是改进团的领导体制和机关运行方式。完善双重领导体制，加强与省级党委的工作沟通；规范干部协管工作，积极推动党委组织部门制定团干部协管工作实施办法；明确不同层级、不同类别团组织的核心任务；加强团中央工作部署的统筹；综合运用党政评价、团内考核、青年评议、第三方测评等方式开展工作考核；建立项目化工作机制等。

深化共青团的改革要体现在基层组织的整体活跃上。针对基层组织普遍存在的"缺编制、缺经费、缺办公场所、缺工作人员"的"四缺"问题，要"树立大抓基层的鲜明导向，推动改革举措落到基层，把力量和资源充实到基层，使基层真正强起来"[①]。因此，基层组织建设方面，以提高团的吸引力、凝聚力、战斗力为目标，不断扩大有效覆盖面，一方面继续巩固传统组织建设模式，另一方面要在组织设置、成员发展、群众联系、活动开展等方式进行创新探索。重点向两新组织和体制外群体延伸组织体系，加强高校团组织建设。基层组织的群团干部多采取兼职方式，更多把先进模范人物、优秀志愿者等吸纳进来，壮大基层力量。

（二）健全依靠所联系青年群众推进工作制度

青年群众工作需要依靠相应的联系群众工作机制实现。共青团联系群众机制，是指共青团组织与青年群众之间能够通过某种方式进行交流信息、相互协商、达成共

① 习近平：《论党的青年工作》，中央文献出版社2022年版，第162页。

识，形成相互依存，相互制约的关系，即共青团组织通过某种方式与青年群众进行联系，达到某种效果的整体过程。通过联系群众的制度和机制，共青团更好地“把青年的温度如实告诉党，也把党的温暖充分传递给青年”[①]。

遵循青年群众工作规律，尊重青年主体地位，让青年当主角，把握青年脉搏，问需问策问效于青年，请团员青年一起设计活动、参与任务、评议表彰，建立团组织代表和委员履职述职和直接联系青年群众、接受评议等制度。定期召开青年群众代表会议、青年恳谈会、工作通报会等，建立直接面向青年的工作平台。强化与普通青年的直接联系，与普通青年交朋友，做广大青年的贴心人，密切团青关系。比如，推动机关干部到基层一线开展工作，推进机关干部常态化下沉基层工作，鼓励机关干部在做好本职工作的同时到居住地或工作地周边、青年数量较多的企业、农村、机关、学校、科研院所、街道社区、社会组织等基层单位报到，直接指导帮助基层团组织开展工作。

（三）打造网上网下互促互融新格局

“青年在网上，团的工作就要做到网上去。要把网上共青团建设摆在重要位置，推动团组织工作上网、服务上网、活动上网。”[②]互联网具有开放性、平等性、用户至上、互动体验、快速更新、免费模式、数据平台等基本特点，以这些特点形成的互联网思维与党的群众路线相契合，成为启发群团改革、共青团升级换代的新动能和新思路[③]：互联网的“用户思维”启发共青团更加注重以青年为本，互联网的“平台思维”启发共青团全方位整合资源，互联网的“迭代思维”启发共青团在与时俱进中超越自我。

建设网上共青团不能简单建个网站、做个手机应用网站，要提高网上群众工作水平，注重打造团的网络矩阵，加强网宣队伍建设，站在网上舆论斗争最前沿。要大力实施“网上共青团”工程，建设工作网、联系网、服务网“三网合一”的“网上共青团”，建立直接联系服务青年、有效动员基层团组织的网上工作体系，形成“互联

① 习近平：《在庆祝中国共产主义青年团成立100周年大会上的讲话》，载《人民日报》，2022年5月11日第2版。

② 习近平：《论党的青年工作》，中央文献出版社2022年版，第161页。

③ 胡献忠：《群团逻辑与团改攻坚》，上海社会科学院出版社2017年版，第121—122页。

网+共青团”格局，实现团网深度融合、团青充分互动、线上线下一体运行。[①]利用互联网信息技术，实现对团员、团干部的直接动员和重要信息的扁平化传递。

四、加强团干部的队伍建设，解决团干部队伍能力素质短板的问题

青年群众工作做得怎么样，团干部队伍是关键。团干部是党的干部队伍的重要组成部分，应从优化党的干部培养和成长路径的角度来谋划团干部队伍建设。在党的干部培养过程中，团的岗位要成为各领域年轻干部增强群众工作能力、培养群众工作作风的重要平台。

（一）团组织负责人人选要选拔善做青年群众工作的干部

习近平指出，“群团干部要由知群众、懂群众、爱群众的人来当，要有做群众工作的本领和经验，懂得群众的语言和习惯，熟悉群众的愿望和心声，善于运用新形势下群众工作方式方法”[②]。要坚持德才兼备、以德为先，按照信念坚定、为民服务、勤政务实、敢于担当、清正廉洁的好干部标准，“选拔群众工作经验丰富、在所联系群众中威信高的同志，推荐作为群团组织主要负责人人选”[③]，团干部的考察推荐应广泛听取青年群众意见，适当增加共青团负责人基层一线代表的兼职比例。

（二）团干部培养应注重基层群众工作实践

在重大政治任务中、在火热社会实践中锻炼干部、培养干部是党的优良传统和工作优势。常态化、制度化推动团干部到实践一线接受锻炼，走出机关“高楼大院”，不仅转变了工作作风，更走出了群众观点，群众意识，走出了与普通青年的感情，密切了团青关系，提高了在实践中做好新时代党的青年群众工作的本领。团干部要“勇于到艰苦环境和基层一线去担苦、担难、担重、担险”[④]，要注重从基层一线选拔优秀人才加入团干部队伍，采用兼职、聘用等方式吸引优秀社会人才充实团工作队伍。

① 《共青团中央改革方案》（摘要），中国共青团网，2016年8月9日。

② 中共中央文献研究室编：《习近平关于青少年和共青团工作论述摘编》，中央文献出版社2017年版，第85页。

③ 《中共中央关于加强和改进党的群团工作的意见》，载《人民日报》，2015年7月10日第4版。

④ 习近平：《在庆祝中国共产主义青年团成立100周年大会上的讲话》，载《人民日报》，2022年5月11日第2版。

推动团干部跨系统多岗位交流，加强团组织与党政部门之间干部双向交流，把团工作岗位作为提高干部做群众工作能力的重要平台，“特别是基层要多流动，可以在团的基层组织干几年再到其他领域干，也可以在其他领域基层干部中选拔人员到团的基层组织干，常来常往，多岗位锻炼，不断成长”，“团干部要敢于到经济社会发展最需要的地方，到条件艰苦、情况复杂的地方，砥砺品质，提高本领”[①]。基层是青年人才接受磨炼的“练兵场”，青年到基层去锤炼，有利于增进对基层和群众的了解，增进对基层和群众的感情。

（三）要求团干部带头践行党的群众路线

“坚持从群众中来、到群众中去，建好群众之家、当好群众之友”[②]，团的领导机关要带头践行党的群众路线，密切联系群众，克服机关化、脱离青年群众现象。团干部团结广大青年，一要坚持以青年为本，“千万不能官气很重、架子很大，要同青年交朋友、心连心，真正赢得广大青年信任”[③]；二要了解青年，“主动深入基层、走进青年，知道青年想什么、要什么，真心诚意为他们办事”[④]。团干部要“自觉践行群众路线、树牢群众观点，同广大青年打成一片，做青年友，不做青年‘官’，多为青年计，少为自己谋”[⑤]。

---

① 习近平：《论党的青年工作》，中央文献出版社2022年版，第40—41页。

② 《中共中央关于加强和改进党的群团工作的意见》，载《人民日报》，2015年7月10日第4版。

③ 习近平：《论党的青年工作》，中央文献出版社2022年版，第37—38页。

④ 习近平：《论党的青年工作》，中央文献出版社2022年版，第38页。

⑤ 习近平：《在庆祝中国共产主义青年团成立100周年大会上的讲话》，载《人民日报》，2022年5月11日第2版。

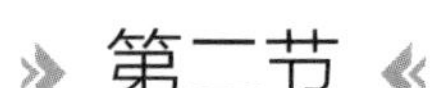

组织视角：新时代共青团做好青年群众工作的发展路径

作为中国共产党的青年政治组织，共青团的价值本源来自党和青年的关系，政治责任是巩固和扩大党执政的青年群众基础。政党的青年组织应该从组织遵循、组织结构、组织行为、组织骨干等角度建构适应时代的组织建设与发展路径，回应政党对其的要求、青年发展的要求、组织自身存在的问题，为党做好青年群众工作。

一、组织遵循：把握新时代青年群众工作的立场、观点和方法

（一）把握新时代青年群众工作的立场

立场是人们观察、认识和处理问题的立足点。政党的宗旨就是政党的立场，青年群众工作就是要紧紧把握党的宗旨。党章、团章等规范性文件也将党团的特殊政治关系进行了明确。党的十九大修订的《中国共产党章程》继续把党和团的关系表述独立成为第十章，明确了共青团是“中国共产党领导的先进青年的群团组织”，把原来的“群众组织”表述变成“群团组织”并沿用至今，更凸显共青团是中国特色社会主义群团组织的本质。2018年修订的《中国共产主义青年团章程》把习近平新时代中国特色社会主义思想确立为团的行动指南，总则部分增写“党管青年”原则，共青团“为党做好青年群众工作”。新修改的团章集中体现了党对团的理论指导、政治立场和总体要求。

（二）把握新时代青年群众工作的观点

观点是人们对事物的看法。党的群众工作的重要观点是相信人民依靠人民。以习近平同志为核心的党中央十分重视、关心并信任青年，在不同场合用不同形式表达对青年的观点，是对马克思主义青年群众观点的继承和发展，凝练了共产党人在新时代如何认识青年、如何培养青年的智慧。2017年出台的新中国历史上第一个青年发展规划《中长期青年发展规划（2016—2025年）》，鲜明提出“党管青年”“青年首先

发展”“以青年为本，尊重青年的主体地位”等原则及理念，把青年发展上升为国家战略，使青年的地位和作用得到前所未有的提升，为国家发展提供新动能。2022年4月发布的《新时代的中国青年》白皮书，全面介绍了新时代党和政府为青年发展创造的良好条件、取得的巨大成就，充分展现了新时代中国青年奋进新征程、建功新时代的青春担当，反映了新时代中国青年精神风貌。白皮书充分展现了新时代党和政府如何认识、关心、依靠新时代青年的观点和看法。白皮书指出，新时代中国青年素质过硬、全面发展，把树立正确的理想、坚定的信念作为立身之本，理想信念更为坚定，身心素质向好向强，知识素养不断提升，社会参与积极主动，努力成长为堪当民族复兴重任的时代新人；在实现第二个百年奋斗目标、建设社会主义现代化强国的新征程中，中国青年坚守“永久奋斗”光荣传统，在平凡岗位上奋斗奉献，在急难险重任务中冲锋在前，在基层一线经受磨砺，在创新创业中走在前列，在社会文明建设中引风气之先，生动展现出“衣食无忧而不忘艰苦、岁月静好而不丢奋斗”的整体风貌；新时代中国青年更加开放自信地融入世界，在与世界各国青年的交流合作中，弘扬和平、发展、公平、正义、民主、自由的全人类共同价值，展现构建人类命运共同体的青春担当。

共青团要在思想上尊重青年、感情上贴近青年、工作上依靠青年，从青年群众中汲取智慧和力量。而既依靠群众又教育引导群众，是党的群众观点的实践方式。青年一代要健康成长、要接好党和人民事业的接力棒，不是自发的，而是需要指引教导和严格要求的。共青团要立足党的事业后继有人这一根本大计，牢牢把握培养社会主义建设者和接班人这个根本任务，从政治上着眼、从思想上入手、从青年特点出发，引导广大青年在思想洗礼、在实践锻造中不断增强做中国人的志气、骨气、底气，让革命薪火代代相传。

（三）把握新时代青年群众工作的方法

方法是指导人们正确认识和改造世界的根本思想方法和工作方法。“从群众中来，到群众中去”属于马克思主义的方法论，明确了党走群众路线的领导方法和工作方法。共青团的百年历程，塑造了共青团扎根广大青年的活力之源，是共青团走好群众路线的宝贵经验。共青团历经百年沧桑始终保持青春焕发，“依靠的就是始终扎根广大青年，始终把工作重点聚焦在最广大的工农青年和普通青年群体，把心紧紧同青年连在一起，把青年人的心紧紧同党贴在一起”[①]。历史充分证明，只有不断从广大青年这片沃土中汲取养分、获取力量，共青团才能成为广大青年信得过、靠得住、离不开的贴心人；只有心系广大青年，紧扣服务青年的工作生命线，始终成为党联系青年最为牢固的桥梁纽带，才能更好履行巩固和扩大党执政的青年群众基础这一政治责任。

“从青年群众中来”，就是深入青年群众调查研究，把握青年需求，发现青年工作的典型经验，激发青年的智慧。“群团组织不能坐在机关里做工作，而是要摆脱文山会海、走出高楼大院，群团干部特别是领导机关干部要深入基层、深入群众”[②]，并通过“来”的过程，把青年温度如实告诉党，把蕴藏在青年身上的创造能量和活力激发出来，“要善于关爱人才、发现人才，加强对社会各方面青年的工作，特别是要加强对一些有才华、有能力、有创意的青年的工作”[③]。“到青年群众中去”，就是把工作延伸到广大青年最需要的地方，千方百计为青年办实事、解难事，主动想青年之所想、急青年之所急，“充分依托党赋予的资源和渠道，为青年提供实实在在的帮助”[④]，让团就在青年身边，让团走进青年心中，把党的温暖充分传递给青年，让广大青年真切感受到党的关爱就在身边、关怀就在眼前。“青年在哪里，团组织就建在哪里；青年有什么需求，团组织就要开展有针对性的工作，努力使团组织成为联系和服务青年的坚强堡垒。”[⑤]

基层团干部群众工作能力现状调查[⑥]

按照习近平总书记对年轻干部提高七种能力的要求，有研究者对11126

---

① 习近平：《在庆祝中国共产主义青年团成立100周年大会上的讲话》，载《人民日报》，2022年5月11日第2版。

② 中共中央文献研究室编：《习近平关于青少年和共青团工作论述摘编》，中央文献出版社2017年版，第74页。

③ 中共中央文献研究室编：《习近平关于青少年和共青团工作论述摘编》，中央文献出版社2017年版，第67页。

④ 习近平：《在庆祝中国共产主义青年团成立100周年大会上的讲话》，载《人民日报》，2022年5月11日第2版。

⑤ 中共中央文献研究室编：《习近平关于青少年和共青团工作论述摘编》，中央文献出版社2017年版，第65页。

⑥ 卯金涛：《基层团干部七种能力现状调查及提高对策——以S省为例》，载《中国共青团》2022年第4期，第8—14页。

名调查对象开展了基层团干部七种能力现状调查，调查对象涵盖了青年、团干部和领导干部。结果显示，群众工作能力的普及率为39.74%，与42.86%的平均普及率相比还是低了不少，说明作为青年群团组织，基层团干部的群众工作能力普及率并不高，基层团干部的群众工作能力还没有得到普遍的认可，尤其是没有得到青年的认可。调查表明，基层团干部的七种能力，发展很不均衡，甚至差距比较明显。虽然基层团干部的群众工作能力并不突出，但提高需求强度也不高。当前，资源分配、婚姻家庭、就学就业、纠纷调解、精神卫生、公共安全、矫治帮教、群体事件、社会参与等与青年息息相关的问题，都需要基层团干部认真提高群众工作能力，扎实做好青年群众工作。

在提高基层团干部提高群众工作能力方面，一要深深扎根青年，密切联系青年；二要切实帮助青年解决工作生活中的难题，发挥好基层团组织联系服务协调的作用；三要发挥基层团组织岗位锻炼的作用，当作提高群众工作能力的重要平台；四要将青年工作与其他工作有机融合，涉及青年群体的，积极参与，在组织发动青年中提高群众工作能力。

二、组织结构：构建网络化组织体系，更好地覆盖和服务青年群众

（一）构建纵横交织的网络化组织形态

组织的本质就是按照相应原则建立起来并具有一定结构的关系空间，既包括组织内部人员之间及组织结构之间的关系，也包括组织与外部组织及人员的相互关系。受城镇化影响，当代青年的流动状态、分布情况和聚集方式已发生深刻改变，在行政区域内简单地设置团组织、平均配置工作资源的做法已无法适应新情况。共青团的组织结构调整和发展，目的是畅通组织运行，覆盖和影响更广泛的青年群众，涵盖了物理空间内的关系调整和网络空间内的关系调整。

按照党中央关于共青团改革的各项要求，对机构设置、人员构成、基层组织建设等方面进行改革。一是改革共青团领导机构，增强其代表性和广泛性，大幅度提高基层一线团干部、团员在各级代表大会、委员会、常委会中的比例。二是激活基层神经末梢，下沉工作资源。根据青年群众生存状态、生活空间和工作领域的分布构建基层组织结构，以服务青年发展和发挥青年群众作用为目的，联系和凝聚最大多数的青

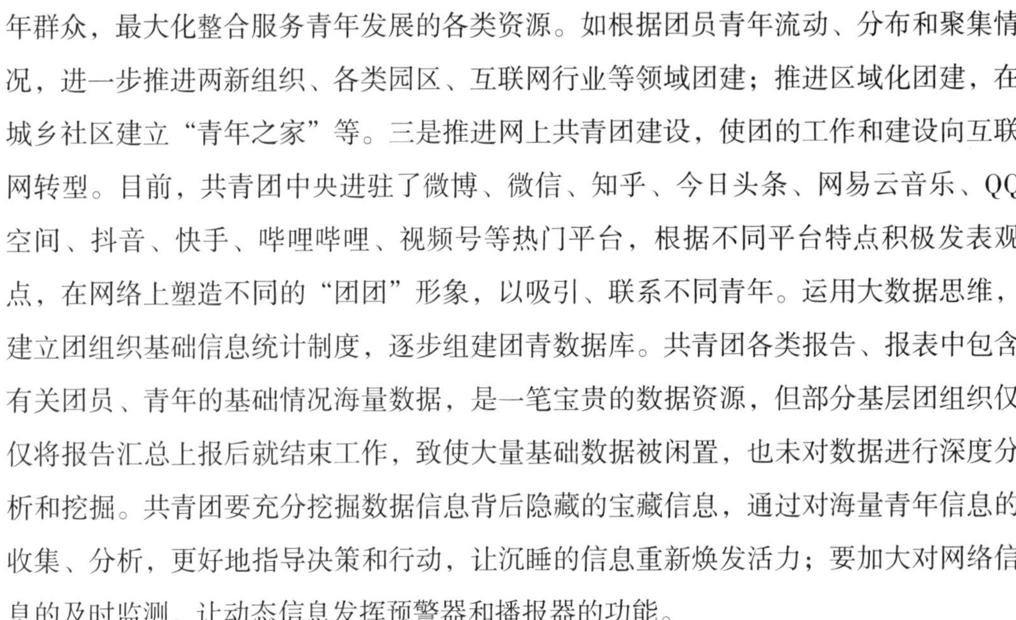

年群众，最大化整合服务青年发展的各类资源。如根据团员青年流动、分布和聚集情况，进一步推进两新组织、各类园区、互联网行业等领域团建；推进区域化团建，在城乡社区建立“青年之家”等。三是推进网上共青团建设，使团的工作和建设向互联网转型。目前，共青团中央进驻了微博、微信、知乎、今日头条、网易云音乐、QQ空间、抖音、快手、哔哩哔哩、视频号等热门平台，根据不同平台特点积极发表观点，在网络上塑造不同的“团团”形象，以吸引、联系不同青年。运用大数据思维，建立团组织基础信息统计制度，逐步组建团青数据库。共青团各类报告、报表中包含有关团员、青年的基础情况海量数据，是一笔宝贵的数据资源，但部分基层团组织仅仅将报告汇总上报后就结束工作，致使大量基础数据被闲置，也未对数据进行深度分析和挖掘。共青团要充分挖掘数据信息背后隐藏的宝藏信息，通过对海量青年信息的收集、分析，更好地指导决策和行动，让沉睡的信息重新焕发活力；要加大对网络信息的及时监测，让动态信息发挥预警器和播报器的功能。

建立“双线协同”服务阵地 助力港澳青年融入大湾区建设

广东共青团、广东省青联积极推进粤港澳大湾区青年工作，建立“双线协同”的粤港澳青年服务阵地，引领更多青年投身大湾区建设。一是建设线下服务阵地。2019年，广东省青联联合（香港）新家园协会、澳门中华新青年协会共建的粤港澳大湾区青年家园揭牌成立，旨在向港澳青年提供实习就业、创新创业、志愿服务和信息咨询等10项服务。2020年初，团广东省委、广东省青联分别于当年6月、11月公布确立了第一批、第二批粤港澳大湾区青年家园名单共38家。其中，广州依托青年文化宫建设市粤港澳青年家园总部，并挂牌建设62家粤港澳青少年交流活动基地，以“前店后厂”模式打造专业的港澳青年服务窗口。深圳以大湾区青年家园前海深港青年梦工场为“头雁”，整合12家青年基地资源，建设“雁阵式”阵地体系助力港澳青年融入发展。珠海横琴澳门青年创业谷举办澳门青年创业训练营、琴澳产学研合作对接会等活动，吸纳80多家澳门企业加入琴澳产业协同创新联盟。

二是建设线上服务平台。广东共青团积极整合已有服务资源，利用互联网搭建线上动员平台。一方面，推动“青年同心圆”粤港澳青少年工作交流网站上线工作。通过该网站，粤港澳青年社会组织在线上实现交流活动宣传发布、人员招募、活动评议、申请设立代表机构及办理临时活动备案等功能，大湾区青年可以在线上进行互动交流及报名参与“青年同心圆计划”交流活动。另一方面，开通12355湾区青年热线。实现线上12355湾区热线与线下各地市大湾区青年家园的服务联动，为在大湾区学习、工作、生活的港澳青少年提供法律维权、心理辅导、就业指导、创业帮扶、助学帮困、出入境事宜、生活信息等电话咨询服务，帮助港澳青年更好融入大湾区生活和工作。

（二）健全共青团为主导的青年组织体系

围绕“入队、入团、入党，是青年追求政治进步的‘人生三部曲’”[①]的论断，共青团要协同各部门进一步打造党团队一体化育人链条，推进党团队组织建设、队伍建设、思政教育、阵地建设、考核评价等工作，建立贯穿青少年成长全过程的党团队一体化阶段式培养模式。共青团要进一步强化与青联、学联、团属社会组织、青年社会组织的关系，对冲青年组织化、再组织化带来的挑战。强化共青团在青联组织中的引领作用，加强共青团对学联组织的指导，发展培育团属青年社团，把与共青团具有强关系的组织紧紧咬合。对青年社会组织，要着力组织嵌入、吸纳，与之建立常态化、制度化的沟通渠道和交流平台，实现双向赋能。

要强化共青团在青联组织中的引领作用。2021年6月，共青团中央、全国青联印发的《关于在全国开展健全地方青联组织社团基础工作的通知》指出，3至5年内，市、县两级青联要建设完成能够覆盖本地区主要新兴领域青年群体的青年社团，不断完善以共青团为核心、以青联为枢纽、以团属社团为紧密层的青年组织体系。通知指出，要以共青团为主导，发挥共青团在青年社团建设发展的核心牵动作用；把握方向，引导青年社团活动与共青团、青联组织主责主业一致；抓核心骨干，选好配强负责人及秘书长，加强对骨干培养和组织吸纳。

坚持完善党领导下、团指导下的各级学联组织体系。构建党领导下的“一心双环”团学组织格局，以团委为团学组织的中心和枢纽，以学生会组织为学生自我教育、自我管理、自我服务、自我监督的主要学生组织，以学生社团及相关学生组织为

---

① 习近平：《在庆祝中国共产主义青年团成立100周年大会上的讲话》，载《人民日报》，2022年5月11日第2版。

外围延伸手臂。在推动学联学生会改革创新过程中，共青团要指导本地学联和各学校学生会组织制定具体措施，协调政策资源，确保各项措施到位。学校团委加强对学生会组织工作的科学指导，学校团组织履行对学生社团主要管理职能。在构建“学校—院系—班级”三级联动机制过程中，学校共青团要发挥好“校团委—院系团委—班级团支部”组织体系的动员优势，提升系统协同的效能。

要推动青年社会组织充分融入共青团工作体系。按照2022年7月团中央印发的《共青团中央关于全面加强新时代青年社会组织共青团工作的意见》要求，各级团组织要把新时代青年社会组织共青团工作作为健全党领导下的以共青团为主导的青年组织体系的重要举措，把青年社会组织作为共青团为党育人、为党聚人的战略依托，着力培育共青团主导的青年社会组织、着力扩大共青团在青年社会组织中的有效覆盖、着力建设青年社会组织骨干队伍、着力推动青年社会组织与基层共青团组织有效协同，持续推进基层共青团组织方式和活动方式改革创新，为履行团的根本职责、服务国家治理体系和治理能力现代化发挥作用、建功立业。

三、组织行为：增强对青年群众的引领力、组织力和服务力，提高工作实效

要做好党的青年群众工作，共青团要按照党交给共青团的要求、时代与青年的变化，形成相应的组织行为。百年征程再出发，如何更好把青年团结起来、组织起来、动员起来，是新时代中国青年运动和青年工作必须回答的重大课题，共青团要增强引领力、组织力、服务力，更好团结带领广大团员青年成长为有理想、敢担当、能吃苦、肯奋斗的新时代好青年[①]，是党对共青团提出的“命题作文”。共青团要围绕习近平总书记提出的“必须把培养社会主义建设者和接班人作为根本任务，必须把巩固和扩大党执政的青年群众基础作为政治责任，必须把围绕中心、服务大局作为工作主线”三个根本性问题，形成相应的组织行为。是否为了青年、依靠青年，是否在自己工作中也实行群众路线，作为评价组织效能的重要标准。在组织的高级层级，关注的是组织纲领的定位和执行力，越到基层越需要强化服务和关怀功能，强化对最普通青年群众的影响，充分发挥利益、感情、信息等关键因素的作用。

① 习近平：《在庆祝中国共产主义青年团成立100周年大会上的讲话》，载《人民日报》，2022年5月11日第2版。

（一）增强引领力，坚持为党育人引领凝聚青年群众

从组织的价值使命角度看，共青团区别于其他一般组织的最主要特征，就是其与政党一致的初心使命与价值愿景，“坚持为党育人，始终成为引领中国青年思想进步的政治学校”[①]是党对新时代共青团发展的要求与期待。引领是指事物的导引者带动事物向某一方向运动、发展。引领青年是中国共青团的传统和优势，也是党赋予团的光荣使命，在不同历史时期，党对共青团引领青年的具体任务和政治责任都有明确要求，团组织和一代又一代热血青年也借此找到了报效国家的正确方向。引领青年意味着在思想与组织指引下，由共青团等主体组成的引领青年的体系，通过运用各类工具、方式方法等发挥引领青年的作用，面对与破解引领青年的竞争与挑战，作用到青年对象上，对其思想政治、价值观与时代意识等客体因素产生影响，让青年人具备与社会、时代和体制相容的特质，以实现引领青年的目标。[②]进入新时代，“引领凝聚青年”是共青团的重要职责，提升团的引领力是共青团建设的重要内容。作为引领中国青年思想进步的政治学校，就要准确把握共青团的“办学”宗旨和“教学”方法，以党的创新理论“青年化”阐释为重点，强化思想引领，强化实践育人，不断提升团的引领力。

帮助广大青年确立正确的理想、坚定的信念，是团组织的首要任务，这也是党对共青团工作的第一位要求。引领凝聚青年，关键是思想上精神上对青年的吸引力和凝聚力，这才是强大和持久的，要引领青年树立对马克思主义的信仰、对中国特色社会主义的信念、对中华民族伟大复兴中国梦的信心。一是用科学理论武装青年群众。坚持用马克思主义科学理论武装青年，是百年来共青团引领中国青年思想进步的本质要求和重要途径。青春的赛道离不开科学理论的照耀，青年一代必须以科学理论武装自己的头脑。共青团这所大学校的所有“教员”，都要掌握讲好理论的方法，要懂得向青年“说什么、怎么说”，将党的创新理论“讲清楚、讲明白”。要适应青年群众认识逻辑和思维特点，按“听到—听进—认同—践行—坚定”的进阶逻辑，明晰推进党的创新理论青年化的目标层次；要构建党的创新理论青年化的科研体系，以论述摘

① 习近平：《在庆祝中国共产主义青年团成立100周年大会上的讲话》，载《人民日报》，2022年5月11日第2版。

② 刘浩然，张楚翘：《何为引领青年？——基于政策文本的扎根理论分析》，载《中国青年研究》2021年第9期，第5—13页。

编、理论解读、史料文献、叙事读物、政策案例作为重要载体；要提高团干部推进党的创新理论青年化的专业能力，提高理论领悟能力、现实感知能力、“翻译”转化能力、专业研究能力等，更好地引领青年学习马克思主义中国化最新成果。二是用党的号召指引青年群众。与党同心、跟党奋斗是中国青年凯歌前行的坚定信念，共青团要把宣传和贯彻党的政策和主张作为政治责任，引导青年相信党、跟党走，引导青年树立共产主义远大理想和中国特色社会主义共同理想，把广大进步青年紧紧团结在党的周围，引导广大团员青年认真贯彻执行党的方针政策。三是用爱国主义凝聚青年群众。爱国主义是民族精神的核心，是中华民族团结奋斗、自强不息的精神纽带。现代的爱国主义不仅具有国家主权的政治共同体意涵，还包括了文化共同体的爱国主义和民族共同体的爱国主义。共青团要充分利用组织优势和资源优势，强化教育引导、实践养成、制度保障，引导青年坚持爱国和爱党、爱社会主义高度统一，引导青年自觉用中华优秀传统文化、革命文化、社会主义先进文化培根铸魂、启智润心，引导青年维护祖国统一、维护民族团结。四是用先进典型带动青年群众。注重运用先进典型影响和带动广大青年群众，是共青团引领青年思想政治进步的一大特色和有效途径，能够充分发挥典型人物对青少年的吸引力和感染力，通过树立先进典型、学习先进典型、推广先进典型，把先进典型的优秀思想和品德普及到广大青年群众中去。共青团应继承“从群众中来”的选树方式，团组织深入基层，深入青少年实际，努力从一些原本普通的青少年身上，发现思想道德的闪光点，从中选树典型人物；再通过“到群众中去”的推广方式，加强对典型人物的集中宣传，形成强大的宣传、教育、引导声势，使典型人物及其事迹迅速走近千万青少年，最终走进他们的思想世界。

（二）增强组织力，围绕党和国家的战略部署组织动员青年群众

广义上来看，共青团的政治引领力、组织覆盖力、动员整合力、青年凝聚力、发展推动力、自我革新力共同构成了组织力的基本框架，其中，组织覆盖力、动员整合力、青年凝聚力共同支撑“把巩固和扩大党执政的青年群众基础作为政治责任”，“把围绕中心、服务大局作为工作主线”落实在发展推动力上。[①]狭义上来理解，共青团的组织力就是组织动员能力。从组织的行为功能而言，共青团必须把围绕中心、

① 胡献忠：《共青团组织力的内涵、结构与逻辑》，载《中国青年社会科学》2020年第1期，第49—55页。

服务大局作为工作主线。党的中心工作是共青团发挥作用、体现价值的伟大舞台。从宏观层面来看，共青团将围绕党的战略部署，“自觉担当尽责，始终成为组织中国青年永久奋斗的先锋力量”[①]，团结带领广大团员青年勇做新时代的弄潮儿，自觉听从党和人民的召唤，胸怀“国之大者”，到新时代新天地中去施展抱负、建功立业。引导青年有序政治参与，组织青年创新创业创优，引领青年参与共建共治共享，激发青年文化创造活力，组织动员青年投身生态文明实践，引导青年在全球范围竞展风采，动员广大青年把报国之志转化为实际行动，充分发挥青年生力军和突击队的作用。从中观层面来看，共青团通过层级组织宣传执政党的理念、主张和政策，助力好当地经济社会发展，为社会高质量发展赋能。从微观层面来看，共青团通过团支部、青年社团、志愿服务组织等基层组织，引领团员、青年爱岗敬业、争创一流，组织青年奉献社会、服务人民，动员青年投身基层、勇挑重担，引导将青年个体发展融入经济社会发展主流，实现更大作为。与此同时，要深入理解新时代组织青年的基本方法，寓服务青年于服务大局中，将青年人才、青年统战、青年外事等工作作为战略增长点，不断提升团的组织力。

共青团的组织力提升取决于团的自我革命的力度和效果，深化团内制度体系建设与完善是提升组织力的重要保障。共青团要以制度建设为牵引，严抓团的组织建设，从严把牢政治方向，强化共青团的政治向心力；要从严把牢组织建设，加强纪律性，强化共青团的组织凝聚力；要从严把牢团干部和团员教育管理，强化共青团的队伍战斗力和作风感召力。

（三）增强服务力，围绕青年所急所需联系服务青年

服务青年是党的宗旨在青年群众工作中的具体体现。2018年的团章中这样表述：坚持服务青年的工作生命线。以青年为中心，从青年需要出发，强化服务意识，提升服务能力，挖掘服务资源，千方百计为青年排忧解难，更多关心帮助困难青少年，维护青少年合法权益，使团组织成为广大青年遇到困难时想得起、找得到、靠得住的力量。共青团抓好《中长期青年发展规划（2016—2025年）》的协调实施，抓好十大领域、十大项目及各项政策的落实落地。团组织多做雪中送炭的事情，把注意力更多放

① 习近平：《在庆祝中国共产主义青年团成立100周年大会上的讲话》，载《人民日报》，2022年5月11日第2版。

在困难群众身上，尤其关注贫困家庭青少年、残疾青少年、城乡流动青年、农村留守儿童等群体的成长需求，为他们排忧解难；关注农民工、个体工商户、网民、“蚁族”、“北漂”里的年轻人，关注自由职业者、网络意见领袖、网络作家、自由撰稿人、独立演员歌手、流浪艺人等新兴群体，深入他们、引导他们。共青团要照顾大多数青年的需求，重点关注特殊青年群体，通过有效服务把最大多数青年凝聚、团结在党的周围。

团组织要在维护人民总体利益的同时更好维护青年群众的具体利益，主动有为。当青年群众合法权益受到侵害时，团组织要帮助青年群众通过合法渠道、正常途径，合理伸张利益诉求，促进社会公平正义。比如，共青团充分发挥社会化动员优势，推进12355青少年服务台建设，针对校园欺凌、网络侵害、性侵虐待等热点问题，勇于发声介入，善于运用法律手段帮扶救助困境青少年。

共青团要主动代表青年参与相关法律法规和政策的制定，推动建立健全制度机制，从源头上保障青年合法权益、发展青年群众利益。要用好制度化渠道，加强与立法机关的沟通，积极参与同青少年发展权益密切相关的法律法规的制定与修改工作，努力推动立法有效回应和保障青少年在时代进步中产生的发展新需求，积极倡导和推动青年领域专门立法，把党和政府促进青年发展的政策安排上升为法律规范，推动实现青年领域立法的系统集成，使青年全面发展拥有更为坚实的法治保障。共青团要善于引导青年群众依法理性表达诉求，维护社会稳定。

综合施策　系统治理

在国家治理现代化和社会治理共建共治共享背景下，广东共青团着眼于国家治理现代化的现实需要、社会治理重点任务以及青少年群体诉求，积极创新社会治理、维护社会和谐稳定，凝聚青年力量参与社会治理，不断提高治理效能。

在预防青少年违法犯罪工作方面，既注重加强顶层设计，又聚焦重点难点，推动法规制度体系建设有新突破、综合治理体系建设有新进展。团省委充分发挥牵头单位职责，2017年推动省委、省政府高规格出台《关于进一步深化预防青少年违法犯罪工作的实施意见》；2022年联合省委政法委、省法院、检察院、公安、民政、司法、教育等单位，以省委平安建设领导小组名义印发《关于扎实推动广东省预防和治理未成年人违法犯罪工作的若干举措》，以完成硬指标推动各级职能部门充分履职。团省委依托省12355热线、粤省事“心理咨询”小程序，打造全省统一的青少年综合服务体系。联合省委政法委在全省开展“青少年零犯罪零受害社区（村）”创建试点工作。深圳市先行先试，制定全国首个专门针对青少年事务社工的地方标准《青少年事务社会工作专业人才培养规范》，为社会支持体系提供制度保障；成立全国首个青少年事务社工学院，培育专业青少年事务社工队伍；首创“涉罪青少年全链条帮教”，将社工帮教贯穿刑事诉讼全过程。2021年，团深圳市委被最高人民检察院、团中央确定为全国未成年人检察工作社会支持体系示范建设单位。

在参与青少年社区矫正工作方面，采取政府购买服务的方式，积极培育、凝聚专业社会力量参与社会治理。2017年起，为深化广东共青团参与青少年社区矫正工作，加强青少年事务社工队伍建设，团省委联合省司法厅、面向粤东西北12个地市，实施“伙伴同行”粤东西北地区青少年社区矫正帮扶计划，联动珠三角优秀社会组织帮扶粤东西北社会组织，开展25周岁以下青少年社区矫正工作，以完善青少年社区矫正本土化工作模式，示范带动本地青少年社区矫正工作，提高社会治理现代化水平。“伙伴同行”能有效推动广东欠发达地区青少年社会服务的创新发展，撬动当地服务资源，凸显共青团参与基层社会治理作用，培育专业人才。

在青少年禁毒宣教工作方面，建机制、抓重点、广发动、强队伍，多措并举。推动省、市、县三级团组织将青少年禁毒工作作为年度考核内容之一，与省综治办沟通，将青少年禁毒工作社会化纳入市、县（区）、镇（街）三级综治目标考核“预青”部分内容。省级积极筹措资金为重点涉毒县区团委配套禁毒宣教工作经费。团省委牵头成立全国首个省级青少年禁毒公益服务联盟，以购买服务、项目合作的方式实施一批禁毒宣教公益项目。依托省级志愿服务组织成长扶持行动及志愿服务项目大赛，广泛发动社会组织、高校社团、志愿者队伍通过大赛申报项目、争取资金等。

四、组织骨干：建设具备青年群众工作能力和优良作风的人才队伍

党的青年群众工作需要有具备青年群众工作能力和作风优良的人才队伍，抓好团员、团干部、青年群众领袖等骨干，通过他们影响更多的青年。

（一）具有普遍群众性的团员是青年群众工作人才力量的基本盘

共青团员数量庞大，是团组织的基本人才力量。团章对团员必须履行的义务作出了明确要求，团员要“维护国家和人民的利益，为保护国家财产和人民群众的安全挺身而出”，要“虚心向人民群众学习，热心帮助青年进步，及时反映青年的意见和要求”。在提高团员的政治性、先进性的同时，也必须要求团员必须拥有人民立场、向人民学习、为青年服务、反映青年诉求，夯实人才力量的基本盘。只有把每个团员的先进身份和优秀品质转化为融入社会、融入群众的优势，才能把共青团的政治优势、组织优势和宣传优势与群众工作无缝对接。

（二）具备群众工作能力和作风优良的团干部是青年群众工作力量的支撑体

共青团的组织骨干是党做好青年群众工作的重要带动力量。党的十九大提出要“增强群众工作本领”，创新群众工作体制机制和方式方法，推动工会、共青团、妇联等群团组织增强政治性、先进性、群众性，发挥联系群众的桥梁纽带作用，组织动员广大人民群众坚定不移跟党走。共青团对党作出的主要贡献，其中一方面就是体现在为党组织化地开展青年群众工作上，团干部的本领素质体现在为党做好青年群众工作本领上。共青团工作从本质上讲是群众工作，有着自身独特的工作规律、工作特点、工作方式。新修订的团章贯彻党对团干部队伍建设的要求，增写团干部必须“坚定理想信念、心系广大青年、提高工作能力、锤炼优良作风”的要求；增写“向书本学习、向实践学习、向青年学习，努力提高青年群众工作本领”等内容，充实了直接联系青年、反对“四风”等内容；增加了拓宽干部来源渠道的内容，注重在基层一线锻炼干部。《共青团中央改革方案》、团的十八大报告等明确了团干部直接联系青年、机关干部下沉基层、向基层服务对象报到的工作制度机制。2022年6月，团中央书记处理论学习中心组专题会议指出，要以贯彻落实习近平总书记在庆祝中国共青团成立100周年大会上的重要讲话精神为“要”，着力研究和破解共青团工作的重大时代课题，这十个“深入研究”的时代课题，其中一个就是“深入研究如何深化团干部

队伍建设，把握党的青年群众工作规律，回归群团组织定位，改革团的干部管理机制，建设忠诚于党的青少年事业的工作骨干队伍”[①]。

与党和人民事业前进的步伐相比，与党中央交给共青团的任务相比，与时代和青年发展变化的速度相比，团干部队伍中还存在着本领不适应的突出问题，必须大兴学习之风，除了学习理论、学习历史以外，还迫切需要学习群众工作本领，真正走进青年、与广大青年打成一片[②]。着眼于做好新时代党的青年群众工作，广大团干部要特别注意培养以下三个方面的群众工作能力。一是服务能力。为群众服务，帮助群众排忧解难，是深入群众、走进群众的有效途径，是做好群众工作的基本功。现在，青年的物质文化生活水平不断提高，群体快速分化、需求日益多样，做好服务工作面临许多新的困难和挑战，对团干部服务能力提出了新的更高要求。过去一般化、大呼隆、粗放型的服务方式已经不适应新时代青年群众工作要求，必须着力培养分众化、精准化、专业化的服务能力。不同领域、不同地域的团干部都要结合实际细分工作对象，摸清不同青年群体的基本状态和主要需求，精准设计工作载体，合理配置工作资源，尽最大努力让各类青年群体都能从团的工作中得到自己最希望得到的服务。二是组织能力。广大团干部既要在推动工作中充分用好团的组织优势，更要用自身的工作成果来巩固和强化团的组织优势。遇到团建空白领域，要积极推动建组织，善于以组织的形式把身边的青年联系起来、团结起来，自觉把个人联系青年的效果转化为扩大组织覆盖的成果；谋划推进各项工作，要主动依靠组织，实现工作力量和成果的倍增效应；面向社会展示形象，要注重凸显组织，进一步增强团组织在青年中的存在感，真正使共青团在广大青年中形成信得过、靠得住、离不开的影响力，进而让党的形象在青年中鲜活地被感知到。三是宣传能力。团干部承担着面向青年宣传党的理论和路线方针政策、让党的创新理论“飞入寻常百姓家”的重要责任，没有很高的宣传能力是无法胜任的。不少团干部只发挥了“传声筒”的作用，在社会思潮交流交融交锋异常激烈的当今时代，面对思想意识十分活跃而且多样多变的当代青年，仅仅靠这些是很不够的。广大团干部要自觉提高宣传能力，既要自身对理论学得精深，全面把握背后的理论逻辑、历史逻辑、实践逻辑；更要视野广博，能够从身边事例、国际视野、历史比较等多角度来选择青年感兴趣、听得懂的素材来教育启发青年，具备把理论观

① 《团中央书记处理论学习中心组专题学习习近平总书记在建团百年庆祝大会上的重要讲话精神》，载《中国青年报》，2022年6月10日第1版。

② 《贺军科同志在中央团校2018年秋季学期开学典礼上的讲话》，中国共青团网，2018年9月4日。

点讲得通俗化、形象化、生活化的能力。此外，青年群众工作本领是实践性很强的工作能力，必须拜青年为师、向青年学习。团干部不能因为学历更高、视野更宽、知识面更广等优势而居高临下干工作，变成“一种精神贵族式的作派”，否则就会自我孤立，就会滋生形式主义、官僚主义的问题，就会与青年群众渐行渐远。团干部要有“甘当小学生”的精神，真心实意地走进青年，和青年面对面、心贴心。

可见，“群众性”贯彻了团干部的选拔、培养、管理和激励的全过程，团的岗位不是青年干部的“名利场”，而是青年干部的“群众场”。具体来说，团的干部要拥有九项群众工作本领，包括提升党性修养本领、建设组织文化本领、完善覆盖阵地本领、把握青年需要本领、筹集工作资源本领、创新工作品牌本领、争取党政支持本领、打造个人魅力本领、传播政治思想本领。①

（三）外围青年群众骨干是青年群众工作人才力量的杠杆点

青年群众中天然存在善于沟通、团结他人的关键少数，他们是青年群体中的天然枢纽，是善做群众工作的青年骨干。有部分青年群众骨干还未成为党团组织成员，他们大多是活跃在新经济组织、新社会组织、新媒体从业人员和自由职业者中的新兴青年群体，在经济建设、科技创新、文化艺术和社会民生等各个领域日益发挥重要作用，成为建设中国特色社会主义事业充满生机活力的重要力量。共青团要通过各种方式团结凝聚带头人和领军人物，实现群众工作的杠杆效应。

党中央高度重视做好新兴青年群体工作，习近平总书记明确指出，“随着社会发展，这类青年人群将会越来越多，团组织必须适应这个发展趋势，努力去做他们的工作，深入他们、帮助他们、引导他们”②。做好新时代新兴青年群体工作，是党交给共青团的重要政治任务，是深化共青团改革、进一步提升团的组织力，不断巩固和扩大党执政的青年群众基础的迫切需要。2017年，团中央实施新兴青年群体“筑梦计划”，聚焦做深做好新兴青年群体工作。2019年，共青团中央印发《关于切实做好新兴青年群体工作的意见》，对做好新兴青年群体工作的重要意义以及工作理念、主要目标、重点内容和工作机制、载体方法等进行了整体系统规划部署。通过科学把握新

---

① 吴庆：《试论青年群众工作专业的创建——共青团工作理论研究的现实、传统和新探索》，载《青年发展论坛》2019年第2期，第30—40页。

② 中共中央文献研究室编：《习近平关于青少年和共青团工作论述摘编》，中央文献出版社2017年版，第68页。

兴青年群体的发展特征和主要问题，以新兴青年群体职业身份、社会身份的确认为抓手，打造新兴青年群体的青年榜样引领群体发展路径，可以积极推进新兴青年群体平等融入社会和有序有效参与，不断巩固党执政的青年工作基础。①2022年，团中央制定《共青团做好新时代青年人才培养工作的行动计划》，作为未来一段时期共青团青年人才工作的行动指南，构建了以青年政治人才培养为核心，统筹加强青年科技、技能、经营管理、乡村振兴、公益人才培养的“1+5”工作格局，以青年人才培养、凝聚、举荐作为关键环节，使共青团加强青年人才政治引领的效果更加显著，支持青年人才发展的平台更加专业，服务青年人才成长的体系更加健全，广泛凝聚培养青年人才，使青年人才成长为在全面建设社会主义现代化国家新征程中建功立业的重要力量。通过对各行各业青年人才，特别是新兴青年里面有影响、有本事的人的联系、服务、引领、凝聚，他们能更好地融入身边的团属组织，充分发挥自身专业技能优势和奉献社会的热情，成为撬动各领域青年的重要杠杆。

做好新兴青年群体工作　凝聚青春正能量

2017年起，各级团组织推进新兴青年群体“筑梦计划”，聚焦签约作家、自由撰稿人、独立制片人、独立演员歌手、自由美术工作者和新社会组织从业人员等新兴群体中的青年，通过组织专门培训、开展职业导航、进行梦想孵化、提供展示平台等手段，助力新兴青年群体激发创造活力，实现个人梦想。2019年，共青团中央印发《关于切实做好新兴青年群体工作的意见》，以强化有效联系、深化思想引领、服务成长发展、促进建功立业、扩大团建覆盖等作为重点工作内容，系统推进新兴青年群体工作。

广东共青团在加强新阶层青年群体工作方面亦做了积极的实践探索。2018年，广东共青团就新阶层青年群体开展专题调研，为增强共青团工作群众性路径提供了依据。首先，在扩大团组织在新阶层青年中的覆盖面方面，采取先易后难、逐层推进的方式。一是在各级青联企业家委员企业，青企协、青商会会员企业中率先建立团组织，形成示范效应；二是推进“两新”组织建团，制定《广东省新经济组织和新社会组织团建“三个百分百”工作

① 邓希泉：《巩固和扩大党执政的青年群众基础》，载《中国党政干部论坛》2019年第11期，第81—82页。

方案》；三是抓好新兴青年群体建团工作，着重推进“快递小哥”、网约车司机、网络意见领袖等个体自由职业者的建团工作，以行业团工委建团、以“青年之家”覆盖等多种灵活方式覆盖。其次，扩大共青团荣誉表彰对新阶层青年的覆盖。如在“青年五四奖章”“青年岗位能手”等传统的品牌表彰中，扩大对于新阶层青年的覆盖；对以往关注较少的群体开展诸如“青年产业工人文学大赛”“大湾区青年使者”等评选活动。再次，发挥团属青年组织的凝聚作用。通过共青团新媒体平台凝聚了一大批国内一流的青年自媒体作家；不断提高新阶层青年在青联委员中的比例；推动成立广东省海外留学青年联谊会、青年文艺家协会、青年书法家协会等，扩大对新阶层青年群体覆盖。最后，以服务覆盖新阶层青年的成长需求。实施“领航100”、“青创100”计划、“领头雁”工程、“创青春”等项目，服务新阶层青年创新创业；推荐新阶层青年优秀代表成为人大代表、政协委员，畅通新阶层青年参政议政渠道；鼓励引导新阶层青年热心公益、奉献社会，发挥青春正能量。

第三节
能力视角：做好青年群众工作的过程路径和本领要求

在实践层面上，党的青年群众工作需遵循过程路径逻辑，群团干部需拥有具体的群众工作本领。过程路径是指开展具体的群众工作必须遵循实践逻辑顺序，符合人的知、情、意、行等方面的工作特质，按照相应的环节依次展开，比如从远到近、先易后难、从陌生到熟悉、从感性到理性、先认知再认可、先认同再践行等进阶顺序，推进青年群众工作的不同目标层次。党的十九大报告提出领导干部要增强“群众工作本领”等八项本领，二十大报告提出要增强干部推动高质量发展本领、服务群众本领、防范化解风险本领。在2020年秋季学期中央党校（国家行政学院）中青年干部培训班开班仪式重要讲话中，习近平总书记再次强调，干部特别是年轻干部要提高“七种能力”，同样包括群众工作能力。共青团章程中亦明确“向书本学习、向实践学习、向青年学习，努力提高青年群众工作本领”等内容，凸显了提高群众工作本领的迫切性。团干部和青年工作者应该在探索新形势下青年群众工作规律的基础上，与时俱进，学用结合，不断走基层、接地气、长底气，练就做好群众工作的真本领。

一、党的青年群众工作的过程路径

共青团干部如何通过组织开展青年群众工作？一般而言，无论是什么层次、什么领域，青年群众工作都会遵循五个环节，也可以说是青年群众工作的“五部曲”，即走进身边，提供服务，建立感情，引导价值[①]，最后是组织力量。这也就是青年群众工作的过程路径。

第一步，走近身边。青年群众工作者要和青年接触，距离越近越好。要在青年中生活，深入青年，密切联系青年，广泛覆盖青年，做到青年在哪里，团组织就建立在哪里。如果不能深入广大青年，自说自话，自拉自唱，工作是很难做好的。

---

① 吴庆：《试论青年群众工作专业的创建——共青团工作理论研究的现实、传统和新探索》，载《青年发展论坛》2019年第2期，第30—40页。

第二步，提供服务。青年群众工作者要为青年提供服务，服务越实越好。要把青年安危冷暖挂心上，发挥组织优势，调动社会资源，千方百计解决青年的实际问题，维护青年群众的合法权益，把青年真正服务好。

第三步，建立感情。青年群众工作者要着力增进对青年的感情，在青年中传递真情，感情越深越好。在工作中注意态度、情感的传递，与青年交心、贴心，真正赢得青年群众的信任，而不是冷冰冰的任务完成。

第四步，引导价值。青年群众工作者要在青年对党所倡导的价值认识有想不顺、有困惑时能及时有效引导好，思想越亮越好。善于把宏大的党的理论通俗化，有引导力、说服力和亲和力。

第五步，组织力量。前面四步做好了，团组织就有了组织动员的基础，围绕党政工作大局，采用各种方式方法宣传、发动、组织青年群众参与或支持党政事业，实现党的目标。组织动员的价值在于不但能激发青年的积极性、主动性、创造性，而且能凝聚青年群众的共识，聚合青年的力量，增强大局贡献度。

因此，团干部要做“五好”干部，走近身边好，提供服务好，建立感情好，引导价值好，组织力量好，真正解决距离、服务、感情、价值、力量这五个关键环节。

2020年，课题组对广东团干部开展了一项关于青年群众工作的调研，当团干部被问及“在开展青年群众工作方面，您认为最难的环节”时，排首位的是“开展思想引导”（37.63%），其次是“提供实在服务”（33.64%）（见表4-1），这两项工作都是青年群众工作的重要环节，也是显性工作。然而青年群众工作实质是做人的工作，是争取人心的工作，还要注重从群众中来到群众中去，建立与群众的感情，因此“走近身边”和“建立感情”的工作不可或缺。团干部应掌握工作的先后次序，依次展开：先接近人，再接近思想；先形成价值认可，再达到行为趋同。在价值传导过程，共青

表4-1　在开展青年群众工作方面最难的环节

选项	小计	比例
走近青年身边	84	12.9%
提供实在服务	219	33.64%
建立深厚感情	103	15.82%
开展思想引导	245	37.63%
本题有效填写人次	651	

团通过鲜明的政治符号，首先对团员产生潜移默化的作用，进而在社会实践中动员青年、影响青年，其价值引导的传递顺序是，从共青团员到普通青年，从道路认同到道路自信，从理论认同到理论自信，从制度认同到制度自信，从文化认同到文化自信。

二、党的青年群众工作的本领要求

完成青年群众工作的各项任务需要青年群众工作本领。按照“走近身边—提供服务—建立感情—价值引导—组织力量”的过程路径，就需要青年群众工作者具备“密切联系群众”“提供有效服务”“建立深厚感情”“开展思想引领”四大类工作本领。具体而言，这四大类本领又包含了九项群众工作本领①，包括提升党性修养、建设组织政治文化、建设工作新阵地、把握群众需要、筹集各类资源、创新工作品牌、打造个人魅力、开展政治思想引领工作、争取党政支持等具体的群众工作本领及艺术。从2020年课题组对广东团干部开展的青年群众工作调研结果来看，团干部最想提升的群众工作本领是“政治思想引领工作”（47.93%），第二、第三位的依次是“筹集各类资源”（43.16%）和“把握群众需要”（40.40%）（见表4–2）。

表4–2 目前最想提升的群众工作本领（最多选三项）

序号	选项	小计	比例
1	特别会做政治思想引领工作	312	47.93%
2	特别会筹集各类资源	281	43.16%
3	特别会抓群众需要	263	40.40%
4	特别会创新工作品牌	208	31.95%
5	特别会建设组织政治文化	161	24.73%
6	特别会争取党政支持	153	23.50%
7	特别会提升党性修养	152	23.35%
8	特别会打造个人魅力	147	22.58%
9	特别会建工作新阵地	118	18.13%
	本题有效填写人次	651	

① 吴庆：《试论青年群众工作专业的创建——共青团工作理论研究的现实、传统和新探索》，载《青年发展论坛》2019年第2期，第30—40页。

（一）密切联系群众，解决“距离”问题

一是具有提升党性修养的本领。团干部要具有对党忠诚的政治品格，要“高扬理想主义的精神气质，心境澄明，心力茁壮，让人迎面就能感受到年轻干部应有的清澈和纯粹”[①]。共青团是政治组织，团干部是政治干部，必须从政治上严格要求、加强锻造，强化政治理论学习、提升政治理论修养，做到意诚心正，修好共产党人的“心学”[②]。团干部在青年群体中要特别像政治组织中的人，特别讲政治，不断提升自己的党性素养。掌握群众观点、立场、方法，提升自己的理论修养、宗旨意识、人民情怀、纪律观念等。现在，团干部主体是85后、90后，甚至是00后，学历层次高，思想观念活、眼界视野广，但同时许多年轻干部人生阅历、实践经验、政治训练相对不足，加强理论学习、提升党性修养就是补上这些短板的最直接最高效的路径之一。团干部加强政治理论学习、提升党性修养，关键是深入学习习近平新时代中国特色社会主义思想这一当代中国马克思主义、21世纪马克思主义，掌握要义、悟透精髓，感受新思想所蕴含的时代厚度、理论深度、实践力度、情感温度，学习政党领袖的战略思维、政治智慧、人民立场、历史担当和使命情怀，把自身锻造成为忠诚干净担当的高素质年轻干部。

二是建设组织政治文化的本领。针对政治文化的层次结构，从共青团组织的外化形象、成员特征、制度纪律、价值信仰四个方面建设组织政治文化，做到“外化于形、实化于行、固化于制、内化于心”，打造成员的外在特征、行为特征、语言特征、感情特征和思想特征，把优良作风凸显出来，在社会上鲜明体现团组织、团干部的精气神。组织外化形象建设，属于形象层，可以从团的标识、文化传播网络、社会形象建设入手。比如，近年来，共青团不仅注重价值引领和制度建设，还注重成员特征的打造和外化形象的展示，如团员在工作期间佩戴团徽，青年节日期间在灯塔、地铁、宣传栏上为共青团项目、为青年“打广告”等。组织成员特征塑造，属于行为层，可以从加强团员、团干部行为规范、思维方式训练、仪式打造等方面切入。比如，规范入团仪式，深入挖掘仪式的实践应用，把入团仪式打造成每名团员人生中的神圣时刻，营造高峰体验、沉浸体验，提高活动感染力与影响力。组织制度纪律建

---

① 习近平：《在庆祝中国共产主义青年团成立100周年大会上的讲话》，载《人民日报》，2022年5月11日第2版。

② 贺军科：《团干部必须自觉提升政治理论修养》，载《中国共青团》2019年第10期，第6—9页。

设，属于制度层，依靠团章、团内各种制度、规范的建设，提高对组织成员的硬约束，使大家习惯在受监督和约束的环境中工作生活，做崇德向善、严守纪律的模范。组织价值信仰建设，属于价值层，应在理想、信仰、信念、价值观等方面高举旗帜，久久为功。

创立尚德礼仪，涵养青年价值[①]

国网江苏省电力有限公司常州供电公司在道德讲堂建设的基础上，将视角投向“礼仪和仪式”，在国家电网有限公司系统率先开发“尚德四礼”（入职礼、拜师礼、成长礼、退休礼），其中入职礼、拜师礼、成长礼均与青年员工紧密相关。国网常州供电公司团委联合党建部、人资部共同进行仪式的开发探索，设置“习礼仪”环节，形成一套涵养青年价值、凝聚青年人心的企业礼仪与仪式。

入职礼，新员工入职培训结业仪式。引导新员工完成入职转变，强化“我是国家电网人”的意识与形象。在“习礼仪”环节设计四个仪式步骤：签约、授装、着装、宣誓。签约，由总经理与新员工代表签约；授装，由总经理向新员工代表发放工作服和安全帽；着装，由新员工全体起立，按步骤，听号令统一完成；宣誓，全体新员工列队面向公司司旗，跟随领誓者，集体宣誓。入职礼凸显职业形象、契约精神，升华成为“国家电网”一员的自豪感、责任感与归属感，从而提升职业形象与忠诚度。这是大学生进入企业的首次仪式，对于新员工入职转变来讲意义深远。

拜师礼，青年员工签订师徒协议仪式。传承尊师重道的中华传统，引导青年员工懂得“尊师、为学”等做人做事的道理。借鉴中华传统文化中“拜师仪式”的步骤和符号元素，在“习礼仪”环节设计四个仪式步骤：投帖、敬茶、签约、师训，配备司仪一名，辅之编钟古乐为背景乐。投帖，请师父上座，由徒弟向师父递交“拜师帖”敬茶，由徒弟向师父敬茶；签约，师徒签订“师徒合约”；师训，师父准备一件有寓意的物件送给徒弟，并对徒弟进行训诫，指出努力方向。拜师仪式的举办，增强师徒之间的感情纽带。

① 共青团国家电网有限公司委员会编：《新时代国有企业共青团工作研究》，中国电力出版社2019年版，第62—67页。

成长礼，员工获聘高级专家或职务晋阶的见证仪式。认可员工的进步，鼓励员工去取得更大的进步和成就，同时向全体青年员工引导成长的方向。在“习礼仪”环节设计两个仪式步骤：见证及合影。见证，由每一位仪式主角上场，手持“成长见证卡”，当众分享自己的座右铭，对自己将为企业和谐发展承担更多的责任作出公众承诺，并将“成长见证卡”交由领导签名见证；合影，由公司领导与全体仪式主角合影合影结束后，成长见证卡将作为成长礼物伴随仪式主角们在未来的成长道路上且行且激励。成长礼让员工特别是青年员工看到他人的成长途径，找到切合自己的成长之路。员工在各个层级的成长，都能得到集体见证和激励。

仪式在工作生活中指导着青年员工的行为，在每种仪式背后，都有一个体现文化价值理念的寓意，青年员工在参与的过程中能够感受得到，且能在参与共同的行动中升华感情、统一思想，达到“业务+文化”共赢的效果。在青年员工职业生涯管理的关键节点以仪式进行引导，可以使特定的价值指引得到描述和强化，引导青年感知企业所主导的价值指引，明晰思维方向和行为规范，强化青年员工作为个体对集体的归属感。

三是建设工作新阵地的本领。根据青年发展的趋势，懂得工作时间、工作空间、工作组织的变化规律，用新的时间观、新的空间观、新的组织观这“新三观”开展阵地建设，打通体制内外、网上网下，建构多元组织形态，让青年感受到青年阵地就在身边，不断拉近距离。例如，有的单位建设青年之家，就充分利用物理空间，按照青年喜好，打造具有青年特色的青年书吧、建设青年健身房、引进迷你唱吧满足青年唱歌喜好等。有的单位结合新员工实际情况及自身特点，研究其工作、生活情况，打破过去传统的单位和部门组织形态，把同一年进单位的新员工召集起来，组建新员工团支部，针对性地开展理想信念教育和单位文化知识培训、新员工素质能力培养、志愿服务活动、团青特色活动等，使新员工对单位文化、发展历程、文化精神、团青工作的职责、使命、工作载体、工作方法等方面有更多了解，更好地参与到基层团支部建设和青年活动中去，引导青年员工扣好职场“第一粒扣子”。

（二）提供有效服务，解决“服务”问题

一是把握青年需要的本领。做青年群众工作需要知青年、懂青年、爱青年。懂

得青年的语言和习惯，熟悉青年的愿望和心声，了解不同青年群体的需要特质，掌握需求分析和利益分析的工具，为解决青年的需要推出相应的服务。当代青年需求日趋多样，已非过去的大一统，而是小而散、散又多、多又特，呈现出明显的分众和小众趋势。青年群众工作者要提高调查研究能力，围绕新形势下青年群众工作的重大课题，深入开展调查研究，注重根据不同领域、不同群体青年在知识背景、生活阅历、价值观念等方面的差异性，建立分层分类分众的青年群众工作格局。比如，农村历来是党关注的重点，也是青年群众工作不能忽视的阵地，要通过深入农村调查，掌握在外青年、在地青年、返乡青年的现状、需求及发展意愿，找准青年工作在乡村振兴上的着力点。比如，结合形势政策，可围绕政策中与青年相关的主题开展专项调查，如“十四五”规划、青年中长期发展规划等；结合青年民生问题，开展求学、就业、创业、置业、住房、婚恋、交友等问题开展持续深入的调查，了解青年“温度”。同时，将调查研究过程也作为青年工作者践行群众路线，密切团青关系的过程，以人对人、面对面、心连心做群众工作。

二是筹集各类资源的本领。能“上下请示、左右求援、自我奋斗”，向党的领导要资源，向行政领导要资源，向青年自己要资源，向职能部门要资源，向群团组织要资源，靠自己有为获资源，依靠上级团委要资源，依靠全团系统共享资源，跨界搭台共享资源以及社会化运作扩资源。首先，要提高资源识别能力，解决无所知问题。对理论资源、历史资源、制度资源、文化资源、组织资源、人才资源、社会资源、数据资源等全面盘点，进行资源现状分析，识别核心资源和缺口资源。其次，要提高资源开发能力，解决存量少问题。对传统资源，要进行深挖和转化，比如对共青团历史上的英雄人物故事的再诠释及信息化传播；对新型资源，要进行汲取和拓展，比如上海团市委与时尚潮流社区App签署战略合作协议，双方将邀请正能量明星KOL入驻APP社区，打造潮流先锋文化IP，形成年轻人正能量表达热潮。再次，要提高资源链接能力，解决孤立性问题。资源链接体现的是团干部人际沟通、资源调度、资源整合能力，可充分利用共青团组织网络、活动网络优势，促进资源集聚和资源共享。最后，要提高资源配置能力，解决低效能问题。在遵循政治性、公平性、效率性和科学性原则的基础上，优化资源配置路径。在资源“入口”，做好开源和节流；在资源“内部”，做好协同和组合；在资源“出口”，做好反馈和评估。此外，还需注意的是，在整合资源时不能完全依据商业逻辑及市场逻辑，更不能以交换资源为由而丧失政治性、公正性、公平性、公共性。

“共青团影厅”打造团聚青春活力新引擎①

浙江省嘉兴市嘉善县纵深推进县域共青团基层组织，以基层组织改革组织方式多样化为牵引，打破行业壁垒，整合社会资源，扩大组织覆盖面，构建商圈团建新模式，在全省率先打造商圈楼宇“共青团影厅”作为青年之家组织阵地的新模式。

建章立制分步走推动“共青团影厅”建起来。一是瞄准“青年+网红”科学选址。选取县城主城区青年人气最旺的银泰中影星美CGS影城作为全县首家共青团合作影院，挂牌成立8家“共青团影厅”，实现县域全覆盖。在“共青团影厅”青年必经区域突出“团团”元素氛围布置，在淘票票、美团等线上订票系统面向青年呈现“嘉善共青团影厅”标识。二是带动“工作+组织”双覆盖。推动商圈、电影行业等社会领域团组织有效覆盖，以影院团支部主抓“共青团影厅”的运维管理。建立电影行业团支部，团管“共青团影厅”实现100%全覆盖。针对商圈影院团组织印发《团支部工作手册》，提供全流程、标准化工作范本。三是创新“个性+定制”专属福利。建立“共青合作商户”评定机制，联合“共青合作商户”发放“团团开心卡”和“志愿青享卡”两张青年福利卡，为青年谋求“折上折”的“观影福利”，全年为青少年提供公益观影活动场次不少于12场。

共建共享聚力量推动“共青团影厅”活起来。一是坚持团的组织“统领”。建立健全运行管理机制，“共青团影厅”以所辖镇（街道）团委主管、影院团组织具体实施的双重管理机制。依托阵地广泛开展“团团喊你回嘉”口袋团员报道、主题团日、团课学习等团员日常教育管理工作。二是依托社会力量“带领”。引入青年社会组织以及11名专职青少年事务社工入驻运营“共青团影厅”青年之家，针对不同群体，提供特色服务，如观影活动、消杀服务、读书活动等。三是突出团青联盟“引领”。建立区域化团建工作格局，将“共青团影厅”作为“社区团组织+联挂部门团组织+青年社会组织+青少年事务社工”四方团青联盟活动主阵地。

丰富功能重育人推动“共青团影厅”实起来。以“共青团影厅”为载体，开展“沉浸式”“滴灌式”党史学习教育，推动党史学习教育在全县

① 《“共青团影厅”打造团聚青春活力新引擎》，载《中国共青团》2022年第13期，第48—49页。

青年中“活”起来、“潮”起来、“实”起来。如聚焦“红色主旋律”，利用电影开场前等待时间专题播放“理响嘉善”党史青年说、“青春小团子”等团属青年微视频。设计一批导向明确的党史学习教育宣讲主题，推出30部“理响嘉善”党史青年说微视频以及宣讲短片，依托“共青团影厅”以“嘉善党史故事天天讲”形式巡回展播。设立“共青团影厅”图书漂流点，专门配送党政热门书籍。100余家共青团示范商户分批在影院青年之家开展便民宣传服务、“周六爱心集市”等活动。在“共青团影厅”服务台设立“青年服务专窗”，为青年提供团组织关系转接、志愿服务礼遇兑换等专门服务。

三是创新工作品牌的本领。正确处理活动、项目和品牌的关系，会打造核心青年工作品牌，不断推动传统青年工作品牌升级、彰显青年品牌特色，打造新的时代品牌，形成青年工作品牌体系。比如，2021年开始，广东机场集团提出创建“青年友好型企业”，目的是要“让企业对青年发展更友好，让青年对企业发展更有为”。在集团党委的指导下，集团团委与各单位通过一年的探索，结合青年深度调研结果，在全集团范围内探索建立“GAA青年+”模式，并在各单位党委的支持下选取部分单位、部门作为试点进行推进。“GAA青年+”模式由七大版块组成，分别为“培育政治品质=青年+政治思想教育”“激发创新创意=青年+数字化转型”“引领成长成才=青年+专业技能提升”“构建赋能体系=青年+精准培训”“搭建活动平台=青年+实战操作”“促进沟通交流=青年+格局视野”“增进暖心关怀=青年+价值观修炼”，引导青年关注民航行业动态和企业改革发展动向，激发青年员工立足岗位、干事创业的热情和动能，将痛点和槽点作为突破口，变被动为主动，切实为集团公司高质量发展作出更大贡献。

（三）建立深厚感情，解决“感情”问题

共青团通过做人的工作推动青年群众的情感认同，就是引导青年群众从感情上客观、积极地体悟党的思想的科学体系、丰富内涵、精神实质，发自内心地自觉拥护。其中的关键点是注重情感传递，抓住最佳工作期，发挥身边热心人和引路人的作用。比如，对于企业青年而言，开展青年员工入职辅导等活动，可以在青年员工最敏感的职业阶段及时建立感情，特别是入职初期开展丰富多彩的活动，结成深厚情谊，进而更好地影响青年员工。比如，在单位开展“导师带徒”“传帮带”等活动，可以发挥师傅、老师、前辈关心青年成长的感情因素，营造和谐代际关系，推动年长一代手把

手地指引青年成长。

感情建立需要依靠领导力和影响力，所以团干部要有打造青年领导力的本领，做有魅力的团干部。中央团校吴庆教授提出共青团干部魅力命题，持续开展了一系列理论与实证研究，提出“共青团干部魅力提升12法”，并将12个魅力划分为浅层魅力、中层魅力和深层魅力。浅层魅力指容易获得和提高的，包括形象吸引法、兴趣融合法和时尚引领法；中层魅力是需要团干部进行一段时间积累的魅力，包括语言感染法、知识征服法、沟通协调法、能力推动法等，这些魅力与智力、社交能力、解决问题的能力相连，是“做事”的魅力；深层魅力是需要团干部花更长时间获得的、难度最大的魅力，包括远见引导法、责任感召法、真诚取信法、热情融化法、尊重归心法等，是与价值人格相连，是“做人”的魅力。12种魅力由浅层到中层到深层，从外表到内心，从做事到做人，体现了青年群众领袖的魅力由表及里的立体体系。[①]借鉴此研究框架，2020年课题组对广东团干部开展的青年群众工作调研结果显示，团干部最关心的前五位“魅力”分别是：“沟通协调”（53.61%）、“责任感召”（33.95%）、“语言感染”（31.34%）、“能力推动”（31.34%）和“兴趣融合”（31.18%）（见

表4–3　最关心的团干部魅力（最多选三项）

选项	小计	比例
沟通协调	349	53.61%
责任感召	221	33.95%
语言感染	204	31.34%
能力推动	204	31.34%
兴趣融合	203	31.18%
知识征服	187	28.73%
形象吸引	146	22.43%
远见引导	88	13.52%
真诚取信	81	12.44%
时尚引领	76	11.67%
热情融化	62	9.52%
尊重归心	48	7.37%
本题有效填写人次	**651**	

① 吴庆：《共青团干部魅力提升12法：从团干部到青年群众领袖》，红旗出版社2020年版，第3页。

表4–3），表明了团干部们既关心如语言感染、兴趣融合等的浅层本领，也关心责任感召的深层本领，最关心沟通协调的中层本领。团干部要成为青年群众领袖，以形象吸引青年、兴趣融合青年、时尚引领青年、知识征服青年、语言感染青年、能力推动青年、沟通协调青年、真诚取信青年、责任感召青年、尊重归心青年、热情融化青年、远见引导青年，成为具有青年领导力的人。

青年群众领袖的魅力形成，本质是青年领导力的形成。有研究显示，最近三十年，国际领导研究可为三类：第一类是关注领导者个人特质和行为特征的研究，探索基于权力和魅力的影响力，代表理论有变革型领导、魅力型领导、家长式领导等；第二类是关注领导者和追随者二者之间关系的研究，探索人际互动中的领导力，代表理论有领导者—成员交换理论、关系领导力等；第三类是关注领导者对组织的影响绩效的研究，认为领导者的价值观是影响组织绩效的最核心要素，代表理论有道德领导、真诚领导、服务型领导等。价值领导理论成为近十年国际领导研究的一个新潮流，未来领导力的核心是价值观，未来领导者应秉持一种利他中心的价值观。[①]价值领导力，一方面指价值领导者在正确的价值观指导下，塑造和提升自身的领导素养和能力；另一方面，指价值领导者基于和运用价值观进行有效领导。[②]中国共产党秉持“人民至上”的价值领导力，坚持“人民至上”是中国共产党人的价值核心，也是中国共产党领导力的根本价值立场。[③]当前，团的干部应学习与继承“坚持人民至上”的宝贵历史经验、自觉形成“人民至上”的价值立场，自觉提升以“人民至上”的价值观为核心的价值领导力并用于党的青年群众工作，不仅在自己的工作中践行价值观，同时通过激发青年群众认同自己的价值观与愿景，与青年群众建立信任关系并引领、帮助他们成长，实现价值引领。

（四）开展思想引领，解决“价值”问题

要具备思想政治引领本领，使青年对党有政治认同、情感认同、价值认同和行

① 翁文艳：《青年毛泽东“人民至上”价值领导力的形成历程与当代意义》，载《甘肃社会科学》2022年第1期，第16—23页。

② 奚洁人：《中国共产党人民至上的价值领导力》，载《上海党史与党建》2021年第2期，第3—9页。

③ 翁文艳：《青年毛泽东“人民至上”价值领导力的形成历程与当代意义》，载《甘肃社会科学》2022年第1期，第16—23页。

为认同。理解当代青年相信什么，不相信什么，使用利益服务引导法、感情打动引导法、文化浸入带动法、偶像示范跟随法、事实呈现影响法、规律研究说服法、自己成长体悟法等具体方法。从2020年广东团干部青年群众工作调研数据中发现，“文化浸入带动法”“事实呈现影响法”和“感情打动引导法”这三种思想引领方法，最受团干部们关注，分别占66.82%、48.08%和40.55%（见表4–4）。很多时候，需要打“组合拳”，多种引领方法并用，因此，要贴着利益做、贴着感情做、贴着文化做、贴着偶像做、贴着事实做、贴着规律做，将思想引领贯穿共青团的任务、工作、活动、教育等全过程，还要掌握开展网上思想引领的方法。

表4–4　在思想政治引领上更关注的方法（最多选三项）

选项	小计	比例
文化浸入带动法	435	66.82%
事实呈现影响法	313	48.08%
感情打动引导法	264	40.55%
利益服务引导法	251	38.56%
自己成长体悟法	213	32.72%
偶像示范跟随法	129	19.82%
规律研究说服法	129	19.82%
其他	13	2.00%
本题有效填写人次	651	

用典型模范、英雄榜样开展正面宣传教育、凝聚人心、传递正能量，是青少年思想引领的优良传统和有效方法。选树什么样的典型，就能体现什么样的导向。先进典型能生动、形象地引领和带动全社会践行核心价值观，所体现的精神内涵可以引领青年群众学习和模仿，对维系一个国家的核心价值观有着极其重要的引领作用。先进典型在青年群众中可发挥思想引领作用、行为效仿作用和精神激励作用。根据青年典型的主体类型，可以开展以下几类先进典型教育活动。第一类是开展以行业精英为典型主体的经验交流活动，这些典型往往是来自日常生活层面的同龄人翘楚或各行各业杰出人士，针对青年个体发展需求，贴合青年精神需要，具有吸引力和权威性，容易受到青年的接受和认同。第二类是以社会典范为典型主体的榜样教育活动，这些榜样往

往是各种甘于奉献、品德高尚的社会典范，他们的故事可以增强青年对责任、奉献、利他、价值的体会和认识，将自身发展融入社会发展之中，在奉献中实现自身价值。第三类是以英模先烈为先进主体的榜样教育活动，这些榜样往往是历史上为国家、民族作出重大贡献的革命先驱、英雄烈士、领袖人物等，通过知识灌输和情感培育等多种方式，使红色基因渗进青年血液、沁入心田，把红色江山时代传。共青团要加大对宣传和树立青少年典型以及向社会举荐优秀青年人才工作的力度，继续深入开展“青年五四奖章”颁授、“向上向善好青年”评选、培育“杰出青年”“好青年”“最美人物”系列、各类道德模范等青年典型，形成先进典型层出不穷、新老典型交相辉映的生动局面。共青团可以通过青年道德讲堂、青年分享会、媒体报道等方式，在社会中营造青春昂扬、不懈奋斗、赶超比学的浓厚氛围，实现青年典型“点亮一盏灯，照亮一大片”的示范表率作用。

创新青少年思想引领方式　助推县域共青团改革发展[①]

2021年以来，团扬州市委在全市创新打造沉浸式思想引领教育模式，要求用身临其境的学习方式让青少年感悟红色经典，团邗江区委围绕县域基层共青团组织改革要求，依托全区青年学习社打造沉浸式思想引领试点，结合党史学习教育，通过抓学习、抓载体、抓活动、抓引领、抓创新“五抓”举措，以“全域化覆盖、项目化支撑、实体化运转、沉浸式体验”的“四化模式”为抓手，积极培育沉浸式青少年思想引领项目。

让青少年“真听、真看、真感受”。团邗江区委采用“一域一品”工作方法，在青年学习社内打造沉浸式学习教育特色品牌《红星照耀我成长》。具体做法是，青年学习社组建跨界融合的编导团队，人员由扬州广电新闻志愿者、学习社青年领学员、团干部等组成，在青年学习社内以“亲子真人秀+嘉宾访谈+戏剧演绎”的表现形式，展现少先队员的心灵成长史。活动以建党百年各个阶段发生在扬州境内的重大事件、涌现的重要人物为坐标，在不同历史时期选取了20个代表性人物、事件和场景，转化为有血有肉的故事传承给下一代。

---

① 《创新青少年思想引领方式 助推县域共青团改革发展》，载《中国共青团》2022年第4期，第66—67页。

让思想教育产品“选题准、故事好、质量优”。团邗江区委同步将《红星照耀我成长》系列活动制作成线上精品节目，在青少年党史教育理论节目的儿童体、故事化、艺术性表达方面进行有益探索。活动注重增加“仪式感”，其一是青少年和现场的嘉宾、相关人员和其他参观群众合影留念，通过特效，每一张“打卡”照片都会变成一颗小红星飞进自己的日记本。其二，感染青少年打开日记本进行党史学习心得记录，写下崇敬、感悟和向往等感受。其三，用镜头记录仪式，以短视频的形式，从电视节目转移到扬帆APP的新媒体端，青少年和家长们不仅热情参与网上“打卡赢小红星”的游戏，还纷纷留下自己的日记，达到某种情感的宣泄与共鸣。

让思想引领模式凸显“故事性、艺术性、感染力”。团邗江区委整合县域共青团组织改革资源，形成思想引领教育与团属平台同步设计，同步打造。把青年讲师团、“青年说党史”等品牌项目融入青年学习社，坚持思想性与生动性相结合。利用青年学习社阵地从地方小故事切入，构建起青少年喜闻乐见的学习党史的新范式，为打造思想性、艺术性兼备，传播力、影响力俱佳的思想引领模式提供了一次成功的实践。

第五章

实践与探索：为党做好青年群众工作的具体实践

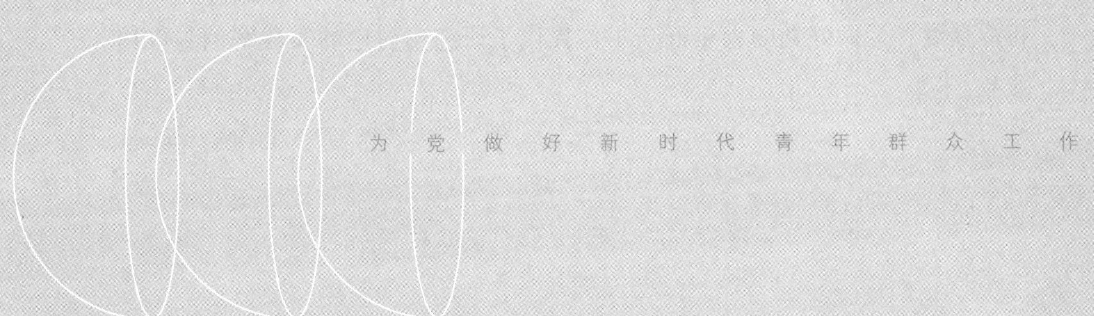

在庆祝中国共产主义青年团成立100周年大会上，习近平总书记强调，共青团要增强引领力、组织力、服务力，团结带领广大团员青年成长为有理想、敢担当、能吃苦、肯奋斗的新时代好青年。围绕引领凝聚青年、组织动员青年、联系服务青年这三项重要职能，有的共青团积极探索、力求创新，在实践中发现问题、解决问题，不断提升共青团的引领力、组织力、服务力和贡献度，为做好党的青年群众工作提供了研究与讨论的实践案例与应用参考。

第一节
增强引领力：引领凝聚青年

引领青年是共青团的传统和优势，也是党赋予共青团的光荣使命，在历史上发挥了重要作用。进入新时代，“引领凝聚青年”是共青团的重要职责，提升团的引领力是共青团建设的重要内容。善用红色文化资源开展引领、善用青年时尚开展引领，是引领青年方面经典与现代的碰撞。

一、善用红色文化资源开展教育引领

红色文化是中国共产党在领导人民进行革命、建设、改革的伟大实践中凝聚而成的中国化的马克思主义先进文化，是物质文化和精神文化相统一的文化形态。习近平总书记多次提出要充分利用好红色文化资源，强调“使红色基因渗进血液、浸入心扉，引导广大青少年树立正确的世界观、人生观、价值观”，“要抓好青少年学习教育，着力讲好党的故事、革命的故事、英雄的故事，厚植爱党、爱国、爱社会主义的情感，让红色基因、革命薪火代代传承”[①]，他在地方考察调研时多次到访革命纪念地，瞻仰革命历史纪念场所，反复强调要用好红色资源，传承好红色基因，把红色江山世世代代传下去。将红色文化资源与青年理想信念教育充分融合具有重要意义。

（一）红色文化资源融入青少年理想信念教育的价值意涵

红色文化资源是青少年坚定理想信念，增进中国特色社会主义道路自信、理论自信、制度自信、文化自信，为实现中国梦注入青春能量的重要资源，在青少年教育中有重要意义。第一，有利于丰富教育内容。红色文化资源蕴含着丰富的革命精神和厚重的历史文化内涵，承载着中国人民的先进思想、高尚品德、优良作风、伟大创造。红色文化资源展现着我国革命、建设、改革的伟大历程中，理想之光、信念之火如何

① 习近平：《论党的青年工作》，中央文献出版社2022年版，第100—101页。

影响和激励一代代有志青年听党召唤、跟党奋斗的伟大图景，可以为青少年坚定革命理想信念提供强大指引。第二，有利于丰富政治社会化手段。红色文化教育价值贯穿于青少年政治信仰教育的整个过程，蕴含着显性和隐形的信仰教育，可以为青少年政治信仰教育提供有效载体。通过红色文化教育，青少年逐渐学会从价值标准、政治态度、行为规范等方面向党看齐，用更严格的政治标准来衡量、约束自己，内化为自己的政治态度、政治情感，外化为政治行为，扮演政治角色，使自己成为政治体系的支持者，维护者。第三，有利于提高教育效果。在保留传统课堂讲授形式的同时，结合红色文化遗址、建筑、场所开展“行走的课堂”，通过参观红色文化场所、现场视频学习、仪式教育、风范人物分享个人亲身经历等多种教育方式，可以使课堂更形象生动、可见可触。第四，有利于传承红色基因。红色基因是中国共产党区别于其他一切阶级政党的鲜明标识和政治优势，是共产党人永葆本色的生命密码、战胜一切困难的精神密码、实现伟大梦想的精神动力。将红色文化资源引入教育，深刻走进教育组织者、教育实施者、教育研究者、教育传播者及教育对象的视野，有利于营造弘扬红色文化的社会氛围、掀起学习红色精神的风潮，增强人民大众对红色文化的自觉自信。

（二）红色文化资源与青少年理想信念教育融合的现实境遇

课题组于2019年开展了广东红色文化资源与大学生骨干理想信念教育融合研究，选取广东省内45所高校共195名大学生骨干进行调查。调查显示，红色文化资源融入青少年理想信念教育取得了一定的效果，但还需进一步优化。

1. 红色文化教育在大学生骨干教育中普及率较高，但深度影响还不够

通过调查数据得知，79.6%的学生骨干近一年到红色文化场所参观或学习的次数为1～2次，而“3～4次”“5次以上”的分别占16.1%和3.2%，可见普及率较高。在效果方面，大部分被调查者通过红色文化教育，学习到了红色文化和精神，了解了革命历史以及革命前辈的艰辛岁月，但主要集中在知识和精神上的浅层影响。一年内参加多次红色文化教育培训的大学生，对红色文化的教育意义及影响的认识较为深刻，在思想传播方面更为自觉。总的来说，培训深度不够、无法与学生产生共鸣，培训周期短且次数不多，教育效果多停留在短暂的身心感触上，长期持续的心灵感触和行为上的影响较弱。

2. 集体组织为主，教育培训形式逐步多元

调查发现，有32.3%的大学生是受组织安排到红色文化场所参观或学习的，因个人兴趣或提升自身素质类的仅占11%左右。有个别学生提及自身是喜欢红色文化的，对红色文化相关知识也有一定的了解，也认识到红色文化对自身的成长是有帮助的，但主要的参加和学习仍以集体组织为主，个人自发为少数，学习的自发性、自主性和积极性不够。在以何种形式参观或学习红色文化资源的调查中显示，参观形式最常见，还有体验式学习、网络教学等，教育培训方式逐步多元。在问卷及访谈中发现，部分大学生骨干在参加教育体验后觉得形式大于意义，且体验时间过短、记忆不深刻，讲解过程中也并未真实融合大学生骨干现状，无法深入挖掘红色文化资源的精神内涵，离坚定大学生理想信念效果还有差距。

3. 讲解师资队伍素质参差，讲解内容的深入度和针对性不强

调查数据显示，14.1%的大学生骨干认为广东红色资源的讲解师资队伍不足，讲解内容不够深入，仅停留在介绍层面；26.1%的大学生骨干认为参观过于形式化，缺乏趣味性，讲解不能很好地针对受众来调整讲解内容及形式。目前，讲解队伍主要由导游、教学点讲解员、教育工作者等人员构成，大部分现场讲解仍依靠场地工作人员来完成，讲解内容的深入度和针对性不强，未能达到引领、催化、渲染等目的。

（三）红色文化资源与青少年理想信念教育的融合路径

1. 合理选择红色文化资源

（1）价值标准符合先进性、时代性、民族性。要将先进性作为主要标准，善于运用革命榜样的先进事迹、崇高理想和优良品德来开展理想信念教育。红色文化资源体现了革命年代的伟大成就和丰功伟绩，以广东为例，如省港大罢工、广州起义、沙基惨案等，永远不会过时；同时也要顺应新时代发展要求，体现时代性，与当代的艺术、教育、宣传等现代化传播手段结合。要深入挖掘红色教育中富有民族性的内容，体现中华民族不屈不挠、英勇斗争的伟大民族精神，真正打动人感染人。（2）内容标准符合多样化、生活化、真实化。要根据青少年不同年龄、性别、兴趣、需求，推出不同层次、类型、特点的教育内容，提升教育的多样化。不但要选择先进榜样理想信念、英勇顽强的内容，还要选择生活化的内容，如陈铁军与周文雍刑场上的婚礼、叶剑英元帅在关键的历史时刻做出的抉择、彭湃自烧田契干革命等故事，引导青少年正确处理个人利益与集体利益的关系、事业与家庭的关系、工作与学习的关系、成功

与失败的关系等。真实化是指所选择的红色人物及事迹必须是真实可信的，艺术化的创作要有生活原型，要与当时的革命事实本质上相符合，杜绝不尊重历史、过度娱乐化的现象，更要避免出现“手撕鬼子”“包子炸弹”等与革命斗争情景完全不符、严重违背常识的情景。

2. 深入挖掘红色文化价值

（1）深度挖掘，形成品牌价值。深度挖掘不仅对资源地域的地质、气候、水文等自然环境特征准确分析，更应对资源的历史、社会、经济、文化等人文特征进行准确分析。以广东为例，黄埔军校，被誉为“国共将帅的摇篮”，又是“世界四大军校”之一，可深度挖掘其在培养青年将帅的价值，形成《从黄埔军校看青年将帅的培养》等品牌课程；在东莞虎门，借助虎门销烟与鸦片战争的历史开发《鸦片战争地展望中国梦》的课程；在梅州叶剑英纪念馆，结合叶帅的生平形成《理想信念的抉择》等主题课程。（2）广度组合，提高整体价值。红色文化资源场所分布相对较为分散，可以把同类型红色资源通过横向整合和路线组合的方式，提高整体价值。以近代风云人物旧迹为例，在广州就可以形成一条独特的现场教学路线，把全市大部分的红色景点进行整合。广东的粤东粤北，有11个中央苏区县（区），可以以中央苏区旧址为主体，形成瞻仰、缅怀、教育为一体的教育路线，提高整体价值。

3. 创新红色文化教育方式

（1）潜移默化法。红色文化教育要将教育渗透到家庭教育、学校教育、社会教育的方方面面，开展隐性的红色文化教育。应尽可能创作出更多的适合青少年欣赏的红色文化作品，并在青少年中开展广泛的红色文化评赏活动，将红色文化元素有机融合在艺术专题讲座、音乐会、文艺演出、美术作品展等活动中。做好红色文化进教材、进课堂、进社团、进公寓、进社区等工作，使大学生在潜移默化中接受感染、熏陶和影响。（2）比较学习法。引导青少年深入剖析榜样，运用“比较学习法”，结合自身实际，在理想信念、价值观、行为规范等方面进行对照比较，寻找自身与榜样之间的契合点和差距，从而不断激励自我、完善自我、提升自我，更加坚定革命理想信念。在学习过程中，还可以运用好反面典型，引导青少年从中汲取教训，做到自警、自省和自重。（3）情景体验法。可结合建党、新中国成立、长征胜利等重大节庆日和纪念日，开展游红色景区、读红色经典、看红色影视、唱红色歌曲、办红色赛事等体验活动。由过去红色旧址参观的单一模式向融瞻仰教育、缅怀活动、参观考察、角色体验等于一体的复合模式转变。如先组织青少年学习折纸花制作花圈，再向烈士墓敬献花圈；如在广州开展城市红色定向寻标活动，寻找广东近代风云人物足迹。可组织大学生在寒暑假到贫困的革命老区去、到艰苦的基层去参加实践劳动，增进与广大人民群众的感情。（4）现代传播法。开发和建设好红色文化网站、微博、微信等常用互联网宣传阵地，用好知乎、B站、抖音、快手等新兴互联网阵地，探索在直播平台开展红色文化宣传。如设计广东红色文化APP或小程序，插入有革命代表性的历史故事及案例探讨，还可以设置成各种关卡，由玩家自行闯关或者组队完成挑战。如广东省青少年传承红色基因志愿宣讲行动走进红军长征粤北纪念馆，结合青少年喜闻乐见的沙盒游戏+复刻现实场景的现代科技技术，复刻红军长征粤北纪念馆内的现实场景，线上直播高度还原了当年红军沉着应战开展阻击战的生动景象，实现了红色阵地、红色故事等元素与直播观众的双向互动，让青少年群体身临其境感受红色历史文化。①

4. 培养红色文化传播队伍

（1）培养复合型专业队伍。通过引进人才和自我培养相结合的方式不断加强复合型专业队伍建设，发挥智库、讲解和保障的功能。一是智库队伍，由数量相对稳定、学历水平稳步提高、年龄、职称结构日趋合理、具有专业知识和背景的人员组成，主要承担研究、开发、咨询、建议等职责。二是讲解队伍，由综合素质高、具有丰富的教育教学经验和现场讲解演绎技能的教师、讲解员、导游等人员组成，主要承担讲解、演绎、传播、教学等职责。三是保障队伍，由相关职能部门及红色文化场所的工作人员组成，主要承担领导、协调、组织、沟通、实施、保障等职责。（2）培养文化志愿者队伍。通过社会动员等方式培养红色文化志愿者队伍，担任现场讲解员、导赏员、授课者、情景剧表演者等角色。一是党团员志愿者，做好先进性的表率，在红色文化资源的传承和弘扬方面发挥带头示范作用。二是学生志愿者，利用寒暑假时间以三下乡等形式到各个红色教育基地提供讲解服务。如，广东省青少年传承红色基因志愿宣讲行动中，大中小学生组成志愿宣讲队，利用节假日在全省100多个红色景点景区和爱国主义教育场所，面向游客开展常态化宣讲活动。三是专业志愿者，聘请参加过革命战争的老同志、在职或离退休的干部、专业教师、史学工作者和理论工作者等担任兼职讲解员。四是社会志愿者，公开向社会招募对史学教育、军事

① 《运用现代科技手段向青少年讲好红色故事》，信息时报网，2021年3月13日。

教育、红色教育感兴趣的社会人士，利用他们的空余时间进行文化宣传及讲解工作。

5. 完善红色文化教育保障机制

（1）加强顶层设计。各级政府层面按照相关要求和法律法规，对红色文化资源保护利用给予政策上、财力上的支持，为其提供必要的制度保障。各级党政部门、群团组织等相关职能部门可建立红色文化保护利用联席会议制度，定期研究工作中的重大问题，形成工作合力。（2）加强实践保障。学校应重视对学生骨干理想信念的教育，落实在实践过程中的制度、经费、人员、时间等方面的保障。学校党团组织、各级党校、干部院校是开展红色文化教育活动的重要组织者，应做好顶层设计，做好系统规划，确保子活动不单一、不独立，而是有主线、有关联，增强红色文化主题教育在不同部门间和不同时间上的联动性与延续性。可采取课堂教学与课外活动相结合，规定每学年的红色研习活动时数，并将其以传承的形式确定下来，以此发挥红色文化资源教育的功能，促进可持续发展。

二、善用青年时尚引领青年

青年是时尚的易感人群，以其独特的方式创造与引领时尚，同时也深受时尚影响。习近平总书记指出“青年是引领风气之先的力量。做好青年工作，必须有能力引领时尚、引领风气，这样才能把广大青年吸引到自己的周围来，把他们最广泛地聚集到党和人民事业中来”。[①]共青团引领时尚是引领青年的一种路径，指的是在引领青年的思想指引下，运用青年时尚文化的有利因素和作用发挥机制，提高引领力和青年工作实效，把广大青年吸引凝聚到党和人民事业中来，从而实现价值引领。从青少年工作中的非权力影响力角度看，对比一般领导力研究结论，时尚引领能力是最具有青少年工作特性的能力之一，也是青少年最为敏感的，在从事团的工作过程中需要高度重视和率先“突破”[②]。党鼓励中国青年“勇做时代的弄潮儿”[③]，面对时代弄潮儿，共青团组织要能“赶潮”，更要能“领潮”，提高引领

① 中共中央文献研究室编：《习近平关于青少年和共青团工作论述摘编》，中央文献出版社2017年版，第66页。

② 吴庆：《共青团干部魅力提升12法：从团干部到青年群众领袖》，红旗出版社2020年版，第3页。

③ 习近平：《决胜全面建成小康社会　夺取新时代中国特色社会主义伟大胜利》，载《人民日报》，2017年10月28日第1版。

青年时尚的能力，创新引领路径。

（一）共青团引领青年时尚的应然之义

青年时尚是以青年人为主体，一定时期内出现的对特定的生活方式、行为模式和价值观念等的偏好、随从和追求的社会文化现象。时尚已渗透在青年社会生活的方方面面，与青年所处的社会和时代深度勾连。透过青年时尚这面“文化之镜”，一方面可以观测到青年时尚对促进青年发展、推动社会风尚的正向作用，另一方面，可以捕捉到青年时尚所夹杂的不良因素对青年的价值取向、行为方式和文化追求有潜在风险。利用好青年时尚文化的有利因素，因势利导、价值引领尤为重要。

1. 何以存在：共青团引领时尚的应然逻辑

第一，从党的要求看，面对新形势新青年新问题，团干部要提高引领时尚、引领风气的能力。习近平总书记指出，团的干部要有“本领恐慌”的忧患意识，新经济组织、新社会组织、网络空间、现代艺术等方面青年的工作不容易做，“这些青年做的工作往往是前沿性的，操作的技术都是最先进的，吸收的观念都是最时尚的，简简单单做工作不会有成效，而是要下很大功夫”[①]。第二，从引领的对象看，青年是引领风气之先的力量，同时，青年人自身所具有的局限性决定了他们需要被引领，所具有的可塑性又决定了他们能够被引领。第三，从引领的主体看，团组织承担着引领凝聚青年的职责，青年的变化倒逼共青团必须改革不适宜的青年工作方式，必须创新青年引领机制。第四，从引领的方式看，以贴近青年日常生活的形式引领和规训青年行为，是更“接地气”吸引凝聚青年的有效方法。

2. 以何存在：共青团引领时尚的历史经验

共青团从成立之初就有思想及行动引领时尚化的传统。接受和传播马克思主义、组建青年团培育革命力量等，都是百年前最“时尚”的思想及行动。新中国成立后，特别是改革开放40多年来，共青团在引领时尚方面有许多成功经验。首先，善于把时代主题转化为时尚主流。共青团把时代主题进行创新解读，用时尚化的形式重新诠释，变成青年乐于参与的时尚话题，如2010年“广州亚运信使团”活动，利用旅游时尚把亚运文化、志愿文化、岭南文化向全世界传播。其次，善于使用时尚活动品牌与

① 中共中央文献研究室编：《习近平关于青少年和共青团工作论述摘编》，中央文献出版社2017年版，第83页。

媒介等时尚载体。共青团根据不同时代不同阶段的任务重点及青年特点，打造了一系列在当时很有时尚特色的品牌活动，如开展“争当新长征突击手”等活动以引导动员青年参加经济建设；开展“五讲四美三热爱”等活动以应对部分青少年思想道德观念滑坡的现象；创建“青年文明号”活动，以引导青年体现高度职业文明、创造一流工作业绩。在互联网大规模普及的今天，共青团全面进驻微博、微信、B站、知乎、抖音、快手、视频号等平台，紧跟时代，贴近青年，形成强大的新媒体矩阵，在互联网空间激浊扬清，促进团网深度融合、团青充分互动。最后，善于运用青年榜样等时尚人物力量。紧紧把握中国青年的先锋意识和勇于担当的传统，各级共青团、青联、青年组织开展的各类青年评选活动，其优秀青年代表不乏时尚化楷模，他们爱岗敬业、创新创造、勇于走在时代前沿，成为青年竞相学习的榜样。

（二）共青团引领青年时尚的现状与困境

为了了解共青团引领青年时尚现状，课题组依托全国团干部影响力研究课题，于2020年6月—11月在全国范围内对团干部开展“共青团青年时尚引领”网络调研，收集到有效自填问卷1372份，团干部对时尚的思考1014条，合计约10万字，对36位团干、青年工作者及研究者进行了深度访谈。通过个体层面、对象层面、组织层面分析发现，共青团组织引领时尚既有成功经验又面临理念认识、体制机制、能力提升等困境。

1. 个体层面：时尚的基本认知及个体情况

（1）对时尚保持较高的关注度和兴趣度，但对时尚引领的具体内涵理解模糊。作为青年本身，大多数被调查者均显示出对时尚的兴趣和关注，而女性比男性的关注程度更高。（2）对自我的综合时尚程度评价中等，在思想观念层面的时尚程度评价较高。调查显示，选择“非常时尚”和“比较时尚”的比例总和达到43.5%，其次是“行为方式层面”（35.2%）（见表5–1）。尽管时尚的呈现形态和层次有多种，但被调查者对思想观念层面的时尚最为看重，这方面的认同和评价也最高，这与他们从事青年思想引领工作的性质有关。正如团干部在访谈中表示：“引领青年积极的，充满正能量的思想观念才是长久的、能经受住考验的时尚。”（3）关注的时尚领域多元，基于互联网的新媒介是主要信息渠道。被调查者关注的时尚多样、分散、交叠，外在时尚潮流及美的追求仍是时尚的主流，是关注的首选。在获取时尚资讯的渠道方面，排前三的全是互联网新媒介。可见，基于互联网的新媒介已经深度嵌入被调查者的日常，成为他们获取时尚资讯的最重要渠道。此外，结合访谈信息可发现，带有社交属性的新媒介（如微信、微博等）、发展迅猛的视频平台和电商平台（如抖音、快手、B站、淘宝等）以及垂直细分的分享平台（如小红书等）是传播时尚的主渠道，显示出强劲的发展势头，值得持续关注和研究。

表5–1 对时尚度的认知（单位：人）

认知程度 选项	非常时尚	比较时尚	一般	不太时尚	很不时尚	说不清	总计
物质载体层面	83 （6.1%）	314 （22.9%）	712 （51.9%）	190 （13.8%）	56 （4.1%）	17 （1.2%）	1372 （100%）
行为方式层面	105 （7.7%）	377 （27.5%）	728 （53.1%）	120 （8.7%）	29 （2.1%）	13 （0.9%）	1372 （100%）
思想观念层面	132 （9.6%）	465 （33.9%）	649 （47.3%）	92 （6.7%）	18 （1.3%）	16 （1.2%）	1372 （100%）

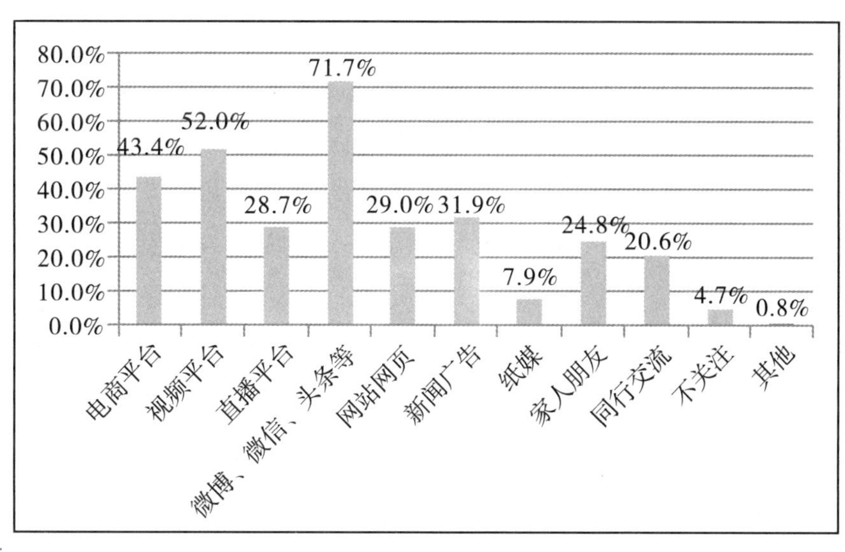

图5–1 关注和获取时尚资讯的渠道

2. 对象层面：对青年时尚的认知与判断情况

（1）对青年时尚有一定了解，与青年打交道是最佳信息获取途径。被访者对目前青年群体所推崇的、流行的时尚有一定的了解并持有较高关注度。关于了解途径，排在第一位的是“与青年打交道获知”，高达72.5%，紧跟其后的是“从时尚资讯中感知和推断（如电视、综艺、直播等）”（61.3%），远远高于排第三位的“查找相关调研、资料”选项（23.3%）。由此可见，通过走进青年、组织青年、联系青年、服务青年等方式了解青年所思所想、所喜所爱是对青年群体进行深度理解的主要方式。而能引起青年广泛关注并参与的时尚话题，如影视作品、综艺节目、直播行为等，亦是感知和推断青年时尚的重要方式。（2）普遍认同青年与时尚相互影响，互动互构。52.0%的人认为“青年对时尚有着先天的爱好与急切的追求”，46.9%的人认同“时尚影响、塑造青年”“青年倾向于模仿社会或周围人群正在流行的生活方式和行为方式”观点。

3. 组织层面：对共青团引领时尚的总体评价及思考情况

（1）对团组织引领时尚效果总体肯定，对团组织的与时俱进有更高期待。主要的不足之处为团组织未能与时俱进、未能走在时代前列、未能走在青年前列。在具体时尚引领方法方面，效果最好的是“用青年生活爱好与青年进行交流”（48.0%），其次是“积极开展公益志愿活动”（46.2%），“充分运用网络来联系青年”（44.0%）和“活动设计多样化、个性化”（41.6%）等亦是效果较好的方法（见表5-2）。由此可见，虽然团组织很注重思想上的引领，但需要借助青年兴趣、青年生活、青年实践、青年媒介等才能更好发挥作用。（2）团干部的能力与工作方法是影响团组织引领时尚效果的主要因素。面对工作前沿、技术先进、观念时尚的青年，具备时尚引领能力的团干部至关重要。同时，团组织对时尚的理解程度、所具备的时尚氛围和基础，也起着重要的影响作用。调查发现，在经济条件较好、开放程度较高的地区，对时尚的实践、接纳程度更高，创新性、开拓性更强，团组织的时尚引领效果也更好。比如，2020年新冠肺炎疫情发生之初，广东地区有的基层团组织很快联合当地政府、企业、电商平台，组织暂时无法上学的大学生举办直播大赛，利用最时尚的“直播带货”模式，整合多方资源助力企业复工复产，做到了先行一步的“领潮”；而中西部地区的一些团组织，对疫情之后催生的时尚则更多采取“发现”“关注”“学习”等方式，还是“赶潮”策略。（3）对提高团组织时尚引领能力既有较大需求又有一定顾虑。被调查者普遍对团组织如何引领的具体内容、方法、载体、手段等方面有较大需求。部分被调查者认为团干部的“时尚出彩”与“务实低调”有矛盾，对提升团组织时尚引领能力有顾虑。这表明团干部自身对时尚的理解程度以及所处的外部环境对时尚的支持程度，都将影响团干部在工作中运用时尚引领方法的动机和意愿，最终会影响团组织引领时尚的能力与效果。

表5-2 团组织时尚引领方法使用情况

选项 \ 选择人数（单位：人） \ 使用情况	比较好	一般	不太好	总计
善用时尚载体	469（34.2%）	816（59.5%）	87（6.3%）	1372（100%）
妙用高频、网络语言	520（37.9%）	766（55.8%）	86（6.3%）	1372（100%）
找到并参与时尚话题	501（36.5%）	788（57.4%）	83（6.1%）	1372（100%）
充分运用网络来联系青年	604（44.0%）	710（51.7%）	58（4.3%）	1372（100%）
积极开展公益志愿活动	634（46.2%）	681（49.6%）	57（4.2%）	1372（100%）
用青年生活爱好与青年进行交流	659（48.0%）	671（48.9%）	42（3.1%）	1372（100%）
活动设计多样化、个性化	571（41.6%）	744（54.2%）	57（4.2%）	1372（100%）
关注先锋实事，剖析应时政策	543（39.6%）	768（56.0%）	61（4.4%）	1372（100%）

4. 现实困境：引领时尚的制约因素

（1）理念认识困境。部分团组织、团干部对青年时尚的内涵意义、时代特征、生成动因、功能价值等缺乏了解，对共青团引领时尚、引领风气的本质认识不足。导致认识模糊的原因主要有三种，一是团干部因个性、年龄、职业等原因对时尚关注不够；二是本身对时尚有误解或偏见，比如有的人把时尚等同于“标新立异”和“不合群”，有的只为形式时尚而时尚，缺乏对精神时尚的探究；三是没有把时尚与青年工作相联系，“没有意识到时尚元素可以增强团组织青年的吸引力和凝聚力”。（2）体制机制困境。共青团时尚引领实践取得了一定的成效，但总体而言，未能系统化、流程化和机制化。不同地区、不同层级、不同领域、组织内外部等具有较大差异。有的团组织缺乏顶层设计，引领工作体系未捋顺，各项工作间未能很好衔接；有的团组织内部缺乏相应的引领机制，具体实践显得随意且无连续性；有的团组织外部缺乏相应的支持保障，一定程度上制约了引领实践的主动性和创造性等。（3）能力提升困境。在引领时尚方面，团组织和团干部、青年工作者存在不同程度的“本领恐慌”，未能很好适应青年特质打开工作局面。有的团干部的知识水平、见识程度跟不上青年，与青年没有共同语言、没有共同爱好，不能很好地对话与交流；有的团组织对青年的引领工作仍停留在理论灌输、集体教育等方式，存在较强的路径依赖；面对新情况新问题，部分团组织及团干部缺乏时尚敏锐性、辨别力、引导力等。

（三）共青团引领时尚能力提升策略：从“赶潮”到“领潮”

面对现实困境和挑战机遇，共青团不仅要通过青年时尚文化洞察青年的特点和需求，还要找到吸引他们的时尚元素和工作方法。在实际工作中，共青团既要采取“赶潮”策略，与时俱进与青年同频共振，又要采取“领潮”策略，走在时代前列引领时尚、引领青年。[①]

1. 积极“赶潮”：与时俱进的同频共振

做好青年工作，首先要积极“赶潮”，消弭文化鸿沟，跟上青年时尚步伐与青年同频共振，才能与之沟通对话，最终达到影响和引导的目的。（1）认识时尚：扫除盲区与摒弃偏见。共青团要更新理念、摒弃偏见，首先要树立三个观点。第一，青年时尚是客观存在的，其影响是双重的。第二，青年时尚是有规律的，是可以引导的也是需要引导的。第三，“以时尚引领时尚”的青年工作模式是可行的，有效的。（2）发现时尚：包容开放与研究识别。青年时尚丰富的内容和形态，给共青团提供

① 钟宇慧：《从“赶潮”到“领潮”：青年时尚视角下共青团引领青年路径研究》，载《青年发展论坛》2022年第3期，第70—79页。

了解青年、识别诉求、监测舆情的最佳观测途径。第一，建立发现时尚的工作机制。要善于观察和注意周围事物的变化，敏感察觉青年文化现象，建立定期的信息收集机制、跨界头脑风暴机制等。第二，培养包容开放的心态。需要具备一定的开放态度将时尚现象纳入视野，尤其是时尚文化初显时。第三，引入专家力量加强识别和研究。团组织要做好价值坚守，提升文化品位和文化辨别力，分辨出青年时尚文化中易变、肤浅、媚俗、功利等负面内容，还要谨防被商家和媒体“合谋”和“收编”。（3）走入时尚：深入青年与践行时尚。青年工作者要通过深入青年、践行时尚来深刻体会青年在追求时尚、接受时尚和创造时尚时的心理状态和思想观念，这是时尚引领青年的基础性工作。在践行时尚方面，需要团干部平时保持时尚的习惯，比如尝试将合适的时尚元素融合到自己的形象管理，多运用时尚流行语，培养一些时尚的兴趣爱好，学习新媒介技术进行互联网沟通等，更需要团干部紧跟时代的思想步伐，做到思想观念的时尚。

2. 努力“领潮”：走在前列的创新引领

做好青年工作，要努力“领潮”，走在时代前列与“时尚赛跑”，借鉴时尚理论中思想观念、行为模式、外化物品三个层面的时尚，进行创新引领。而“政治性是群团组织的灵魂，是第一位的”①，这种政治性要求使团组织在引领时尚的内容、方式、载体、目标等方面要遵循严格的要求和明确的边界。

（1）思想观念时尚引领。时尚的根本来源于国家、民族文化的自信，团组织的价值观与党组织所倡导的主流价值观必定是同向同行的。以党的先进思想及文化塑造青年精神世界、引领青年时尚文化潮流，是共青团组织引领时尚的本质特征。共青团要“以先进引领后进，以文明进步代替蒙昧落后，以真善美抑制假恶丑”②，教育引导广大青年提高思想觉悟和道德水平。一是引领理念时尚化。共青团要始终站在理想信念的制高点上，把握青年脉搏，引领青年。要善于把时代主题变成时尚化话题，把中央主流要求变成地方时尚化特色。要在思想观念上具有超前性和预判性，更多在先锋时事、时代格局、未来趋势等方面进行研判和引导。要善于在青年广泛参与的大型“社会实践”中体现社会的主要价值主张和引导，发挥重大活动对青年的教化作

① 中共中央文献研究室编：《习近平关于青少年和共青团工作论述摘编》，中央文献出版社2017年版，第69页。

② 中共中央文献研究室编：《习近平关于青少年和共青团工作论述摘编》，中央文献出版社2017年版，第72页。

用。[①]要在青年关心的热点事件、公共服务、生活需求等方面设置共同话题，善于利用共青团强大网络体系，联动造势，引发集体思考，积极引导时尚文化走向。二是引领力量时尚化。要善于把时尚力量为我所用，在大量实践中活动中挖掘、选拔、吸纳青年引领人才，特别要下大功夫把有才华、有能力、有创意的青年吸引过来，让他们成为共青团的重要工作力量。对有正面意义的关键意见领袖（KOL）的时尚观点进行吸纳、转化、创新与收编，主动掌握话语权。总之，回到时尚本身，时尚就是对美好生活和美好事物的向往和追求，核心在于精神层面崇尚先进与文明、崇尚真善美，由这点出发，才能确保时尚引领的方向性和超越性。

（2）行为模式时尚引领。行为模式的时尚引领是指共青团在语言运用、行为规范、工作形式、生活方式、活动设计等等行为领域进行时尚引领，发挥实践育人、文化育人的作用。第一，善用青年流行语。共青团可多使用如“正能量”“奥利给”“光盘”“强国有我”等带有积极向上价值观的时下流行词语，也要对青年表达调侃、感悟、引发热议的词如“躺平”“内卷”“割韭菜”“凡尔赛体”等进行合理引导。第二，活动设计特色化。把青年时尚的多样性、社交性、情感性、品味性等特征借鉴到活动设计中，调动青年积极性、主动性和创造性，体现和引领青年活动的新风尚。如有的团组织根据历史大事件或重要会议精神，结合青年喜爱的侦探桌游形式，开发了“团课桌游”“红色剧本杀”等系列活动，并且设计了相配套的活动道具，打造成可操作、可复制、可传播的活动品牌，增加了学习效果。第三，日常生活方式倡导。时尚引领不能仅靠理想宣扬和呼吁，还要渗透青年日常，走入青年的学习、工作、生活、交往和休闲场景。比如，借鉴打卡、拆书、建立知识城邦等学习时尚行为，推动青年组队学习经典书籍，开展好书共读活动；使用手机软件的步数统计功能，利用青年网络社交影响，引导低碳、健康的生活方式；用好志愿服务品牌，推广微公益，让参与公益、做志愿者成为时尚选择；邀请青年杰出代表作为团组织的形象大使，通过榜样示范倡导文明健康的时尚生活。

（3）外化物品时尚引领。服饰穿搭、电子设备、科技产品、造型包装、装饰装修、图像影音等都属于外化物品。时尚最先被注意、引起青年兴趣，很多时候是因为其外化物质载体的新奇、特异、时髦、超前、好看等特征。第一，让外化物质载体有

---

① 钟宇慧：《零零后的“长大”：教化与内化互构的典型媒介形象呈现》，载《中国青年研究》2021年第3期，第5—12页。

“颜值”感。颜值代表一种审美和品味，团组织在设计海报、宣传画册、场地布置、展览设计、团属物品造型方面，要注重提高审美旨趣，选取健康文化的设计元素，有条件的可整合专业设计团队的力量进行设计，以提高外在吸引力。同时，团干部也要注意做好自我形象管理，若团干部形象邋遢、不修边幅，同样也会影响青年心目中的形象。第二，让外化物质载体具备科技感。团组织用好先进的科技产品、信息技术、电子设备等，本身就是一种科技引领、创新引领。同时，要善于运用科学技术，让物质载体发挥新功能。例如，通过新媒介技术，让传统的团课学习内容从书本、课件等形式拓展到视频、影音、网上展览、桌游、工艺品、VR课堂等，丰富学习的体验感和代入感。第三，让外化物质具有变化感。团组织在保持和传承核心价值和文化的同时，要让具体的物质载体有新意、有变化、有创新，才能更好地吸引青年注意。比如，一些团组织在团属产品设计上，加入国风国潮和地方元素，兼顾了民族经典、地域特征和时代特色的统一。需要注意的是，物质载体时尚只是价值时尚的外在表征，不能只有趣味性而没有思想性，只有科技性而没有人文性，只有炫耀性和没有使用性，而是要做到形式多样和精神涵养的统一。

（4）建立引领时尚机制。只有建立和完善引领体制机制，才能使引领时尚常态化、长效化。一要善于建立时尚引领的策划路线图，形成“信息收集—制定预案—专家论证—方案修订—实际实施—评估反馈—经验总结”的路径闭环，使重要议题能经过严谨的技术路线，以提高引领的科学性。二要完善保障机制，提供人员、经费、制度等组织保障，确保引领理念能落地并得到制度化的贯彻。三要善于总结凝练，把基层团组织做得好的引领经验上升为制度，在实践中发展推广。

总之，关注青年时尚就是关注青年本身，引领时尚有助于提高青年工作实效。共青团既要站在历时性的角度，归纳总结共青团在不同时期对青年思想引领的经验和做法，又要站在共时性的角度，思考时代主题和当今时尚文化的结合点，从共青团的角度掌握和运用规律，进行系统性的践行。团组织和团干部要善于“赶潮”，与时俱进做到与青年同频共振，更要善于“领潮”，走在时代前列，走在青年前列，通过引领时尚、引领风气以实现对青年的价值引领。

第二节 增强组织力：组织动员青年

把个体化的青年群众充分而有力地组织起来，使之成为实现民族复兴的强大合力，是共青团为党做好青年群众工作的重要途径。作为世界超大规模的青年组织，中国共青团的组织力是指团组织为了完成党所赋予的基本任务，对组织内部各种要素进行必要的调配、整合，使要素与机制科学配伍、有机互动，提高引领凝聚、组织动员、联系服务工作目标的总体能力。[①]共青团百年历程，形成了独特的组织力结构和实现机制，积累了丰富的行之有效的经验和做法。进入新时代，提升共青团组织力有利于巩固党执政的青年群众基础，有利于推动国家治理体系和治理能力现代化，有利于共青团完成现代性政治青年组织的转型，具有承前启后的现实意义。[②]

一、再组织化视角下的团属社会组织发展

转型中的社会在经历“再组织化”的过程，青年的生存已呈现单位化、原子化、再组织化并存的状态。团属社会组织是共青团工作手臂的延伸，既是组织青年的重要力量，也是青年再组织化的重要途径。它们的快速发展，既有团的机关主动建构的强大推力，也体现了青年自我组织的愿望。

（一）青年的再组织化：团属社会组织发展新视角

伴随着改革开放的发展，中国开始从组织化社会建构体系到社会组织化建构体系转变。“化”是一种动态属性，意味着处于演变中。社会的组织化是一个社会中的不同群体基于特定的目标而组织起来，并通过组织的形式解决社会问题或创造社会福利

① 胡献忠：《共青团组织力的内涵、结构与逻辑》，载《中国青年社会科学》2020年第1期，第49—55页。

② 胡献忠：《共青团组织力的内涵、结构与逻辑》，载《中国青年社会科学》2020年第1期，第49—55页。

的过程。青年的组织化是社会组织化在青年群体的反映。共青团是最大的青年组织，因其鲜明的政治属性和社会属性，借助核心政治力量，依靠党和政府及其外围组织，自上而下地把各系统和领域的青年组织起来，形成统一的领导和秩序，组织相对稳定，目前有七千多万名团员。随着社会的变革，广泛的经济参与和社会参与加速了青年群体的分化，青年不再固定地、稳定地参与某种特定青年组织，体制外青年呈现出“非组织化”“去组织化”和“低组织化”的现象，共青团基层组织的覆盖力、影响力和凝聚力都受到很大影响。与此同时，青年群体的互联和重组的“再组织化”现象日益明显。青年的再组织化，一方面挑战了原有的团青工作格局与组织化的结构与形式，导致原有的一些组织逐渐瓦解或做出必要的更新调整，如共青团组织和团属组织或阵地的改革和转型；另一方面，则是出现了一些基于新目标而建立的新型组织，可能是政党或相关部门主动建构的组织（他组织化），如新的团属社会组织，也可能是青年根据不同的需求和目的自我组建的组织（自组织化），如自发组织的公益性团体等。这些新型组织通过青年的再组织化，发挥着政治性、经济性、文化性、社会性、国际交流性等功能。

在共青团直接指导和推动下成立与发展的团属青年社会组织也通过发育、整合、转型、改革等方式，整体呈现出发展空间不断壮大、组织结构日益多元的发展趋势。作为共青团“工作手臂延伸”的团属社会组织，一边联系着团组织，一边联系着青年群体和青年自组织，在联络和整合青年方面发挥着重要作用。在几十年的发展过程中，团属社会组织发挥着政治性、引导性、社会性和支持性的功能，从而实现对青年的整合。然而在实际运行过程中，团属社会组织因“碎片化”和“未分化”的相互叠加，面临着资源不足、动力不足、社会吸引力不足的工作困境。[①]在青年社会化、青年组织化背景下，团属社会组织既是组织青年的重要力量，也是青年再组织化的重要载体。它们的快速发展，既有团的机关主动建构的强大推力，也体现了组织中的青年自我组织的愿望，因此团属社会组织身上同时具备“他组织”与“自组织”两种特征。从青年“再组织化”视角探讨团属社会组织的转型发展和功能发挥，对提升共青团组织力具有创新及探索意义。

① 李威利，郑长忠：《重建整体性的组织逻辑—新形势下共青团团属社会组织发展研究》，载《中国青年研究》2015年第3期，第47—52页。

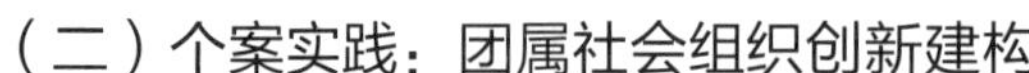

（二）个案实践：团属社会组织创新建构

课题组结合发展较好的个案——佛山市南海区青年商会组织（以下简称“南海青商会”）的发展历程，从实证性的角度加强团属社会组织发展路径的研究深度，呈现团属社会组织发展的特色建构模式。青年商会组织（有的地方称之为青年企业家协会），一般是指由年龄在18~45周岁的青年企业家、经营管理者或者工商界中具有代表性的青年人士等自愿组成的非营利性组织，经当地民政部门核准注册的具有独立法人资格的社会团体，接受同级共青团组织和民政部门的业务指导和监督管理。青年商会组织以组织化的方式凝聚各行各业、不同规模、不同所有制形式的优秀青年企业家，从某种意义上讲，是青年企业家参与经济社会生活的一个重要的、不可替代的代表性组织。

1. 组织发展：从成立到壮大

团属社会组织的成立，不论是服务于政治功能、社会功能、经济功能还是文化功能，都要立足社会环境、围绕共青团的主业。以南海青商会发展为例，得益于南海区几十年经济发展的积淀，本世纪初涌现了大批有一定经济实力的企业家，青年一代企业家对经济发展和社会变革有着敏锐的观察力和感知力，同时也面临着做大做强企业的发展困惑与阻碍。南海团区委通过与青年企业家深入沟通了解现状与需求后，于2003年推动成立南海青商会，让这些有“抱团取暖”愿望的青年企业家，首次有了交流、聚集、合作、学习的组织平台。在团委的指导下，通过提供学习培训、举办经济论坛、开展公益活动等为青年企业家提供服务，青商会的凝聚力和认同感得到加强，会员人数从成立之初的70人发展到2022年的近260人，2017—2022年获评南海区5A级商协会。

2. 组织建构：结构拓展与优化

团属社会组织应根据时代环境、青年特点和党政要求的变化而进行结构调整和优化，以更好地适应组织发展。以南海青商会为例，随着会员的更新换代，新一批年轻会员成为青商会的主力军。同时，在镇域经济发达的地区，还活跃着大量年轻企业家。这些青年有的是70、80后的创一代企业家，有的是面临父辈企业接班传承重大问题的二代企业家。在此形势下，区、镇青年企业家对聚合发展，交流共赢产生了巨大的需求，团区委根据青商群体的新变化，开始推动青商会的组织革新。2012年起，镇街青商会组织在镇街共青团的支持下陆续成立，因地制宜发展各区域会员，镇街青商会的会长在区级青商会兼任专任会长，有效促进区镇联动，凝聚力量。各镇街因地制宜，形成了区域青商会的三种不同创立模式。（1）区域小青联模式。该模式创立的商协会，以青年企业家群体为骨干力量，广泛邀请区域内的青年精英和本地籍贯的海外侨胞参与，宗旨为聚集各行业优秀青年的力量，服务社会，促进协会成员的发展。（2）区域青年商会模式。该模式创立的商协会，在会员来源和功能上与区级青年商会类似，商会成员主要以青年企业家为主，以服务会员为主要目标。（3）区域总商会青年会模式。此类青商会所在镇街的总商会发展较为成熟，均有设立类似子女联谊会的非正式组织，青商会依托总商会，在子女联谊会基础上成立，以总商会企业家二代为主要成员，开展一系列的服务。青商会还在青商内部以趣缘、业缘、网缘等方式建立“N”类组织，如海归精英荟、高尔夫球俱乐部、青商义工队、篮球梦之队、投资者俱乐部等需求导向型的青年自组织，以及有传承和培训功能的青商元老会、青商学院等组织和平台。到2013年底，“1+8+N”的商会组织体系（1个青商会，8个镇街青商会，N个商会自组织）基本建立，凝聚的会员从原来单纯区层面200多人激增到1400多人，动员能力、组织能力和影响能力大大增强。

3. 组织运行：主体性生成与增强

团属社会组织的持续发展，组织主体性的强弱起了关键作用。南海青商会在合法性获得、资源获取、组织方式、工作内容等方面逐步呈现出较强的组织主体性。主要表现在：（1）组织身份的合法化。早在成立之初，青商会就在当地民政部门注册登记，获得了身份的合法性，进而能够与政府构建合作关系并获得社会认可，这为财务管理、人事管理、项目管理等提供了合法基础，为商会开展各类活动提供了便利。（2）资源整合多元化。在社会层面，制定会费标准及管理规范，合理优化会费收取比例，适当提高会长层的会费以保障会费收入；鼓励企业捐赠行为，倡导企业、商会间的互助与贡献。在政府层面，借助共青团力量，通过围绕党政中心、围绕大局争取财政支持，用于青商会的具体工作及服务；通过承接政府部分职能来获取更多资源。在市场层面，作为泛行业商会，积极通过商业合作项目和公司运营等方式发展商会经济，实现“造血功能”，如2016年开始组织会内企业进行售电集采，2022年组织会内企业开展危废集采，通过平台抱团，为企业开源节流，创造利润；加强青商阵地及产业建设，增加合理性收入。（3）组织方式的去行政化。青商会的工作人员专兼职结合，减少团机关工作人员的兼职比例，增加社会化招募人员比例，政府相关职能部门负责人仅任商会顾问。根据项目及工作需要设立会长层的架构，充分提升会长副会长的积极性和创造性。

（三）分析与借鉴：组织的创新发展何以可能

作为团属社会组织，南海青商会在实践中探索出了独具特色的商会发展路径。一个组织的良性运转依赖外部环境与内部机制的优化。新环境变化带来了组织发展的宏观契机，新青年反映了组织的主体特性，新关系呈现了共青团与社会组织之间的张弛之力，新机制促进了组织的良性运转，最终达至共青团与团属社会组织关系重构与合作共治的状态。

1．新环境：让渡与释放

改革开放以后，我国社会组织发展速度迅猛，总量上已经达到相当的规模，成为遍及社会生活各个方面、各个层次、各个领域的一种普遍的社会现象和社会力量。各种社会组织在市场经济发展和政府体制转型之间获得突飞猛进的发展，印证了萨拉蒙在20世纪90年代提出的“结社革命”，而结社革命的主体就是“占据介于市场与政府之间的社会空间的各种社会组织”[①]。随着社会改革与社会建设日益成为党和政府的中心任务，各级党政部门积极探索，以重塑合法性、让渡公共职能等方式推动社会组织管理体制、新型政社关系的建立。政府一方面通过转移职能向社会放权，另一方面通过积极培育社会组织，引导社会组织参与公共事务治理，同时加强监管政府职权转移的过程和政府腾出的公共空间。[②]新型政社关系的建立，不仅需要政府让渡公共职能和市场空间，还需要充满活力的民间力量和智慧。南海区海纳百川、敢为人先的精神对经济发展和社会创新产生了深远影响，发达的民营经济提供了经济活力，“能动的建设者”为社会事业发展提供了持续的动力源，这使南海区在应对社会矛盾、协调社会关系和满足社会需求方面，形成了强大的民间力量。

2．新青年：分化与重组

改革开放以后，广泛的经济参与和社会参与一方面加速了青年群体的分化，另一

① ［美］莱斯特·M.萨拉蒙等著，陈一梅等译：《全球公民社会——非营利部门国际指数》北京大学出版社2007年版，第5页。

② 王名，王春婷：《推位让治:社会组织参与社会治理路径》，载《开放导报》2014年第5期，第7–11页。

方面却促进了青年群体的互联与重组，基于爱好、职业、地域、文化等因素形成的各类青年社会组织大量出现。当代青年企业家既有21世纪头十年成长发展起来的传统行业企业家，又有近十年开始陆续接棒的民营企业家二代，还有获得互联网快速发展红利的创业者。《南海区青年企业家2020发展报告》[①]显示，南海青年企业家有着以下时代特征：第一，他们受教育程度普遍较高，超1/3被访者有境外工作或留学经历，但还需更多实践历练与经验。第二，他们具备更强的国际视野和开放思维，更看重诚信、公平的营商环境，既投身制造业等本地优势产业，同时也开辟金融投资、体育文化、教育等新兴产业，正成为促进传统产业转型升级、推动制造业高质量发展的重要生力军。第三，他们事业初创有良好基础，在出身家族企业的青年企业家中，超过七成已经进入家族企业工作，但接棒和创富道路并不平坦。第四，他们精英结盟趋势增强，渴望得到信任与认可，需要更多表达集体诉求的渠道，且希望通过商协会建立亲清政商关系。新的时代产生新特征的青年企业家群体，通过结社与联盟，他们可以重塑人际关系，重建社会资本，从而获得更好的从商环境和发展空间，这也是在对青商会负责人及会员访谈当中，“抱团”“联动”“聚能”“合作”等高频词出现的主要原因。

3．新关系：博弈与共赢

青年社会组织中不仅吸纳了大量青年参与，同时也通过组织化方式，发挥着动员、联系、服务和管理的各种功能。包括共青团组织在内的青年组织间既有博弈，又有共赢。一方面，共青团组织面对青年社会组织会形成资源、阵地等方面的竞争，另一方面，共青团通过与青年社会组织的合作，形成资源共享、优势互补、相互促进的共赢局面。青年企业家是青商会的主体，青商会是共青团事业发展的重要空间，通过青商会把广大青年企业家组织起来，既是应对青年企业家组织化需求、多样化社会利益诉求的必然选择，也是巩固党执政的青年群众基础的必然要求。共青团组织发挥好传统的政治优势、组织优势和资源优势，青商会发挥好联系青年企业家群体的广泛性、民间性和深入性，在竞合式发展中实现双赢。

4．新机制：赋权与自主

推动团属社会组织的发展，需要共青团和团属社会组织共同努力，解决制约团

① 共青团南海区委员会，南海区青年商会，南方日报：《南海区青年企业家2020发展报告》，2020年版。

属社会组织进一步发展的问题。首先，团的机关通过在组织建设、资源获取、队伍建设、价值凝聚等方面进行积极赋权。在组织建设方面，团区委注重对青商会的政治和业务指导，指导青商会的功能定位和发展战略，如大力指导和推动区镇组织重构，激发了组织活力；加强组织的党建工作，如在2014年团组织联同组织部，指导和推动成立首个镇街青商会党支部；适当下放财权、人权、事权，加强秘书处建设。在资源获取方面，团组织通过发挥枢纽作用，把共青团已有的组织资源、人力资源、品牌资源向青商会开放，如团组织邀请相关政府职能部门负责人担任青商会顾问、链接志愿服务资源开展慈善公益活动等；通过扮演提供方、中介方或监督方等角色，引导青商会承接部分政府转移职能；协调政府、社区、机关、学校等免费或低收费为青商会提供场地、设备等硬件资源。在队伍建设方面，做好区镇青商会领袖和骨干的联系、服务和培训，如联同组织部开展青年民营企业家到国有企业挂职锻炼活动；建立对优秀青年企业家的激励机制和举荐渠道，如将团内外荣誉奖项通过团的枢纽作用向青商会开放，并推荐参与市、区十大杰出青年等各类评选，如向党和政府推荐青商会优秀人才，加入各级青联组织、推荐成为人大代表、政协委员等。在向青商会积极赋权的同时，团组织对团属社会组织发展的认识不断深化，培育引导及社会化运作能力不断增强，实现“双向赋权”。其次，社会组织通过加强自身建设不断提升自主能力。青商会制定和完善商会章程、会员管理、财务管理等相关制度，对会务建设进行规范；提升服务会员需求的能力，如加强会员单位走访、调研掌握需求，开展灵活多样的会员活动；吸引、聚合和联系更多的青年企业家个体和组织，逐步构建平台型的组织形态；运用多元化的资金整合途径，破解资金依赖和资金短缺的问题。总的来说，青商会正在以“在内部建立起适应社会组织自我服务、自我约束、自我发展为需要，以认同为前提、以章程为核心、以参与为基础、以合作为纽带、以自律为保障的社会化治理机制和运行机制”[①]为目标完善内部社会化的治理结构。

5. 新状态：重构与共治

与青年建立密切关系是共青团的基础性政治任务，青年生存状态和行动逻辑的多元化要求共青团与青年之间关系在具体模式上应该从单一形态向复合形态转变[②]。

---

① 孙志祥：《枢纽型社会组织的双重属性及其治理》，载《中国社会组织》2013年第8期，第48—50页。

② 郑长忠：《复合型团青关系：新时期团青关系的实现形态——兼论共青团枢纽型组织形态建构的内在机理》，载《中国青年研究》2012年第10期，第40—46页。

团组织通过团属社会组织，沟通、联系和服务特定的青年群体和青年自组织，重构复合型的团青关系，实现社会青年事务的合作共治。在组织形态上，建立了“共青团—青商会—青年企业家/青年企业家自组织”的基本结构，把共青团联系的对象扩展到除单位化、原子化以外的再组织化青年，从单一组织到组织体系转变。在工作引导上，从微观物质性关系基础和宏观价值性认同基础两方面来密切团青关系，实现共青团的主导性。比如，在微观物质性关系基础方面，基于精英统战原则与青商会主要负责人及骨干建立关系，在有条件的青商会组织建立党团组织，以开展公益活动、支持大学生创新创业、与民营企业家党员面对面等形式，使青商会与共青团系统的志愿服务、大学生服务、统战工作等项目建立密切关系；在价值性认同层面，通过高扬社会正义、提供实质性服务、提供发展性资源等方式，获得青年企业家的支持、认同和信任，实现价值层面的主导。共青团既承担着为党做好青年工作的重要职责，又是政府管理青年事务的重要参与者和具体执行者，通过培育、引导、整合和服务青年商会，以弥补服务盲区、承接政府职能、拓展利益诉求渠道、丰富治理内容等方式实现青年事务的合作共治。

青商会的发展呈现了一个团属社会组织的成长图景：在团的机关的推动下成立，通过引导、培育逐步增强主体性，减少对主管部门的过度依赖；同时接受团在政治上和业务上的指导，发挥深入社会、整合社会、引领社会的总体政治功能和社会功能，而团的机关也在推动青商会发展过程中发生观念转变和能力提升。政府空间让渡和民间力量释放提供了组织发展的宏观机遇，青年分化与重组的特性产生了组织的特定群体，共青团与团属社会组织的竞合关系推动两者间的良性互动，团组织的主动赋权与团属社会组织自主性拓展的机制实现了“双向赋权”的局面，最终推进团青关系重构与青年事务的合作共治。

二、共青团参与基层社会治理

党的十八届三中全会提出“推进国家治理体系和治理能力现代化”的总目标，并作出了“创新社会治理体制”的重大战略部署，党的十九大报告提出“打造共建共治共享的社会治理格局”，党的二十大报告提出“健全共建共治共享的社会治理制度，提升社会治理效能”。《中共中央关于加强和改进党的群团工作的意见》明确指出，群团组织是创新社会治理和维护社会和谐稳定的重要力量，要支持群团组织参与创新社会治理。多元主体参与社会治理、维护社会稳定是创新社会治理的重要内容。共青团可以发挥自身优势和功能，在新的社会治理格局中积极作为。

（一）共青团参与社会治理的应有之意

从党的群团工作层面来说，需要共青团积极参与社会治理，联系青年群体，夯实党的青年群众基础，同时，需要共青团把具有高度责任感和社会治理才能的优秀青年输送到党的社会治理事业中。从政府层面来说，需要共青团协助政府统筹青年事务管理，积极协调政府相关部门和社会组织，组织调动社会力量积极参与青少年事务和社会治理，共同推进政府青年事务的良性运作。从共青团自身层面来说，既有政治性，也有群众性，既围绕党的中心任务当好党的助手和后备军，还要通过参与社会治理，更好代表和维护青年群体利益，尤其是重点保障困难青年群体的生存和发展权益，了解和把握青年群体的现实情况和变化规律，服务和引导青年群体参与社会治理，推动有利于青年群体发展的政策法规出台和落实。从青年层面来说，社会问题的复杂化、公共决策的民主化、社会分工的精细化、治理主体的多元化要求社会治理要吸收多方面力量的参与，在青年事务中就要发挥青年的力量，他们具备独立性和创造性，他们具备社会参与、政治参与的热情和能力，需要通过正确的组织和引导，同时他们对于自身发展和保障的需求强烈，需要通过一定的公共服务得到满足。因此，面对改革的新形势、新任务，共青团组织如何改革创新，成为推进国家治理体系和治理能力现代化的重要力量之一，则成为当前紧迫的时代课题。

（二）共青团参与社会治理现状及困境

1. 对共青团参与社会治理总体持乐观态度，但治理观念及路径不够明晰

在提出群团组织参与社会治理的背景下，大部分团组织对共青团发展前景总体较为乐观。课题组进行的“广东省共青团组织参与社会治理”调研，对广东112个镇街团干部调查显示，56.3%的团干部认为共青团参与社会治理“会带来新的生机和活力”。在中央提出“支持群团组织参与创新社会治理”以后，各级团组织所在的党政部门积极回应，做了不同的部署以支持共青团开展工作，46.4%团组织所在地区的党政部门进行了专门的部署，20.5%下发了相关文件（如群团工作政策性文件、社工+义工双工联动文件、区域群众联系工作政策、留守儿童摸查工作文件等），16.1%成立

了相关机构（如青少年中心、创益中心、志愿服务站、青联会等）。珠三角地区党政部门下发文件和成立机构的比例比其他地区要高，可见推进的力度较大。然而在座谈和访谈中也发现，较多的团干部对如何理解社会治理、为何参与社会治理、如何参与社会治理等问题思考不深，体制内路径依赖较严重，在关于共青团参与社会治理的党政支持力度、参与政府职能转移情况、与社会组织合作情况、具体工作的落实推进、资源保障、任务考核、项目管理等方面的具体措施不够明晰，且地区间差异较大。

2. 团组织积极探索实践方式，动员青年参与社会治理能力有差异

调查显示，64.3%的团组织有参与过政府职能转移，主要以购买服务形式配置资源。在实践过程中，地区差异较明显，80.0%的珠三角地区团组织都参与过政府职能转移，粤东地区团组织则参与的最少。这与广东区域经济发展及社会发展不平衡、团组织发展基础不同有很大关系。珠三角地区经济较发达，民间力量活跃，政府购买服务有运作的土壤，团组织借助社会组织力量广泛动员社会资源的能力较强，使团组织在承接政府职能方面处于较为活跃状态。团组织普通具有与社会组织合作的实践，对合作的意义持肯定态度。在与社会组织合作的地区实践上，87.5%的团组织与社会组织有过合作，珠三角地区比例高达97.5%。合作方式上，活动型合作（如一次性活动合作）方式最常见，占79.3%，宣称性合作（如加挂牌子）占26.7%，项目式合作（如政府购买服务）占19%，而一揽子合作方式仅占3.4%。所以，在合作模式上，仍以个别化、象征性的浅层合作为主，持续性的深度合作不多。调查显示，所在团组织选择与社会组织合作原因排在前三位的分别是“发挥社会组织专业服务功能并提高效率和质量”（61.9%）、“有利于建立良好的共青团与社会组织关系”（51.4%）和“减轻团组织的工作压力”（44.8%），对合作的意义总体持肯定的态度（见表5-3）。

表5-3 团组织与社会组织合作的原因

选项	频次（百分比）
发挥社会组织专业服务功能并提高效率和质量	65（61.9%）
有关政策或文件要求要与社会组织合作	22（21.0%）
减轻团组织的工作压力	47（44.8%）
有利于发挥社会组织的创新示范功能	33（31.4%）

（续表）

选项	频次（百分比）
有利于建立良好的共青团与社会组织关系	54（51.4%）
其他	2（1.9%）

3. 团组织自身在推动社会治理创新中面临着现实挑战

第一，传统工作模式难以适应新时期的要求。传统共青团组织主要依托行政条块进行组织设置，难以有效覆盖新的青年群体形态。过往层层发动的组织化动员方式受到挑战，社会化动员能力滞后，不利于团组织对青少年的组织动员。团活动内容、形式不能很好满足青少年多样化的需要，影响了青少年参与活动的积极性。面临互联网的快速发展，网上共青团建设需要进一步加快推进，网络团建面临前所未有的紧迫性。第二，资源不足和专业化水平不够制约工作开展。基层共青团的资源供给渠道比较有限，面对的服务群体又十分庞大，资源少、工作多的矛盾制约工作开展，经济欠发达地区尤为明显。基层团组织普遍面临缺乏参与社会治理的专业方法及专业队伍，部分团组织积极探索青少年事务社工队伍的建设，探索与专业社会组织合作，以期提高服务效率和质量。但目前青少年事务社工队伍的缺口仍然较大，与社会组织合作仍不够深入和持续。第三，地区发展不平衡影响整体的工作推进。受地区的政治经济社会发展条件的影响，不同地区的共青团建设及参与社会治理水平差异明显，珠三角地区的团组织在创新意识、工作经费、人员队伍、组织活力、工作项目、社会动员等方面有着明显优势。地区发展差异将一定程度影响全省整体工作的推进，对省级层面的工作谋划及部署将提出更高要求。

（三）共青团参与社会治理提升路径

1. 加强结构性布局

借助群团改革契机，综合考虑不同地区的团组织外部条件及自身发展水平，应进一步加强结构性布局与规划。以省级中长期青年发展规划为牵引，发挥好省级青年政策承上启下的关键作用，以规划中的服务领域为导向，明确牵头单位和参与单位，调用各方资源参与社会治理。地级以上市通过制定相应规划，保障青年发展投入、建立指标监测机制并协调推进。省级层面的规划与指导既考虑整体性，又考虑差异性，鼓励有条件的地区先行先试，以点带面进行示范带动，重点在平台搭建、资源对接、项目开展等方面进行宏观指导，推动共青团参与社会治理的法律赋权、行政赋权以及配套政策的落实。地市、县区及镇街一级应发挥地区的相对优势，找准共青团参与社会治理的切入点。

2. 强化主体性建设

理念上，共青团要树立新型社会治理观念，进一步树立服务理念，开展青年需求最迫切的服务，积极关注困难青年、弱势青年的需求，维护好普通青年群体的根本利益，激发青年服务社会的活力；进一步加强合作意识，减少行政化色彩，尊重青年的主体地位，充分发挥其资源、组织和业务优势，构建平等协商、合作共治的关系，共同参与社会治理。[①]工作方法上既传承好的群团工作经验，又注重运用新的视野和创新思维，推动方法的升级迭代。团干部作风上，通过联系青年群众机制、调查研究制度，全方位地深度融入青年，实际了解青年群众的问题和需求。同时，社会治理创新要求多元主体的广泛参与，共青团要实现单方行政到协作共治的改变，就要积极发挥对青年社会组织的引领和凝聚作用，建立好与青年社会组织的伙伴关系；倡导“社会协同”，发挥共青团、工会、妇联等群团组织、基层群众性自治组织、社会组织、企事业单位的协同作用。

3. 探寻新的作用空间

第一，提供有效服务，预防和化解社会矛盾。共青团通过提供有效的直接和间接服务，预防和化解青年类的社会问题，使柔性服务手段成为社会治理重要的“缓冲阀”。第二，参与青少年事务管理，弥补政府功能不足。共青团既承担着为党做好青少年工作的重要职责，又是政府管理青少年事务的重要参与者与具体执行者。[②]共青团向广大青少年宣传党的政策主张，发挥好党组织和青年之间的纽带作用；协助相关政府职能部门完善青少年政策法规体系，做好青少年的教育、服务和维权工作，加强调研向有关部门提出对策建议，做好特殊青少年群体的服务工作；加强与社会层面的互动，通过对各类青年社会组织的培育、引导、整合和服务，推动青少年事务的社会

① 周巍，李开：《共青团参与社会治理面临的困境及对策研究》，载《中国青年社会科学》2019年第6期，第48—53页。

② 沈小炎，朱涯：《社会治理视角下共青团组织参与青少年事务管理的模式研究》，载《青少年研究与实践》2015年第4期，第44—48页。

化运作。第三，积极应对青年组织化，激发社会组织活力。在政府让渡空间和民间能量释放的背景下，各类青年社会组织蓬勃发展，不仅吸纳了大量青年参与，同时也通过组织化方式，发挥着动员、联系、服务和管理的各种功能。青年是社会组织的主体，青年社会组织是共青团事业发展的重要空间，通过各类青年组织把广大青年组织起来，既是应对青年组织化、适应青年多样社会利益诉求的必然选择，也是巩固党执政的青年群众基础的必然要求。共青团在青年社会组织发展中发挥枢纽作用，即起桥梁纽带、聚合引领、集约服务作用，发挥着孵化、整合、服务和引领的功能。[①]共青团组织发挥好传统的政治优势、组织优势和资源优势，青年社会组织发挥好联系群众的广泛性、民间性和深入性，在竞合式发展中推动良性互动，形成多元主体的治理合力。

4. 提高专业性水平

建好团干部队伍，采取专、兼、挂等多种方式把政治素质好、工作能力强的干部选拔到团工作岗位中来；加强专业培训，把社会工作、公共管理等课程纳入团干部培训规划项目。培养青少年事务社工人才，在团组织体制内开发设置青少年事务社会工作岗位，或以项目购买、岗位购买、兼职、挂职等方式，吸纳更多的社会工作者从事青少年事务工作。善用青年社会组织骨干力量，以举办培训、开展活动、举荐人才、荣誉共享、人才互动等方式吸引和凝聚他们，发挥他们贴近基层社区、发现社会问题、设计解决方案的优势，提升专业效果。发展青年志愿者队伍，壮大参与社会治理的人员队伍，进一步探索社工+志愿者的联动机制，形成在参与社会治理创新中的特色经验。

① 钟宇慧：《共青团在青年自组织发展中枢纽作用之探讨》，载《青年探索》2013年第4期，第90—96页。

第三节 增强服务力：联系服务青年

为党做好青年群众工作是党和国家赋予共青团的光荣任务，而有效凝聚引导青年的基础性工程是做好青年服务。共青团是党的群众工作的重要领域，密切联系群众，坚持从群众中来，到群众中去，代表和服务青年的发展，是党的群众路线的基本要求，也是共青团自身发展的内在需要。共青团提升服务力的方式方法主要体现在满足青年成长成才的各方面需要和诉求而采取的具体途径、手段和举措等，包括建设服务型组织、发现服务需求、提供服务平台、打造服务品牌、供给服务资源等。

一、高校服务型团组织建设

基层团组织的战斗力来自其服务党政大局和服务青年的能力。“基层服务型团组织”是对“服务型政府”“服务型政党”“基层服务型党组织”理念的继承和延续。建设基层服务型团组织，对于密切团组织与团员青年的联系，代表和维护青年利益，提高团的建设科学化水平，更好地履行团的组织职能、实现团的组织使命，都具有十分重要的意义。高校共青团作为直接面向青年大学生的基层组织，是共青团组织体系中最坚实的阵地。当前高校共青团面临着社会的快速转型、高等教育改革的深化、青年思想行为特点的变化等各种新形势，高校共青团需要按照《高校共青团改革实施方案》，不断提高自身能力，通过服务青年学生，寓引导教育于服务之中，促进青年学生的成长成才，才能更好地实现立德树人、为党育人的目的。

（一）服务型团组织建设：高校共青团组织发展的重要课题

高校共青团作为高校党组织领导下的先进青年的群众组织，是高校团员青年发展利益的代表和维护者，是高校党组织联系青年学生的纽带和桥梁。《高校共青团改革实施方案》中明确指出，高校共青团要“深化以青年学生为中心的改革，把准青年学生脉搏，了解青年学生心声，坚持服务青年学生的工作生命线”，并指出改革的主要目标是“服务高等教育发展和学生成长成才的能力水平不断提高，广大青年学生听党话、跟党走的信念更加坚定”。这为高校共青团改革指出了方向，高校共青团应积极探索围绕大局、服务青年的发展规律，再造团组织与青年的关系，始终以青年的需求为己任，以服务能力提升为重点突破，深入基层，切实解决青年的利益诉求，心怀热情和青年群体成为朋友，成为他们成长成才路上的领路人和同行者。

（二）高校服务型团组织建设情况及分析

1. 高校团组织服务职能发挥有较好基础，但现有服务形式和服务质量尚未很好满足团员学生的需求

课题组对广东高校服务型团组织建设专题调研结果显示，在高校常见的服务内容中，取得较好成效的前三位分别是“校园文化的形成”“学生的志愿服务体验”和“学生干部的培养”。高校团组织现有的服务内容比较丰富，但服务形式、服务载体和服务质量仍成为主要的“硬伤”。“形式比较单一、不够新颖”，“服务的载体和阵地不多”，“服务的效果、效益不佳”，影响了团组织服务职能的发挥。如部分团干部因精力和能力问题，无法对服务对象进行进一步的分层细化，提供针对性更强的特色服务；思想教育依然以课堂教育、外出参观、征文、辩论、演讲等传统形式为主；校园文化活动依然以“集体发动、共同参与”的“大锅饭”活动为主；团干部运用互联网思维进行服务推广、有效表达和宣传的方法和技巧不足。因此，高校团组织今后要在现有服务的基础上不断进行完善和改进。

2. 从影响因素角度，工作资源和团干部队伍成为影响高校共青团服务职能发挥的最主要因素

在调查中发现，从团的工作体系角度，影响高校共青团服务职能的主要原因，排第一的是“工作资源不够”，高达72.3%，远远大于排第二的“基层团组织建设不健全”（48.3%）和第三的“团工作过于指标化”（43.7%）。从团干部角度，“主业”和“副业”的矛盾成为高校团组织服务职能发挥的最大制约因素。从调查情况来看，高达86.3%的团干部认为影响服务职能发挥的最主要原因是“团干部身兼数职，精力不够”，排第二位的是“团干部队伍不稳定，工作缺乏连续性”，占59.7%，排第三位的是“团干部专业化水平有待提升”，占54.0%。有的专职团干还担任学生辅导员，勤工助学、学生日常管理、奖学金评定、助学贷款等繁重的事务性工作，占据

了大量的时间。此外，由于高校人事改革和人事变动，部分人员频繁轮岗、调整，团干部队伍不稳定，影响了工作的连续性；新任团干缺乏知识与经验，兼职团干没有时间充电提升能力，导致团干部专业水平无法满足现有的服务工作。因此，“人、财、物”资源仍是制约基层团组织有效开展服务工作的主要原因。

3. 从团员学生角度，提升组织归属和团员意识成为高校团组织服务职能发挥的关键

“团员学生对团组织的归属感不强”和“团员意识薄弱”是影响服务职能发挥的主要原因。在社会转型期，因市场经济的负面影响、互联网的发展、团组织自身建设不完善、团组织对团员进行思想教育的手段方法落后等多种原因，部分团员学生表现出政治意识淡薄、在履行团的权利和义务方面采取无所谓态度、模范意识淡薄等现象。另一方面，青年的分化和需求更加多元，团员对组织依存度出现弱化，社会组织和各类团体增多，为广大青年参与社会生活提供了更多的选择和途径，这些因素都导致了青年学生争取团组织服务的意识不强，要求不高。

4. 服务的专业性得到重视，需求调研、能力建设和效果评估成为提升团组织服务职能的主要改进方向

在问题“从提升高校团组织服务职能的角度，您认为贵校团委最需要改进的有哪些”时，排前三的依次是“加强对团员学生的认识和服务需求调研”（49.2%）、“加强高校团干部服务能力建设”（40.8%）和“加强对服务的跟踪和效果评估”（37.5%）。在访谈中也发现，有的团干部认为对服务理念、内容、方法、模式、评估等需要开展细致的研究和细化。有的团干部认为需要走进学生，了解学生的需求和对服务的评估，细分对象群体，增强服务的针对性。由此可见，团干部已经意识到服务需求和服务评估的重要性，并对自身服务能力提升提出了期待。

（三）高校服务型团组织建设实务路径

1. 树立需求服务理念：明确应然取向以回应现实诉求

“需求为本”是服务理念的应然取向，要深入研究党政中心需要和青年发展需要两大基本需求。党政、高校中心工作需要共青团围绕党和国家重大决策部署，肩负起立德树人的重要任务，组织和引导青年为经济社会发展作贡献。高校青年需要共青团围绕其成长成才、身心健康、就业创业、社会交往等方面的困难和问题，开展先进

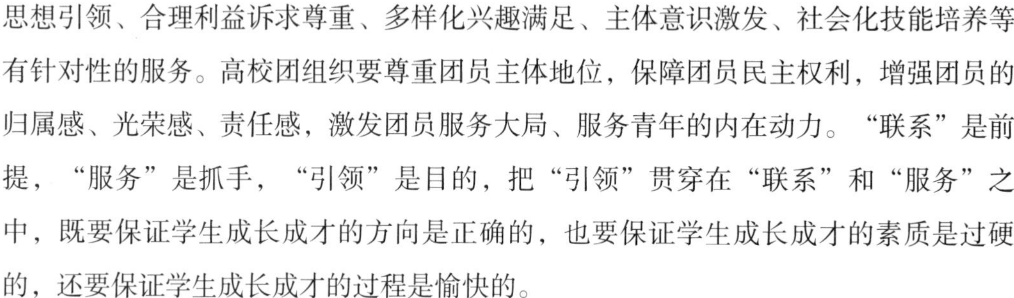
思想引领、合理利益诉求尊重、多样化兴趣满足、主体意识激发、社会化技能培养等有针对性的服务。高校团组织要尊重团员主体地位，保障团员民主权利，增强团员的归属感、光荣感、责任感，激发团员服务大局、服务青年的内在动力。“联系”是前提，“服务”是抓手，“引领”是目的，把“引领”贯穿在“联系”和“服务”之中，既要保证学生成长成才的方向是正确的，也要保证学生成长成才的素质是过硬的，还要保证学生成长成才的过程是愉快的。

2. 提供多维服务内容：借由系统介入以拓宽服务空间

基层服务型团组织是党政、高校、团组织、青年学生、社区、家庭、市场、社会、政策等多元主体同构的生态系统。服务型团组织建设也涉及青年的微观系统、中观系统和宏观系统的介入。

（1）微观系统的服务内容。微观系统是青年学生个体活动和交往的直接环境，包括家庭、同伴、班集体、团支部、社团等，服务内容主要有以下八个方面：第一，服务于学生的身心健康。如团支部邀请团员承担“信息员”，及时、准确地掌握青年学生的心理动态；深化和创新身心素质活动。第二，服务于学生知识和技能水平的提高。开展专业性较强的学科知识及技能培养活动，如一些大学团支部开展“国王与天使”英语互助活动，提升支部成员的英语水平。第三，服务于学生思想素质的培育。如引入“模拟联合国”活动、举办“我当‘两会’代表”等活动，让青年的政治观在“习得—实践—认同—实践”的过程中逐渐成熟，成为推动社会和谐和政治文明的积极主体。第四，服务于学生实践能力的培养。如组成“青研队”开展假期返乡调研、积极推动团支部形成固定的志愿者活动基地。第五，服务于学生的就业和创业。开展创业体验活动、创业大赛，举办“优秀校友寻访”活动链接校友资源等。第六，服务于特殊学生群体的成长。运用社会工作的增能、抗逆力、社会支持网络等理论，对特殊学生提供服务。第七，服务于学生干部的培养。如深化高校青马班，加强高校团学干部的政治锻造；如通过“团支部书记对对碰述职活动”，让学生干部参与决策、管理，让学生干部的特长和能力得到展示。第八，服务于学生合法权益的维护。如设置“青年议事堂”等平台，支持青年学生在现实中和网络中的有序政治参与，合理引导青年民主诉求等。

（2）中观系统的服务内容。中观系统指青年学生在两个或多个情境中的互动。一是加强团组织自身的建设，以常规班团组织、灵活团组织以及临时团组织等类型，举办活力团支部评选、设置竞争性分配奖励资金等方式，形成良性促进机制，让团员青年之间、团支部之间建立亲密、支持性的互动关系。二是完善高校青年文化建设，如赋予校内建筑以文化涵义，利用校园典礼、特殊节日等开展好特色文化活动、打造特色社团等方式，实现共青团对高校青年文化的整合引领、价值导向、资源配置和枢纽服务的目标。三是推动社区服务。高校可通过“校企共建团支部”“校社志愿服务联盟”等方式进行校企、校社、校地的支部联建和组织联建，形成双向良性互动。

（3）宏观系统的服务内容。宏观系统是青年学生成长发展的最广阔系统，包括亚文化、社会阶层、社会政策等。通过高校在课题研究、智库建设、政策咨询、社会服务等优势平台，形成团组织服务广大青年的良好社会氛围，凝结经验向外辐射和推广，推动服务规范的建立，保障制度平台的搭建，最终形成良好的宏观环境。

3. 运用多元服务方法：群团工作模式中注入专业元素

高校团干部一般都来自不同的专业背景，在学生工作的同时也积累了丰富的管理育人的经验，但服务青年策略的多样性及有效性不够。对青年学生提供服务时，可借鉴社会工作中的个案工作、小组工作、社区工作、社会工作行政等工作方法，有助于培养团干部的专业知识，提高处理复杂工作局面的能力，提升服务的质量和效果。

（1）借鉴个案工作方法开展个体服务。以个体和家庭为服务对象，对个别学生进行辅导，采取直接、面对面的沟通来提供辅导和环境改善等方面的支持和服务，弥补团工作难以覆盖到个人的不足。个案工作以专业知识为基础，过程中的接案、收集资料、诊断、制订计划、实施、结案与评估为解决个体问题提供清晰的路径与程序，使工作做到有章可循。（2）借鉴小组工作方法开展群体服务。小组工作强调学生之间的互助，团组织可运用小组工作方法，为有相同背景或需要的学生群体服务。在实际工作中，团组织可以建立不同的小组，比如成立“本硕博学生联盟团支部”、开展“新生朋辈团体辅导”等活动，建立人际关系小组、成长小组、兴趣小组、教育小组、服务小组等。从前期的需求评估、招募组员、小组活动的设计，到小组的组建、团队的融合，小组活动的开展，到最后的结案与评估，群体服务活动的操作都需要团干部借鉴小组工作方法进行周密的安排。（3）借鉴社区工作方法开展高校社区服务工作。团组织培养青年学生参与社区建设的意识，鼓励并支持其参与社区建设。比如，利用社区资源建立团组织活动基地、社会实践（实习）基地、志愿服务基地、德育基地等各类社区教育基地，组织开展走访社区、入户调查、开办“社区剧场”、开

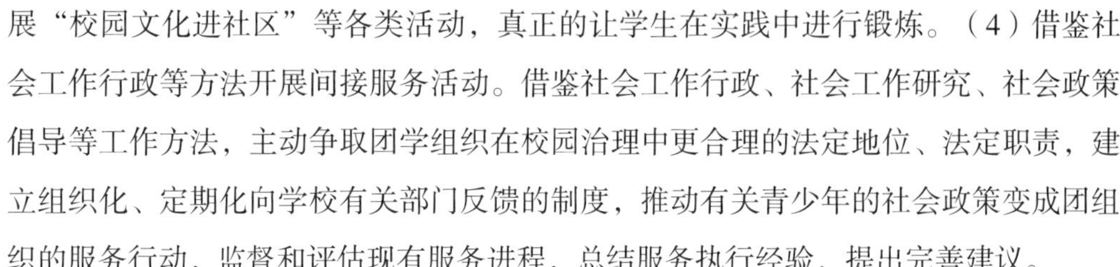

展“校园文化进社区”等各类活动，真正的让学生在实践中进行锻炼。（4）借鉴社会工作行政等方法开展间接服务活动。借鉴社会工作行政、社会工作研究、社会政策倡导等工作方法，主动争取团学组织在校园治理中更合理的法定地位、法定职责，建立组织化、定期化向学校有关部门反馈的制度，推动有关青少年的社会政策变成团组织的服务行动，监督和评估现有服务进程，总结服务执行经验，提出完善建议。

4. 融合多方服务人员：实现单一孤立向复合团队转变

要发挥高校团组织的服务职能，必须改变服务队伍只有团干部的状况，建设复合型的服务队伍，扩大工作力量。服务队伍中包括高校团干部、高校相关部门教职工、青少年事务社会工作者、专业人员、团青工作者和研究者、大学生、志愿者等。（1）建好高校团干部队伍。积极争取政策支持，把政治素质好、善于做青年工作的优秀年轻党团员，选拔到校院两级团的工作岗位。加大团干部培训规模和力度，组织引导高校团干部逐渐向专家化、专业化发展，鼓励团干部申报各级社科类课题，提升研究能力，通过挂职、访学等提供团干部学习、实践机会，提升团干部的素养，增加共青团岗位的吸引力。（2）善用高校其他部门的教职工。要进一步整合学生处、就业指导中心、心理咨询中心、创业学院等学校有关部门力量。（3）借用专业人员力量。以兼职聘请的方式，把心理咨询师、青年创业导师、医生、企业家、团青研究者、一线团干部等人员纳入服务队伍当中，提供更加专业的服务。（4）发展志愿者队伍。发展大学生成为志愿者，进行自我服务、互相服务；整合社会上关心大学生成长的志愿者资源，引入高校，形成服务的合力。

5. 采取综合服务评估：提升科学规范又重视“用户体验”

加强对服务的评估，可以达到检验、考核的目的，有助于提高专业性和公信力。从某种意义上讲，在服务型团组织建设过程中，服务对象就是“用户”，因此在开展综合评估时既要提升科学规范性，也要重视“用户体验”。（1）注重评估主体的多元性，加入公众评估和第三方专业评估主体。以往的工作评估偏向于绩效考核，由上级团组织或同级党组织制定考核指标，通过自评和主管部门评定两项组成，容易偏重党政行政绩效，可能会使基层团组织过于关注短期工作绩效。公众评估主要是指青年群众的评估，“用户”参与到服务的设计、实施、评价的全过程，突出了青年的主体性地位。第三方专业评估是聘请相关专家担任评委，对其服务业绩和活动效果予以有效监督，加以客观公正的评价。（2）提升评估方法的科学性。采用实证性、解释性、互动性评估等多种评估方式。实证性评估可使用问卷调查，以可观测、可测量的定量方法进行研究评估；解释性评估重点关注、尊重、理解人的主观意愿；互动性评估通过观察、访谈、自由聊天等方式，收集相关隐含信息。把涉及“用户体验”的参与性、交互性、动态性、差异性和情感性的内容，纳入评估指标体系。比如，可将“有用”“有价值”“易寻找”“可获取”“高效”“合意”“可信”“好感”等指标，作为团组织服务评估的重要维度。

二、共青团服务品牌的建设

习近平总书记指出，“群团组织要强化服务意识，提升服务能力，挖掘服务资源，坚持从群众需要出发开展工作”[①]，“如果每个群团组织都能打造出几个有影响的服务品牌，那么合起来作用就大不一样了”[②]。共青团为党做好青年群众工作的历程中，形成了群众耳熟能详、具有社会影响力的服务品牌，如“挑战杯”“希望工程”“志愿服务”等，在服务青年成长成才、维护青少年合法权益和诉求、引领青年服务社会等方面发挥了重要作用，大大提升了共青团的服务力。

（一）共青团服务品牌的内涵与意义

共青团服务青年群众通常会以活动、项目、品牌形式进行。团的具体服务活动是指为实现团的职能，完成党交付的任务，借助一定的载体所开展的有组织、有计划的行动和实践。团的项目则是由一系列可管理的独特的、复杂的并相互关联的活动组成。当团的项目经过品牌化建设，获得广泛认知、普遍认同、并且长期坚持、推陈出新，产生持久积极的社会效果的时候，则完成了品牌建构。共青团的服务品牌，是指共青团围绕党政中心、服务大局、回应青年群体诉求，逐渐形成的经常性和长期性的，被广泛认知和普遍认同的，以服务活动为主要形式的工作品牌。

共青团的品牌按不同的方式可以分成不同的类型。按职责功能分，可分为引领凝聚类、联系服务类、组织动员类等类型。一般而言，一项品牌活动往往兼具多项功能、实现多种职责，此种分类只是将某类更突显的功能作为其标识而已。比如，希望

① 习近平：《论党的青年工作》，中央文献出版社2022年版，第109页。

② 中共中央文献研究室编：《习近平关于社会主义政治建设论述摘编》，中央文献出版社2017年版，第205页。

工程，在救助、服务贫困地区失学少年儿童的同时，也发挥了引领社会传播助人为乐精神、动员社会力量扶贫济困的作用。按品牌活动举办的层级及覆盖面分，可分为全国性活动、区域性活动、系统内活动等。按品牌活动持续的时间分，可分为连续性活动、阶段性活动、节点性活动等。此外，还可以按主体分、按对象分、按形式分等。

建设共青团的服务品牌有着重要意义。第一，从组织逻辑看，通过品牌化开展服务活动是共青团的内在需求。团章规定，“中国共产主义青年团是广大青年在实践中学习中国特色社会主义和共产主义的学校”，“坚持服务青年的工作生命线，以青年为中心，从青年需要出发，强化服务意识，提升服务能力，挖掘服务资源，千方百计为青年排忧解难”。“群团组织做服务工作具有两重性，既要服务党和国家工作大局，也要服务群众，不能把两者割裂开来，也不能畸轻畸重”[①]。实践性要求团的工作需要注重形式多样、注重体验性、参与性，坚持服务青年的工作生命线，则要求实践的重要内容包含整合服务资源、提供优质服务。既服务党和国家工作大局、又服务青年群众是共青团组织的重要工作内容。品牌的建设能提供承载品牌名称、形象要素、品牌个性、品牌体验、品牌文化等内容的实践性服务，是共青团提高服务活动知名度、美誉度、传承性等影响力的内在需求。第二，从历史逻辑看，共青团的服务品牌发挥了重要作用，积累了宝贵经验。新中国成立以后，共青团围绕党政关心、社会关注、青年关切、共青团能为等因素，推出了系列服务品牌活动，如青年突击队、青年扫盲队、向科学进军、学习雷锋活动、新长征突击手、“五小”竞赛、希望工程、“挑战杯”、青年志愿者行动、青年文明号活动、青年岗位能手活动、手拉手活动、大中专学生“三下乡”活动、创建优秀“青少年维权岗”活动、保护母亲河行动、青工技能振兴计划、大学生志愿服务西部计划、12355青少年服务台、青年马克思主义者培养工程、青年大学习等。这些品牌活动，不仅在当时起到了作用，而且也作为一种历史产物，反映了一代代青年的生存形态、行为特征与具体贡献，从而成为了记录时代的青春年轮。[②]团的品牌工作以优质的服务赢得各个方面的认可和接受，有利于团组织带领青年发挥作用，有利于提高团组织的知名度和美誉度，有利于增强团组织

① 中共中央文献研究室编：《习近平关于社会主义政治建设论述摘编》，中央文献出版社2017年版，第203页。

② 郑长忠：《记录时代的青春年轮——品牌活动与共青团发展》，载《中国共青团》2018年第10期，第28—30页。

的凝聚力，有利于团组织整合资源。[①]第三，从青年逻辑来看，青年需要及青年特点决定了共青团以品牌工作的方式更能提供优质服务。不同青年有不同需求，同一青年在不同成长阶段也有不同需求，这就需要不同的服务活动来照顾青年特点，满足不同种类、不同层次、不同程度的合理需要。品牌工作像一面旗帜，通过高质量的、有特色、有意义的活动，以及无偿的公共服务来吸引青少年凝聚到团组织周围。第四，从个体逻辑来看，通过创建和实施服务品牌，锻炼青年群众工作能力。在创建和实施服务品牌的过程，需要紧密联系青年、了解青年需要，需要研判时代要求，需要结合实际大胆创新，需要进行组织化动员和社会化动员，需要整合各类资源，需要进行品牌宣传及管理，等等。这对群众工作者的能力提升有很大帮助。

（二）共青团服务品牌的创新与发展

1. 志愿服务助力社会治理的“广东方案”

广东是中国现代志愿服务主要发源地之一，志愿服务事业一直走在全国前列。新时代以来，志愿服务日益成为共青团组织服务党政中心工作的重要抓手，成为助推社会民生实事的重要力量，引领文明风尚培育时代新人。截至2021年11月30日，广东全省实名登记的注册志愿者超过1400万人，各类志愿服务组织及团队达13.2万个，发起志愿服务活动424万项，累计提供服务时长超7亿小时，拥有全国领先的全省志愿服务一张网（“i志愿”系统）。[②]广东志愿服务社会化程度、信息化水平、专业化水平、制度化建设等都走在全国前列。

（1）加强顶层设计，持续推进志愿服务组织化制度化。早在2009年，广东省委省政府就印发了《关于进一步发展志愿服务事业的意见》，明确提出“在全国率先建立起覆盖全社会、与政府服务和市场服务相衔接的社会志愿服务体系”，首次将志愿服务作为创新社会治理的重要内容进行顶层设计。广东各级团组织、志愿者联合会会同文明办、民政等职能部门，从全省一盘棋的视角出发，抓住志愿服务在社会治理中起突出作用的关键领域，尝试探索形成志愿服务助力社会治理的“广东方案”。

广东在推动志愿服务制度化建设上一直走在全国前列。1999年，广东出台全国第一部志愿服务地方性法规《广东青年志愿服务条例》，2010年修订为《广东省志愿服

① 李艳：《共青团品牌工作的回顾与探讨》，载《中国青年研究》2014年第6期，第46—50页。

② 编辑部：《志愿广东》，载《黄金时代》2022年第1期，第33—43页。

务条例》，率先推动志愿服务在法律法规层面的制度供给。此后还持续推出了支持和发展志愿服务组织、统一全省志愿服务信息平台、推进行业和学生志愿服务工作、志愿者守信联合激励等一系列制度安排。将构建“文明办牵头、民政部门行政管理、共青团会同志愿者联合会做好组织协调工作”的志愿服务工作格局、实施“社工+志愿者”联动机制、建设全省志愿服务一张网等创新实践成果，转化为法律法规和制度安排固化下来，也丰富和完善了社会治理制度体系建设。

广东共青团着力构建横向到边、纵向到底的志愿服务组织网络。从纵向看，在组织协调工作上，大部分地级以上市成立了专门从事志愿者工作的事业单位或内设志愿者工作部门，承接和落实党委政府关于志愿服务发展的具体工作，其余地市团委均实现了指定部门，专人、专岗、专责推进志愿服务工作。全省地市均成立了志愿者联合会（义工联合会、志愿者协会），还有县（市、区）志愿者联合会、乡镇一级志愿者协会、青年志愿者协会。截至2021年，全省共有120个县（市、区）成立团属志愿服务组织，覆盖率为98.36%。[①]省、市、县三级志愿服务枢纽组织体系已基本建成，常态化联系凝聚全省10万志愿服务组织及团体。从横向看，文化、卫生、体育、消防、环保、媒体、法律、金融、助残、税务等20多个行业已率先建立志愿服务组织；在重点服务领域先后成立了志愿助残服务、环保志愿服务、青少年禁毒公益服务、“伙伴同行”社矫服务等领域的志愿服务联盟，跨界整合志愿服务专业力量。广东已经成为全国志愿服务组织体量最大、社会化程度最高的地区之一。

（2）推动“志愿服务+互联网”建设，为社会治理智能化提供有益参鉴。信息化技术的广泛应用，为志愿服务实现贡献量化、低本高效、精准有序探索了实现路径。广东较早起步“志愿服务+互联网”工作，聚焦志愿服务“互联网化”的关键要害业务，以点突破撬动全局，构建志愿服务生态圈。一是抓住“志愿时长认定权”。将“i志愿”系统打造成当前全国志愿服务领域数据标准最严格最透明、产品体系最完整的平台之一，也是首个完整覆盖一个省域的志愿服务信息管理服务平台，为各地社会治理、创文工作成效评估提供精准数据支撑。二是创新“资源整合分配模式”。在国内首创发行提供公益激励保障和消费优惠的“注册志愿者证”，为志愿者提供身份识别、保险保障的同时，探索以“持证志愿者刷卡消费、发卡银行爱心捐赠”的方式带动社会资源整合再分配。三是丰富“志愿时长应用场景”。将志愿服务与社会信用

① 编辑部：《志愿广东》，载《黄金时代》2022年第1期，第33—43页。

体系建设有机结合，立足志愿者尤其是青年志愿者群体在教育服务、就业创业、社会保障等领域需求出台激励政策和优惠举措；联合企业、商家组建爱心联盟，为持证志愿者提供生活、学习、社交等领域的优先和便利，形成支持志愿者成长发展的服务组群。通过构建“一网、一证、一计划”，推动形成“志愿服务+数据认证+守信激励”志愿服务生态闭环，为创新社会治理智能化提供有益借鉴和参考。

（3）打造服务项目品牌，提升社会治理精准度和专业化。一是立足民生关切，聚焦现实“痛点”和“热点”。针对广东山区教师严重缺编的情况，实施“希望乡村教师计划”，在全国范围内招募支教志愿者，充实乡村教师队伍。围绕青少年面临的心理健康等实际困难，打造全省统一接听、各地派单跟进的12355青少年综合服务平台，面向高校、律师协会等招募专业律师和心理咨询师加入志愿者队伍，为青少年提供线上咨询及受理服务，实现“一个电话就能得到专业咨询，一个电话就能找到团组织”。依托“益苗计划”，对全省1200多个社会志愿服务项目和组织提供扶持，并引导他们积极参与社会治理创新、提供政府和群众急需的民生服务项目。二是在支持港澳主动融入国家发展大局方面积极作为。粤港澳三地志愿公益组织交流日益密切、项目合作频繁，进一步深化港澳同胞对国情社情民情的认识，形成了凝聚人心、培养家国情怀、增强民族意识的强大社会功能。发起“粤港澳志愿服务联盟”，搭建大湾区志愿公益团体国际合作网络和交流平台，促进志愿服务组织之间的有效互动、学习交流和业务合作。以“青年同心圆计划”为统揽，积极对接并长期联系150家港澳台青年社团，通过“大湾区青年家园”整合大湾区青联专业及社会力量，通过志愿公益组织培育志愿服务活动等多种形式，帮助港澳青年更好地融入大湾区发展。依托香港青年服务团、“情义两地行”粤港青年志愿服务合作营、西部计划等品牌项目，支持港澳青年以志愿服务为载体，走进西部、走进基层、走进社区。推动“i志愿”系统、注册志愿者证在澳门应用推广，在数据交互、嘉许激励等方面推动粤澳志愿服务融合发展。三是创新项目模式，激发服务活力。2011年12月，团广州市委借鉴“广交会”模式，创办志愿服务广州交流会。2014年，团中央将志交会提升为全国性展会，“广州模式”推至全国。2021年12月，广州、深圳志愿服务“双城联动”项目发布，在志愿服务领域强强联手，优势互补，深入推进“双区”（“粤港澳大湾区”和深圳“社会主义先行示范区”）建设，合力打造一批创新型志愿服务项目，发挥志愿服务“双城联动、比翼双飞”在全省的示范引领作用，推动广东志愿服务高质量发展、始终走在全国前列。

2. 打造希望工程品牌新矩阵[①]

从捐资助学、援建希望小学，解决学生“上学难”问题的广东希望工程1.0版本，发展到实施南粤会亲、幸福厨房、希望家园，服务困难青少年健康成长的2.0版本，再到实施“希望乡村教师计划”，助力实现“教育均等化”的3.0版本，广东希望工程深刻把握青少年需求变化，实现工作重心向关注“人”的软件支持转变，深入挖掘希望工程传统品牌的时代内涵，创新推出一系列具有鲜明时代特色的新品牌，扎实推动新时代希望工程焕发新活力、作出新贡献。

（1）“南粤会亲”让“希望工程1+1”助学行动“活”起来。“希望工程1+1”助学行动是希望工程的传统品牌，广东青基会吸收推广广州市的“会亲”做法，定期组织希望工程受助学生到所在地市参加“南粤会亲”活动，让捐资人和受助人面对面交流沟通，营造了“不是亲人却胜似亲人”的浓厚氛围。截至2022年3月，该活动已成功举办十二届，累计结对帮助34746名困境学子，资助金额超5300万元。

（2）“红领巾基金”创新组织化动员参与公益新模式。2011年成立的广东红领巾基金持续支持“幸福厨房”“幸福家园”项目。“希望家园”是为全省留守少年儿童量身定做的“成长计划”，以“心理疏导、情感交流、学习帮助、文体活动”等四大功能满足农村广大留守少年儿童需求。“幸福厨房”旨在建设以“加热自带午餐和集中蒸饭煮粥”为主要功能的电器型厨房，让粤东、粤西、粤北贫困地区的乡村小学的孩子们吃上热气腾腾的午饭。截至2022年3月，“红领巾基金”帮助乡村援建“幸福厨房”204间、“希望家园”583所、鼓号队987支。近年来，广东青基会还联合各地团组织成立14个地方性专项基金，组建红领巾基金矩阵，实施精细化管理、科学化运营，推动基层共青团组织参与希望工程事业的力量不断壮大、形成体系。

（3）“大湾区+公益”搭建粤港澳公益行动爱心桥梁。广东青基会与香港苗圃行动合作，连续20多年举办具有本土特色的“希望之路”“行路上广州”徒步筹款活动，号召青少年以运动健身参与慈善公益活动，累计募集公益资金7000余万元。近年来，广东青基会以这一活动为抓手，积极搭建公益行动爱心桥梁，实现粤港澳公益资源的互通互联互助。比如，接收香港爱心人士捐赠善款援建内地希望小学，借鉴港澳民间救援组织经验筹建民间救援辅助队，联合港澳学校与内地学校合作开展乡村美育营活动等。

（4）“互联网+公益”高效率化解青少年“急难愁盼”。广东青基会聚焦因病致

---

① 《广东：打造希望工程品牌新矩阵》，中国青年网，2022年3月29日。

贫、因病返贫这一脱贫路上的“拦路虎”，联合广东省12355平台、“粤省事”平台和多家爱心医院等共同发起“广东青少年大病救助工程”项目，利用互联网构建起希望工程“及时雨”个案救助平台，创新大病救助“公益配捐”模式，帮助家庭经济困难患病青少年有效解决医疗费问题。截至2022年3月，该项目上线筹款项目249个，筹集2291.79万元，拨付善款1964.72万元，惠及355个患者家庭。

3. 打造创业就业系列服务品牌

（1）聚焦创新创业人才培育。一是加强青少年创新创业素养培育。如在寻找“最美南粤少年”活动中更加注重素质拓展和实践创新评分比重；聘请包括科创界优秀青年在内的少先队校外辅导员；推出涉及青少年创新创业素养培育的文化产品等。二是开展各类青年创新创业实践锻炼活动。用好“攀登计划”广东省科技创新战略专项资金，每年投入2000万元资助广东省内1000个高校大学生科技创新团队开展具有前沿性、开创性的科技创新实践研究。搭建各类实践展示平台，如承办钟南山青年科技创新奖终评活动，开展“百名科学家进校园”活动等。三是举办创新创业青年分层分类培养班。实施“领航100”青年领军企业人才培养计划，向全省遴选高成长性青年领军企业的经营管理人才。实施“青创100”广东大学生创新创业引领计划，每年招募百名大学生创业者开展创业辅导、素质提升、资源整合等培训，帮助一大批优秀青年大学生创业人才提升创业能力。实施“圆梦计划”，每年资助1万名在粤新生代产业工人参加高等学历继续教育。

（2）聚焦创新创业服务体系建设。一是构建服务青年创新创业工作全链条。推动地市以竞赛为契机建立青年创新创业“三个一”工作机制。即：一个常态化联络机制、一个交流学习机制、一个青创辅导机制。加强“青创园”建设，截止2021年累计评选建设国家级青年创新创业示范园区6家，省级园区51家。举办“青创营”“广东青创行”“青创联系日”“青创沙龙”等各类创新创业活动。二是搭建青年创新创业赛训平台。举办“创青春”粤港澳大湾区青年创新创业大赛暨交流营，推动全省21地市举办市级“创青春”竞赛。针对涉农、文旅行业创业青年分别举办涉农创新创业竞赛和文化和旅游创新创业专项赛。举办“挑战杯”，2021年首次举办广东大学生科创夏令营活动，率先推出省级“大学生群众性创新创业活动活跃指数”。三是做好青年创新创业项目落地孵化对接。2014年，共青团中央、广东省政府共同建设“中国青创板”综合金融服务平台，面向全国青年创新创业项目和企业提供包括孵化培育、规范辅导、登记托管、挂牌展示、投融资对接、交易和退出等服务，促进青年创新创业项目市场化、资本化、产业化发展。

（3）聚焦就业服务体系建设。一是开展就业择业观引导。开展线上线下就业观引导，搭建职业咨询线上专区，设立“12355-5”职业咨询热线。以实施西部（山区）计划志愿者就业专项行动为契机，积极引导青年到基层就业。二是开展职业技能提升培训。实施“展翅计划”广东大学生就业创业能力提升行动，以寒暑假为重点，开发党政机关、事业单位、大型国企、基层一线和优质民企等各类优质实（见）习岗位，帮助大学生上岗实习。与全国大学生服务平台“易展翅”合作，帮助大学生找实习、找培训、找工作。积极探索“广东技工”“粤菜师傅”“南粤家政”三项工程青年人才培养工作路径，结合“两帮两促”乡村青年促就业行动，联合行业龙头企业开展技能人才培养。持续举办省级“领头雁”农村青年人才培训示范班及市县级农村青年人才培训班，做好农村青年人才技能提升培训。三是系统帮扶重点青年群体稳就业。针对毕业生群体，重点是实施“展翅计划”高校毕业生促就业专项行动，采用空中双选会、线下校园招聘会、直播带岗及统一开展云服务月等形式，持续开展线上线下供需对接活动。针对港澳青年群体，落实中央惠港工作要求，搭建港澳青年实习就业服务平台，开展“展翅计划”港澳台大学生实习专项行动。针对退役军人群体，联合省退役军人事务厅举办社会工作能力提升培训班、全省乡镇（街道）退役军人服务站工作人员职业能力提升培训班。四是率先探索破解毕业生住房难问题。2020年底，广东共青团联合省住建厅在全国率先推出“青年安居计划”高校应届毕业生住房保障服务行动，按照“实物保障+货币补贴+社会化补充+信息化建设+行业规范”思路，推动公租房、人才房政策，推出优惠住房、青年驿站等建设，实实在在帮助青年解决操心事、烦心事。

（4）聚焦港澳青年创新创业服务平台建设。一是深化港澳青年服务体系建设。以粤港澳大湾区青年家园、12355港澳台青年服务热线为重点打造港澳青年服务体系。编撰发布《粤港澳大湾区青年资讯通》，系统梳理广东省涉港澳台青年的政策措施及实用信息，涵盖社保、医疗、教育、婚姻、人才、就业、创业、住房、餐饮、交通、消费、旅游、娱乐、环保等14个领域，配合12355港澳台青年服务热线、大湾区青年家园的运行服务，为港澳台青年来粤发展提供全方位、精细化服务。发布实施广东青联投身两个合作区10条举措，支持港澳台青年在横琴、前海创新创业。二是打造粤港澳青年创新创业服务基地。启动建设粤港澳大湾区青年家园总部，支持38家粤港澳大湾区青年家园建设运营。联合省人社厅、港澳办创建广州南沙粤港澳（国际）青年创新工场、深圳前海深港青年梦工场、珠海横琴·澳门青年创业谷等三个“粤港澳青年创新创业示范基地”。积极参与省政府关于港澳青年创新创业“1+12+N”孵化平台建设，吸引更多港澳青年到粤港澳大湾区内地创业就业。三是促进粤港澳台创新创业青年交流合作。在“中国青创板”建设港澳企业（项目）展示专区，吸引港澳企业（项目）上板。举办“粤港澳青年大学生创新创业培训班”。以“青年同心圆计划”为统揽，线上线下开展红色寻根、圆桌论坛、知行湾区等活动。期间，举办海峡青年峰会（广东）、海峡青年社团圆桌会、粤港澳台青少年红色寻根之旅、粤港澳台青年走进两个合作区等活动，以广东为窗口感受国家经济社会发展变迁，促进粤港澳台青年广泛交往、全面交流、深度交融。

（三）共青团服务品牌的建设与管理

共青团服务品牌对团组织本身、青年群众、社会大众、青年工作者等均有重要意义，为推动共青团服务工作的品牌化，需要进行品牌建设与管理。共青团进行品牌建设即是对具体品牌进行设计、定位、传播的过程。品牌管理则是指对具体品牌价值进行维护和升级，并根据形势变化进行的维护品牌形象、保持品牌地位和品牌价值的一系列活动。总的来说，共青团服务品牌从无到有、从有到优的过程，就是明确需求、创建品牌、科学管理、善于迭代的过程。

1. 明确需求

需求是品牌创建的出发点，好的品牌是基于满足需求的。这里的需求，既包括了党政的需求，也包括了青年的需要。首先要明确党政的需求。党现阶段对共青团的要求，归结起来，就是把培养社会主义建设者和接班人作为根本任务，始终成为引领青年思想进步的政治学校，引导广大青年自觉为共产主义远大理想和中国特色社会主义共同理想而奋斗；把巩固和扩大党执政的青年群众基础作为政治责任，始终成为党联系青年最为牢固的桥梁纽带，密切联系青年、有效吸引青年、广泛团结青年，把最大多数青年紧紧凝聚在党的周围；把围绕中心、服务大局作为工作主线，始终成为组织中国青年永久奋斗的先锋力量，紧紧围绕党和国家工作大局，广泛组织动员广大青年在深化改革开放、促进经济社会发展中充分发挥生力军作用。政府的需求，则是共青团协助政府进行青年事务的治理，推动青年福利的发展，保障和实现青年的合法权

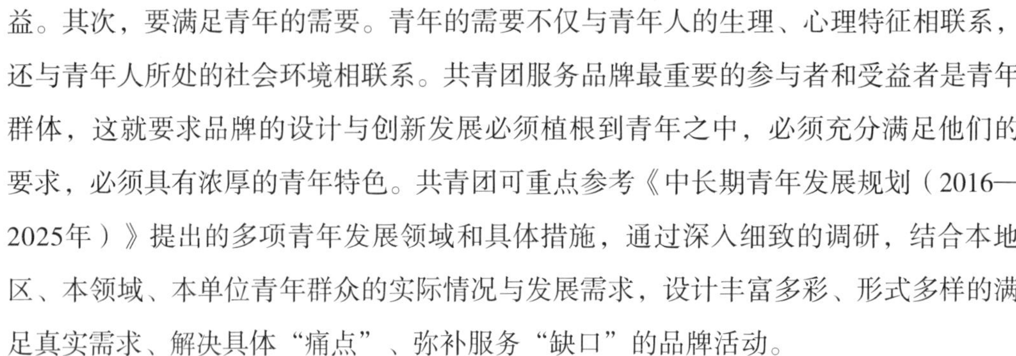

益。其次，要满足青年的需要。青年的需要不仅与青年人的生理、心理特征相联系，还与青年人所处的社会环境相联系。共青团服务品牌最重要的参与者和受益者是青年群体，这就要求品牌的设计与创新发展必须植根到青年之中，必须充分满足他们的要求，必须具有浓厚的青年特色。共青团可重点参考《中长期青年发展规划（2016—2025年）》提出的多项青年发展领域和具体措施，通过深入细致的调研，结合本地区、本领域、本单位青年群众的实际情况与发展需求，设计丰富多彩、形式多样的满足真实需求、解决具体“痛点”、弥补服务“缺口”的品牌活动。

2. 创建品牌

对共青团来说，品牌的首要功能就是清晰刻画和传达共青团的使命。优秀的品牌是代表组织形象的标志和符号，公众通过对组织品牌的认识来建立对组织形象的感受和对组织价值的理解。（1）建立品牌识别系统。品牌识别系统包括理念识别、行为识别和视觉识别三个子系统。理念识别包括品牌工作的思想系统和战略规划，包括使命、愿景、工作模式与发展方针等，体现共青团的精神实质和内涵。行为识别包括行为方式、管理方法、机构设置、文化活动等。视觉识别包括品牌工作的标志、名称、商标、标准字、标准色、事务用品、传播媒介、制服等，是最外露、最直观的表现。建立品牌识别系统时，要注重系统性，即理念、行为和视觉的统一性，还要注重与其他组织、其他品牌的差异性。同时，品牌设备系统的建设不是一次性的短期行为，要根据内外环境的变化与时俱进、适应发展。（2）进行品牌定位。品牌定位是指为某一特定品牌确定一个适当的位置，使品牌在受众心目中占据一个特殊的、受到重视的位置，并与其建立一种内在的联系。当某种需要一旦产生时，人们就会先想到某一品牌。品牌定位的参照维度主要有党政要求维度、公众关切维度、目标者维度、竞争者维度、共青团自身维度。党政要求维度考虑的是党政给出的“命题作文”，是共青团组织必须自觉担负起职责使命的工作。公众关切维度考虑的是从公共服务者的角度拓展服务内容，定位出符合社会发展需要的品牌。目标者维度考虑的是作为参与者和受益者的青年群体的个性、心智、需求和服务使用场景，使青年在特定情境下自然而然想起该品牌。如18岁成人仪式教育活动是为即将或刚刚年满18周岁的适龄学生举办的有特殊意义的情景定位。竞争者维度考虑的是与同类竞品相比自身的存在优缺点，学习对手优点，挖掘自身优势，创造出属于自己的品牌的个性。共青团自身维度考虑的是组织本身的实际情况，包括财力、人力、物力，以及有何种资源等，扬长避短，更好地进行科学品牌定位。（3）进行品牌传播。品牌通过明确传播目标、制定传播策略使目标群体认识和了解品牌，从而有效建立品牌的知名度、认可度，提高品牌的美誉度。传播过程中，通过选择合适传播渠道、内容形式、传播时机等，提高传播效果。比如，深入人心的希望工程的“大眼睛”姑娘照片，就是以直观感性的影像特征吸引公众，让许多人参与捐款和志愿活动。

3. 科学管理

对共青团这样一个资源有限的组织来说，必须精心筹划，努力做精做强重点项目，发挥好品牌项目的示范带头作用，对各地推出的大型品牌工作，应有评估、有检查，要倡导决策的科学性。[①]要注意品牌工作的延续性，要持之以恒，不能仅靠推出、发布，不能只有启动、没有后续，不能因人员变动而荒废好品牌。要注重基层首创和地方经验，加大对基层品牌和地方品牌的研究、检验、论证及提升，对好的品牌可上升为全团品牌，向全国推广。要注重品牌维系，管理好品牌资产，包括品牌忠诚度、品牌知名度、品牌美誉度、品牌公信度、品质认知度、品牌联想度等；塑造好品牌形象，注重服务体验、符号形象、品牌特色、组织形象等，对破坏品牌形象的行为要及时干预，消除影响。如对品牌进行商标注册、对知识产权申请专利或版权进行保护，对品牌使用进行授权，聘请专业团队协助开展品牌保护工作及应对品牌维权事件等。

4. 善于迭代

品牌塑造后，共青团需要根据发展需要，采取升级迭代的一系列战略和战术手段提升品牌内涵、维护品牌价值、延续品牌生命力。品牌升级可以带动团组织进行管理手段的创新和管理水平的提高，促进团组织与时俱进、可持续发展。在推动品牌创新迭代之前，要做好创新工作计划，重点考虑内外部环境变化、受众需求变化、资源成本测算、预期风险等。品牌创新一般采取的主要策略，一是持续的产品创新和技术创新。可通过对要素的增加或删减、扩充或缩小、调整顺序等优化配置，组合出新内容，也可以与新技术的结合来开展新项目。比如近年来借助互联网技术实现的“互联网+”项目、“云端”服务等。二是品牌内涵和形象的创新。紧跟时代潮流，促进品牌定位和组织理念上的更新，展示新的品牌形象等。三是品牌传播方式进行创新。从传播渠道、内容形式等方面深入，通过新媒介的技术赋能，为品牌实践提供更便捷、低资费、低门槛的准入条件，引导青年与媒介共同参与品牌活动的增值性生产，不断

① 李艳：《共青团品牌工作的回顾与探讨》，载《中国青年研究》2014年第6期，第46—50页。

赋予品牌新的意义。四是提高青年工作者的创新意识。以团干部为主体的青年工作者力量发挥是创新发展共青团青年工作品牌的关键。对青年工作者加强创新素养培养、激发工作热情和信念，有利于更有效率地执行创新项目和活动。干部作用的发挥要求其必须具备坚定的理想信念和对青年工作的热情，只有这样，团干部才能在强化自身专业技能的基础上，为品牌的创新发展出谋划策、贡献力量。[①]此外，还要打造核心品牌，丰富基层小品牌，深化传统品牌，形成共青团工作品牌体系。[②]比如，2018年3月，广东共青团联合省教育厅、省学联启动“灯塔工程——广东青年大学生思想引领行动”，聚焦思想政治引领主责主业，打造育人实践“第二课堂”，推动共青团全员、全过程、全方位融入“大思政”工作格局，有效破解思想政治引领务虚不务实的问题，对党的科学理论进行了有效的青年化阐释。2021年，广东共青团以建党100周年为契机，以党史学习教育为起点，让红色基因、革命薪火代代传承，在原来工作基础上，推出了“灯塔工程”2.0版本，即“灯塔工程——广东青少年学习践行习近平新时代中国特色社会主义思想行动”，进一步将“灯塔工程”从大学延伸到中小学以及社会领域青少年，着力构建全领域团学队组织思想政治引领一体化工作体系，实现了品牌的升级迭代。

图5–2 “灯塔工程”1.0版本标识图

图5–3 “灯塔工程”2.0版本标识图

① 李一冉：《共青团青年工作品牌创新研究》，载《广西青年干部学院学报》2020年第2期，第38—42页。

② 吴庆：《试论青年群众工作专业的创建——共青团工作理论研究的现实、传统和新探索》，载《青年发展论坛》2019年第2期，第30—40页。

第六章

工具与方法：提高青年群众工作的科学性和有效性

党的青年群众工作是一门实践性很强的学问，需要借助传统及现代工具与方法以提高工作的科学性和有效性。历史上，利用利益工具、沟通工具、调查工具、宣传工具、动员工具、制度工具、奖惩工具、典范工具、法治工具等创造性地开展工作，是提高青年群众工作成效的好经验、好做法。其中，调查研究、讲好故事，是党的群众工作的优良传统和有效办法，需要与时俱进结合新型工具和技术手段以提高科学性；借鉴社会工作专业方法、善用“互联网+”，则是跨学科思维及方法的融合使用。面对新时代要求，党的青年群众工作需创新工作思路，改进工作方法，不断提高工作水平。但不管工具和方法怎么变，人心是最大的政治，为党做好群众工作就是为党争取青年心的本质始终不变。

》第一节《
开展调查研究

习近平总书记在2020年秋季学期中央党校（国家行政学院）中青年干部培训班上强调，年轻干部要提高“七种能力”，“提高调查研究能力”被摆在解决实际问题必备能力的重要位置，并指出调查研究是做好工作的基本功。团干部做青年群众工作过程中，要坚持实事求是，要进行正确决策，要改进工作作风，要加强实践锻炼，要创造性开展工作，都要学会调查研究，在调查研究中提高工作本领。

一、原理

（一）中国共产党语境下的调查研究

中国共产党历来重视调查研究，形成了独特的调查研究观和方法论。加强党在青年工作上的调查研究是“党的调查研究观”在青年工作领域的具体化。青年调查研究工作是青年工作的重要组成部分。[①]党的十八大以来，以习近平同志为核心的党中央，高度重视调查研究工作。习近平总书记在党的十九届一中全会上指出，“调查研究是谋事之基、成事之道，没有调查，就没有发言权，更没有决策权”，“正确的决策离不开调查研究，正确的贯彻落实同样也离不开调查研究”。

对于调查研究，很多人并不陌生，不少单位和个人对调查研究也是重视的。究竟什么是调查研究？调查研究具有什么特征？怎么进行有效的调查研究？对于这些问题，很多人并不是很清楚。一些不重视、不科学的调查研究，会干扰人们对客观世界的认识，进而会导致不当的决策。一项对基层团干部调查研究能力现状的调研显示，调查研究已成为基层团干部开展共青团工作的重要方法之一，但基层团干部调研能力存在如下突出问题：调查研究没有形成常态、经常化机制；调研能力不足，调研方法

---

① 李凌鸥：《中国共产党调查研究观的演变及对当代青年工作的启示》，载《岭南学刊》2022年第1期，第60—68页。

单一，忽视文献调研；只调不研，无法为上级部门建言献策。[①]因此，对调查研究的知识体系和方式方法具有一些基本的正确的认识和了解，既是动手做调查工作的前提，也是形成高质量研究报告的需要。

通常而言，人们会在日常语境、社科语境和工作语境中听到“调查研究”，常常含有实践方法、认识工具、研究方法、技术工具的意思。调查研究既是中国共产党人遵循辩证唯物主义实践论而认识客观事物的基本方法，又是中国共产党人在各个历史时期做好领导工作和群众工作的传家宝，更是新时代做好党的各项工作的基本功。中国共产党的语境下的调查研究，是在马克思主义认识论和实践论以及唯物史观、群众路线的指引下吸收借鉴社会科学调查研究的理论和方法所形成的特定概念，是系统的认识活动。年轻干部的调查研究能力是指年轻干部在工作特别是领导工作中通过走群众路线，科学运用调查研究方法，认识和把握客观事物的真实状况和发展变化的规律，反映群众的利益愿望诉求，为制定和执行政策提供真实信息的本领。[②]这表明中国共产党人所指的调查研究能力具有特定含义和比较高的标准要求。

（二）提升调查研究能力的价值意蕴

对于年轻干部来讲，提高调查研究能力有重要意义。第一，面对的客观事物总在不断地变化，新矛盾，新问题每时每刻都在出现；第二，身上所肩负的任务也是不断变化的，原有的任务完成了，新的任务又摆在了面前，需要重新学习和调查研究；第三，工作或身份在不断变化，从一个地区和部门到另一个地区和部门，从一个岗位到另一个岗位，即便是回到曾经熟悉的工作岗位和工作环境，也要坚持不懈地学习和调查研究。

1. 学好用好传承好党的重要传家宝

调查研究是共产党的传家宝，是做好各项工作的基本功。回顾党的百年历史，一代代党的领导人正是在调查研究中，不断解决实践中的问题，不断丰富完善党的指导思想，让这个百年政党解放思想、实事求是、与时俱进、求真务实。在新民主主义革命时期，在毛泽东同志的推动下，全党十分注重开展调查研究，对世界反法西斯形

---

① 赵莉，吴庆：《基层团干部调查研究能力现状和提升路径研究》，载《青年发展论坛》2022年第2期，第61—69页。

② 李斌雄：《年轻干部调查研究能力的基本内涵、价值意蕴和提升路径》，载《中国党政干部论坛》2021年第2期，第86—89页。

势、中国社会各阶层情况、城市和乡村的关系等进行科学分析，出了《论持久战》《论联合政府》等对局势影响深远的著作，探索出开展土地革命，开创农村包围城市、武装夺取政权的革命新道路，建立党的抗日民族统一战线，担负起民族独立人民解放的历史重任。在社会主义革命和建设时期，调查研究是共产党探索社会主义道路的制胜法宝，为党探索在一个一穷二白、基础薄弱的古老大国建设社会主义、走上一条将马克思主义与中国国情结合的社会主义建设道路奠定了坚实基础。在改革开放和社会主义现代化建设时期，调查研究成为党“摸着石头过河”、探索建设中国特色社会主义的“探路石”。中国特色社会主义新时代，以习近平同志为核心的党中央继承和发扬党的优良传统，把调查研究作为治国理政、管党治党的重要思想方法和工作方法。习近平总书记高度重视调查研究，以上率下、亲力亲为，推进党的建设必调研，作出重大决策必调研，实施重大战略必调研，推进重大工作必调研，为习近平新时代中国特色社会主义思想的形成提供了科学依据和坚实基础，引领党和国家事业取得历史性成就、历史性变革。[①]

2. 有助于认识世界和科学决策

调查研究有助于认识世界，掌握真实情况，把握客观规律。通过调查研究，能获得第一手资料，做到耳聪目明，心中有数。通过调查研究弄清问题性质，找准症结所在，进而有的放矢、解决问题，做决策不是“拍脑袋”、不是大致印象、不是个人意见。深入调查研究，有助于进行科学决策，解决实际问题。

3. 调查研究就是密切联系群众

调查研究，也是走群众路线的过程。调查研究是了解认识群众的有效途径，调查研究的过程是教育引领群众的过程，调查研究的目的是把广大群众团结凝聚在党的周围。[②]通过调查研究，可以深刻认识群众，身入心到；调查研究，也是依靠群众，发挥群众智慧的过程，从而引领群众；调查研究，更是团结群众的过程，培养良好的群众作风的路径。一方面，年轻干部只有具备调查研究的能力才能走好党的群众路线；另一方面，也只有走好党的群众路线才能做好调查研究工作。通过调查，把党和政府的声音，传递到群众中，也是做好思想工作的一种方式，通过调查，把关系到人民群众切身利益的诉求、问题找出来，从而解决问题。比如，共青团通过对新社会阶层从

---

① 黄月：《党历史上的调查研究》，载《中国纪检监察》2018年第16期，第42—43页。

② 廉思：《如何有效开展调查研究》，人民日报出版社2019年版，第3—8页。

业人员的调研，既将他们的意见、诉求和愿望通过青年工作渠道进行汇集和传达，还通过调研过程联系凝聚了一批在青年人群中很有影响力、号召力的人，像网络作家、网络主播、美食博主、独立音乐人等，提高他们对身边团属组织的认同，做好联系服务凝聚工作。

4. 解决本领恐慌需要调查研究

客观世界在变化，工作任务在变化，自己的岗位、身份在变化，都需要调查研究，找到解决问题的办法，保持清醒与定力，解决本领恐慌，从而克服少知而迷、不知而盲、无知而乱的问题，才能适应在不同的地方、部门、岗位担负领导责任，才能创造性地开展工作。毛泽东在1961年总结自己的领导工作经验时说："凡是忧愁没有办法的时候，就去调查研究，一经调查研究，办法就出来了，问题就解决了。"[①]在新时代，年轻干部同样需要不断提高调查研究能力，通过深入群众、深入基层的调查研究，提高党性修养改进作风，提高包括认识能力、判断能力、分析能力、沟通能力、执行能力等在内的多方面能力。

二、应用

（一）树立良好调研作风

习近平总书记多次讲过"当县委书记一定要跑遍所有的村，当地（市）委书记一定要跑遍所有的乡镇，当省委书记一定要跑遍所有的县市区"。2003年，时任浙江省委书记的习近平写过一篇文章，叫《调研工作务求"深、实、细、准、效"》，发表于《浙江日报》"之江新语"专栏，收录于《之江新语》。里面就专门提到了调研要求：深、实、细、准、效。

"深"，就是要深入群众，深入基层，善于与工人、农民、知识分子和社会各界人士交朋友，到田间、厂矿、群众和社会各层面中去解决问题。"实"，就是作风要实，做到轻车简从，简化公务接待，真正做到听实话、摸实情、办实事。"细"，就是要认真听取各方面的意见，深入分析问题，掌握全面情况。"准"，就是不仅要全面深入细致地了解实际情况，更要善于分析矛盾、发现问题，透过现象看本质，把握规律性的东西。"效"，就是提出解决问题的办法要切实可行，制定的政策措施要有

---

① 中共中央文献研究室编：《毛泽东文集》第八卷，人民出版社1999年版，第261页。

较强操作性，做到出实招，见实效。[①]

（二）掌握调查研究流程

1. 调研设计

（1）调研类型。按照不同分类方式可将调研分成不同的类型。这里主要介绍两种。第一种是按内容分，分为探索性调研、描述性调研、解释性调研，多数调研是探索、描述和解释三者兼有之，只是侧重点不同而已。探索性调研是对所调查的对象、主题或问题进行初步了解，获得初步印象和基本认识，为今后的深入、系统研究提供基础和方向的研究类型，往往具有开拓性和原创性。描述性调研主要是对某一研究群体和社会现象在某方面的表征或特征进行描绘的过程，是轮廓性地“素描”和“画像”。描述性调研主要目的是收集资料、发现情况，提供初步判断，与探索性调研相比，更具系统性和结构性。解释性调研是更深入的研究，深入分析研究主题和结构诱因，并且解释原因和说明关系，深入现象背后的规律，主要回答“为什么”。第二种是按价值分，分为理论性研究、应用性研究。理论性研究主要解决重大基础性问题，需要长时间和较大投入，高校、科研所等研究机构对理论性研究关注较多。应用性研究倾向于从解决问题的视角入手，与党和政府工作相关的调研大多属于应用性调研。然而，一项好的调查研究通常具备理论价值和应用价值，有意义的应用性调研会推动理论的深入和发展，而理论性调研也会指导实践的展开。

（2）问题发现。问题是时代的声音，首先要善于发现问题、提出问题、直面问题，进而研究问题、回答问题、积极推动问题的解决。要树立“问题意识”，善于发现和提出问题。一般而言，调查研究问题来源可以分成两类，一类是设问，一类是困惑。设问是指相关主体已经列好问题指南，需要相关机构或人员尽快组织力量开展调查研究。常见的有党和政府主要部门列出的“问题清单”、课题指南、委托任务、工作要求等。比如，如何更好把青年团结起来、组织起来、动员起来，为实现第二个百年奋斗目标、实现中华民族伟大复兴的中国梦而奋斗，是新时代中国青年运动和青年工作必须回答的重大课题[②]；在贯彻落实习近平总书记重要讲话精神方面，共青

① 习近平：《之江新语》，浙江人民出版社2013年版，第1页。

② 习近平：《在庆祝中国共产主义青年团成立100周年大会上的讲话》，载《人民日报》，2022年5月11日第2版。

团要着力研究和破解共青团工作十个重大时代课题：一是深入研究如何建设“政治学校”，二是深入研究如何增强思想政治引领实效，三是深入研究如何建设“先进组织”，四是深入研究如何当好“先锋力量”，五是深入研究如何成为“最为牢固的桥梁纽带”，六是深入研究如何革新团的工作方式，七是深入研究如何构建新时代青年爱国统一战线，八是深入研究如何做好新时代青年外事工作，九是深入研究如何加强新时代少先队工作，十是深入研究如何深化团干部队伍建设。[①]第二类问题来自困惑，问题就是一系列的反差以及由这个反差引起的困惑。研究是从困惑开始，而调查的动力来源于困惑和焦虑。通过预期与现实之间的反差、政策与实践之间的反差、同类事物的比较三种途径发现问题。问题发现，可先找问题丛，找到研究领域；再聚焦问题，找现实难题：实实在在的困境和麻烦，需要行动和干预予以缓解和解决的；再聚焦切入口。

（3）问题确认。问题确认，要凭借敏锐的感觉，要有高度的政治责任感和使命感，高度关注全党全国全社会的热点、难点、疑点，高度关注党政关心、社会关注、青年关切、共青团能为的问题，从工作价值、公共价值、政策价值、理论价值四方面考虑。工作价值是指选题要体现实际工作中的问题导向，通过调研来推动工作或解决工作中遇到的问题。公共价值是指选题要有公共性，不是解决个人问题，而是带有规律性的共性问题。如个别青年的婚恋问题，属于个体问题，如果是大量共性的青年婚恋现象或婚姻新趋势出现，就是调查研究要关注的婚姻问题。政策价值是指调查研究的成果能为相关部门开展工作提供依据参考，能促进社会行动，对实际政策的出台产生一定的影响。理论价值是指调研结果能有助于促进当前理论的发展，有一定的理论意义和研究价值。选题的理论价值还要体现在立意与时俱进，符合马克思列宁主义关于社会发展规律的认识，要站在马克思列宁主义的立场观点视角上；其次要符合时代潮流，当今我国经济社会发展的总指导思想是习近平新时代中国特色社会主义思想；再次要符合国内国际的宏观背景，不能违背时代发展大势，调研题目不能逆历史潮流而动。[②]

（4）是否可行。第一，可以解答。一般不能选择由哲学思辨或社会辩论来回答的主观性问题。第二，客观条件。充分考虑时间、调查对象的选择、经费、资源等。第三，主观条件。要考虑调研者的专业、团队、知识、理论、阅历、精力、兴趣、性

---

① 《团中央书记处理论学习中心组专题学习习近平总书记在建团百年庆祝大会上的重要讲话精神》，载《中国青年报》，2022年6月10日第1版。

② 廉思：《如何有效开展调查研究》，人民日报出版社2019版，第50页。

别、方言等。第四，工作节奏。把握工作重点和时间节点，如重要时间节点、热点。

（5）初步研究。第一，明确核心概念。概念是思维的起点，没有概念就不能形成判断和推理，开展研究必须界定概念，明确其内涵与外延，然后在此基础上展开分析、思辨、论证等。第二，进行文献研究。梳理已有研究、目前进展、研究成果等，帮助形成研究框架和分析框架。第三，请示确认。一般的调研都有上级领导参加或主管部门统筹，在形成基本思路后要主动与上级沟通确认。第四，交流碰撞。与专家、同行、有经验者、了解情况的人交流碰撞，完善调研思路。第五，形成框架。对为何研究、研究什么、如何研究等方面形成初步框架。

（6）制定调研方案。按照调研目的意义、调查对象、调研内容、调研方法、调研分工、时间安排、工作保障等内容，制定调研方案。

2. 调研方法

方法是实现调研目的的工具。人文社会科学领域有系统的方法体系，可以分为哲学方法论、系统科学方法论和具体方法论，具体方法论又分为收集数据的方法和分析数据的方法。此外，还可以从研究方法哲学、研究方法范式、研究方法方式、研究方法技术与工具等方面构成社会科学研究方法体系（见图6–1）。在了解调查研究方法体系的基础上，根据调研目的，选择合适的调研方法，通常一个调研使用多种方法。以下为常见的研究方法优缺点举例（见表6–1）。

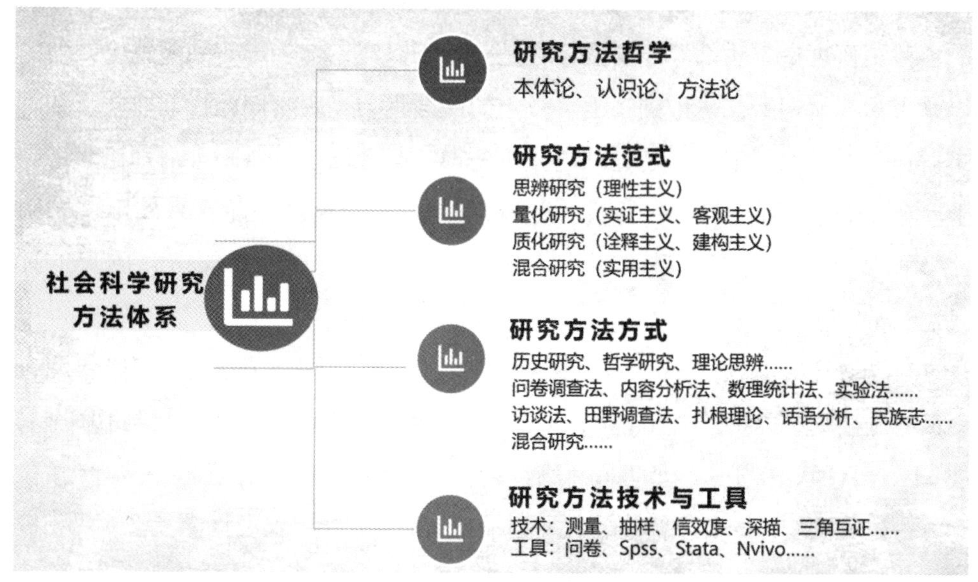

图6–1 社会科学研究方法体系

表6-1 常见调研方法举例

调研方法	优点	缺点
文献调查法	文献搜集，人力物力投入小，先行先导，便于汇总	资料可靠性要求较高，还需掌握搜索与筛选技巧
实地观察法	感性认识，第一手资料	偶然性，主观因素影响大，耗时，不易大样本观察
访谈调查法	更深入挖掘信息，便于调查差别较大的对象	样本较小，耗时长成本高
问卷调查法	借助互联网可大规模进行，标准化，便于数据处理	受网络影响，缺乏深度及独特性，问卷设计考究
会议调查法	工作效率高，快速，节省人力和时间	调查结论难以全面反映
专家咨询法	代表性，专业建议，先行先导	不容易找到

一般来说面对不同特质的调查对象采取不同的调查策略：比如对某类社会事件的调查，用典型个案法（案例研究）效果较好；对某个社会群体的背景调查，用结构性问卷效果较好；对群体心理和精神问题，用心理量表效果较好；对涉及意见和态度等主观倾向的调查，用座谈会或个别访谈效果较好等。

要立足国情，灵活运用调查研究的理论和方法。一是注意理论方法的兼收并蓄。各种调研理论方法都源于实践，凡是有助于探究未知，丰富和反思已知的，都可以拿来为我所用。二是做到多学科视角的融会贯通。现实问题往往非常复杂，仅靠单一视角既难以了解全面，也难以分析透彻。与此同时，年轻干部理论水平高、专业基础好，有条件做到多学科视角分析问题。三是坚持理论联系实际。做调查研究，既要有本本，又不能“本本主义”，不能变成理论的俘虏，成为工具的工具。

进行调查研究必须“多层次、多方位、多渠道”地调查了解情况。既要调查机关，又要调查基层；既要调查干部，又要调查群众；既要解剖典型，又要了解全局；既要到工作局面好和先进的地方去总结经验，又要到困难较多、情况复杂、矛盾尖锐的地方去研究问题；既要发挥领导机关和领导干部的作用，又要调动社会各界积极参与，充分运用现代信息手段。只有做到上下结合、内外结合、点面兼顾，才能准确、全面、深透地了解情况，找出解决问题的新视角、新思路和新对策。

3．调研实施

（1）充分准备。要做好思想上、态度上的准备。做好认知上的准备，如提前做充分研究，论文、智库、网络文章，相关部门的材料，请教前辈、领导、老师、同行、朋友等。

（2）收集信息。收集信息过程要注重实施细节。如问卷长度，要考虑填答时间和便利度。如感性调研，现场调研时，要善于用感性去捕捉对象的精神状态、思维思路，充分去感受现场一线带来的直接冲击和第一印象。如工作调研，发调研通知，把调研目的、需求，自己想了解的内容条分缕析写清楚，越具体越容易理解越好，切忌泛泛而谈，对方不知道要调研什么，此外，还要给充足的时间调研对象准备。如开座谈会，采取少说多听的原则，自己尽量别发表观点、夸夸其谈，耐心听取发言对象的发言，善于捕捉要点，及时提问。如调研话语，要善于交流对话，不要过多地谈理论、摆架子，要谦虚有亲和力，处处表明善意，以利于对方给你讲真话，反映真实情况。如样本数量，尽量多跑几个点，面上要广覆盖，也要挑选省市县镇区各级不同的调研点，既要听好的优秀典型，也要看差的发展不好的地方，对比着看对比着思考。

（3）及时调整。要根据实际情况，及时调整调查问题、研究预设、调查对象、调研主体、调研进度等。如，随着对问题的认识和理解不断深入，需要进行适当调整，进行补充或删减；如，原来的访谈对象找不到或不愿意了，不能继续跟踪调研了，等等。

（4）整理分析。主要包括资料整理、清洗数据、分析数据（如统计、计算、建模、演绎、归纳、诠释、证明、反驳）等工作。

4．调研报告

调研报告是调查工作的最终成果，是从感性认识到理性认识的结晶。调研报告力求寻找规律，做到叙议结合，表达准确。调研报告具有真实性、针对性、时效性、系统性、规范性的特点。不同调研主题有不同的调研报告类型，问题解决型调研报告，如《乡镇干部人才流失的现状、原因与对策研究》；政策研究型调研报告，如《当前某某市青年住房情况分析及政策建议》；决策反馈型调研报告，如《部分地区免除城市义务教育阶段学杂费实施情况的调研报告》；评估预测型调研报告，如《医药行业发展趋势、问题及并购重组建议》；学习考察型调研报告，如《某某地区数字经济立法的主要探索及启示》等。

从结构上看，调研报告一般可分为以下结构：

（1）标题。

（2）导言。

（3）调查发现与分析部分（主体部分）。

（4）对策建议与结语部分（重要部分）。

（5）附件（可有可无）。

在调查发现与分析部分，一般可采用纵向式分析与论证（时间、阶段、前后、浅深），或横向式分析与论证（各方面、维度、因素），或综合以上两种分析方式的纵横式分析与论证。在对策建议与结语部分，对策建议往往是提出解决思路、办法或措施，这些建议要有针对性、可操作性，不宜太多太散。结语部分要进行概括、升华、启发，语言应精炼、简明。

5. 成果转化

基层团干部调查研究能力现状的调研结果显示[①]，在调研目的方面，选择以“深入了解青年”为目的进行调研的团干部最多，占比达76%；希望运用调查研究“了解和把握工作落实效果”的位列第二，占比为52.1%；选择“科学决策，为上级部门建言献策”的团干部比例最少，占比不到21.7%。同时，调查结果显示，团干部调研后存在不研究对策、不解决问题的现象，调研“套路多、干货少”，团干部在及时上报、转化调研成果方面存在认识模糊、调研成果运用能力弱、建设性调研成果少的情况。对经过充分研究、比较成熟的调研成果，要及时上升为决策部署，转化为具体措施；对尚未研究透彻的调研成果，要更深入地听取意见，完善后再付诸实施；对已经形成举措、落实落地的，要及时跟踪评估，视情况调整优化。[②]调查研究成果的转化类型通常有报告、内参、宣传、汇报等，对教育工作者或科研工作者而言，还可以转化成论文、课题、著作、教学等内容，扩大研究成果的影响力。要在建立常态化调研机制的基础上，加强对干部的精准培训，提升理论研究与咨政建言能力，制定调研成果评价体系，加大对高质量的调研成果的考核评价。此外成果的转化要注重时效性，还要畅通报送渠道。

---

① 赵莉，吴庆：《基层团干部调查研究能力现状和提升路径研究》，载《青年发展论坛》2022年第2期，第61—69页。

② 《习近平在中央党校（国家行政学院）中青年干部培训班开班式上发表重要讲话强调 年轻干部要提高解决实际问题能力 想干事能干事干成事》，载《人民日报》，2020年10月11日第1版。

第二节
学会讲好故事

中国共产党历来重视中国叙事、党史叙事。共青团是党领导下中国青年运动史故事的重要主角，团史叙事是党史叙事的“青年篇”。讲好党领导下的共青团故事、构建共青团历史叙事体系，具有丰富的价值功能。人们爱听故事，尤其青少年更爱听生动的故事，练就讲好故事本领，通过讲好故事帮助青年筑牢信仰之基、赓续精神血脉、涵养历史思维、提升理论素养、锻造政治品格、凝聚奋斗之力，是做好青年群众工作必须掌握的重要方法。

一、原理

党的二十大报告提出要“加快构建中国话语和中国叙事体系，讲好中国故事、传播好中国声音，展现可信、可爱、可敬的中国形象”。[①]中国共产党的历史叙事包含了党领导下的共青团史叙事。讲好团的故事，就是讲好党的故事，讲好中国故事。

（一）讲好故事的出场逻辑

中华民族有着悠久的叙事传统和丰富的叙事经验。叙事是在特定的社会文化语境中用口语、书面语或辅之态势语、音像、图片等综合手段表述一件或一系列真实或虚构事件的行为过程或所有具有叙事性的言语成品。[②]中国共产党历来重视党史叙事，把党史叙事作为强化民族认同、实现自我认同从而建立文化自信的有效路径。习近平总书记强调，“要抓好青少年学习教育，着力讲好党的故事、革命的故事、英雄的故事，厚植爱党、爱国、爱社会主义的情感，让红色基因、革命薪火代代传承”[③]。团

① 习近平：《高举中国特色社会主义伟大旗帜 为全面建设社会主义现代化国家而团结奋斗》，载《人民日报》，2022年10月26日第1版。

② ［美］杰拉德·普林斯著；徐强译：《叙事学：叙事的形式与功能》，中国人民大学出版社2013年版，第1—2页。

③ 习近平：《论党的青年工作》，中央文献出版社2022年版，第101页。

的历史就是与党同心、跟党奋斗的历史，就是践行党的初心使命、为党团结凝聚青年的历史，是党史“青年篇”的主要部分。[①]

共青团历史叙事是指叙事主体用特定手段来叙述共青团历史故事的行为过程与活动，包括叙事主体、叙事内容、叙事载体等要素。叙事主体包括叙事者和受众；叙事内容主要指共青团历史故事及其蕴含的人、事、情、理、意等内容；叙事载体指的是叙事活动需采取的组织形式、媒介和手段。2022年5月10日，习近平总书记出席庆祝中国共产主义青年团成立100周年大会并发表讲话，党和国家领导人在重要时间节点进行的政治叙事，既为团史叙事提供重要示范，也为讲好团史故事提供根本遵循。

（二）共青团历史叙事的时代解读

1. 核心动力

党的要求及现实需要。深刻道理要通过讲故事来打动人、说服人。“讲故事就是讲事实、讲形象、讲情感、讲道理，讲事实才能说服人，讲形象才能打动人，讲情感才能感染人，讲道理才能影响人。要组织各种精彩、精炼的故事载体，把中国道路、中国理论、中国制度、中国精神、中国力量寓于其中，使人想听爱听，听有所思，听有所得。”[②]通过生动的叙事，讲清重要概念，讲透关键理念，讲活精彩故事，是呈现历史逻辑、学习历史经验、凝聚社会共识、引导奋斗行动的应有之义。同时，一些历史虚无主义者通过唯心史观解构真实历史，重新解读历史人物和事件，公开诋毁马克思主义，否定社会主义核心价值观，反对中国共产党治国理政，逐渐消解人们的历史认知、文化认同和政治信仰，造成巨大负面影响。针对社会上和网络上历史虚无主义的负面影响,讲好党领导下的中国青年运动故事、共青团的故事，做好青少年的思想引领，赓续红色血脉的任务十分迫切而艰巨。

2. 价值旨归

讲好故事的价值功能。第一，历史教育功能。通过历史叙事展现真实的历史逻辑，可以让青少年群体涵养历史思维，以史为鉴、以史明志，自觉抵制历史虚无主义

---

① 《贺军科同志在共青团“学党史、强信念、跟党走”学习教育动员会上的讲话》，中国共青团网，2021年3月12日。

② 中共中央文献研究室编：《习近平关于社会主义文化建设论述摘编》，中央文献出版社2017年版，第212页。

思潮，以正确党史观正本清源、固本培元。第二，政治社会化功能。叙事主体将共青团历史故事所承载的政治文化、理念和行为规范传递给青少年；青少年通过学习政治文化知识、接受理想信念教育，形成特定的政治态度，养成特定政治价值观和政治行为。第三，沟通表达功能。共青团历史叙事阐释“我是谁”“我从哪里来”“我要到哪里去”等基本问题，拉近叙述者与受众者之间的距离，进行广泛政治沟通，有利于凝聚共识，进行政治动员。第四，集体记忆建构功能。集体记忆是一群人所共享、传承以及一起建构的事或物，它是个体身份认同和群体归属的基础。比如，共青团通过组织多样化的叙事情境体验，用仪式教育、荣耀时刻等情景激发青少年积极情感，使其完成集体记忆的主体建构，自觉将个体成长与国家和民族命运紧密相连。

3. 困境突围

传统叙事的不足。传统团史叙事模式存在局部“失位”“失真”和“失灵”现象，影响叙事效果。第一，团史叙事在青少年教育场域存在部分“失位”。因对团史叙事重视程度不够、对团史内容教育功能认识不足、团史教育资源缺乏、团史叙事者队伍缺失等原因，团史教育在青少年思想政治教育、爱国主义教育、社会主义核心价值观教育、德育教育等场域的功能没有得到充分发挥。在互联网、社交媒体、青年亚文化群体、新兴青年群体等新场域中，更是出现了不同程度的失语，影响了共青团组织对这部分青年的引领与感召。第二，团史叙事在表达和呈现方面存在部分“失真”。因叙事者史料掌握不足、学理支撑不够、叙事手段偏颇、迎合猎奇心理等主客观原因，导致团史叙事“失真”。如引用错误史料、过度拔高英雄形象、简单罗列现象、以错误的因果关系予以解释等。第三，团史叙事在载体和方法层面存在部分“失灵”。仅采取理论教化、价值灌输、教育填鸭、单向传递、单一方法等叙事策略和叙事方法，容易形成消极的、被动的外生性认同，忽视了青少年自我教育、自我反思、自我完善的内生性建构过程，最终导致话语体系及价值传递的失灵。

二、应用

（一）勾勒“主题—主角—事件—道理”的叙事谱系

1. 把握团史叙事主题

叙事主题决定历史叙事的灵魂和行动指向。习近平总书记指出，实现民族复兴是中国青年运动一以贯之的恢弘主流，为中华民族伟大复兴而奋斗是主题，党的奋斗主题就是团的行动方向。[①]团史叙事要始终围绕为中华民族伟大复兴而奋斗这一主题来构建，分清历史的主流和本质，紧扣党在不同历史时期的中心任务、团结带领广大团员青年积极投身人民群众的历史过程，既讲好主旋律故事，也要讲好失误教训的故事。

2. 选好团史故事主角

故事主角可以是一个人或多个人，可以是一个组织，或多个组织，还可以是政党、民族或国家。当榜样作为故事主角时，要揭示人物行动背后的意义支撑，才能更容易让受众产生浓厚兴趣、情感共振、价值认同。当故事的主角是领袖人物时，要充分反映领袖群体在历史关头解决历史任务的愿望及其努力，要将其放在所处的历史条件和社会背景下去分析，并给予科学评价。当主角是组织、政党或国家时，可以围绕党团关系、团青关系、青年与民族、国家、社会、政党关系、青年与青年组织关系、青年组织与组织之间的关系等进行叙事，用合适的主角推动团史叙事的发展。

3. 精准匹配事件素材

一要讲好党和国家的重大事件。通过讲好党和国家历史的大事件，引导受众深刻领会历史演变的逻辑规律，把握历史发展趋势，让受众建立理解共青团历史的基准点。二要讲好共青团发展的重要事件。通过讲述不同历史时期的共青团重要事件，充分阐释：中国共青团不愧为中国青年运动的先锋队，党的忠实助手和可靠后备军。三要讲好引起受众关注的典型事件。典型事件可以是能引发受众情感投射或身心代入的历史故事，如百年来既有一大批青年对理想与信仰矢志不渝的坚持，也有一些人中途转向甚或迷失，对理想与信仰的追求与坚守对当下的青年依然具有深刻的启迪意义。

4. 展现故事蕴含道理

寓道理于故事，是对党的先进理论进行青年化阐释和传播的重要方式。习近平总书记多次提到故事和道理的关系，“不要为了讲故事而讲故事，要把‘道’贯通于故事之中，通过引人入胜的方式启人入‘道’，通过循循善诱的方式让人悟

---

① 习近平：《在庆祝中国共产主义青年团成立100周年大会上的讲话》，载《人民日报》，2022年5月11日第2版。

‘道’”[①]。团史叙事要通过挖掘精彩故事，使更多人认识到“中国共产党为什么能，中国特色社会主义为什么好，归根到底是马克思主义行，是中国化时代化的马克思主义行”[②]，向受众阐释其中蕴含的历史逻辑、理论逻辑、实践逻辑。除了基本道理，还有党的青年观、党的青年运动理论、群团理论、青年工作创新理论、政党青年组织发展理论、青年发展理论等；还有与青少年生活与实践密切相关的如理想信念、人生价值、政治追求、道德发展、就业、生活、家庭、婚恋等小道理。

（二）建构“理念—指向—手段—策略”的模式

1. 树立新型叙事理念

一方面，要注重学理支撑。要侧重中共党史党建学、政治学、历史学、青年学等学理支撑，推动共青团历史资料的理论挖掘和学术研究，进一步阐释团史故事背后的历史规律，提升历史诠释的理论力度。另一方面，要遵循主体间性。叙事者和受众都是叙事主体，坚持主导性和主体性相统一。团史研究部门、教师团队、各级团干、党团员、入团积极分子等，都可以成为团史叙事的主力军。还可以建构从中央到地方、从智库到个人、从官媒到自媒体、从成人群体到广大青少年等的多层次多领域的公众叙事体系，为讲好党的故事、共青团的故事凝聚一大批具备亲和力的草根力量。

2. 明确团史叙事指向

一是价值指向。团史叙事要将价值渗透性贯穿始终，以党的领导逻辑、团的初心使命、团的价值追求、团的精神风貌等要素构塑故事的价值结构，形成强劲的叙述吸引度和渗透力。二是目的指向。团史叙事是有目的、有预期的行为，一般分为“知”“情”“意”“行”等层面，通常要达到生动展示历史逻辑、引发强烈情感共鸣、进行有效政治动员、推进青年政治社会化、党的理论青年化阐释等目的。三是问题指向。要善于回答党和人民赋予的重大课题、时代课题，善于回答“在新的征程上，如何更好把青年团结起来、组织起来、动员起来，为实现第二个百年奋斗目标、

---

① 中共中央文献研究室编：《习近平关于社会主义文化建设论述摘编》，中央文献出版社2017年版，第213页。

② 习近平：《高举中国特色社会主义伟大旗帜 为全面建设社会主义现代化国家而团结奋斗》，载《人民日报》，2022年10月26日第1版。

实现中华民族伟大复兴的中国梦而奋斗”这一重大课题[1]。

3. 善用团史叙事手段

首先，用好传统叙事手段。共青团的叙事文本、理论成果、主流媒体报道、影像作品、建筑空间等是常见的传统叙事载体，比如党的领导人的讲话、历史故事史料、故事讲稿、学术文章、电影、电视剧、团史展览馆等。在形式上，可以是面对面沟通，如召开专题讲座、成立讨论小组、党课团课学习、召开会议等，可以是实践引导，如社会调查、志愿服务、参观走访、仪式参与、文化活动等，也可以是榜样示范，如邀请英雄、革命后代、先进青年代表等进行事迹分享。其次，用活新型叙事方式。充分利用新技术，以参与、互动、分享、协作的互联网“交互模式”探索团史故事传播方式。例如，广东共青团与文创机构联合开发《百年风华》《将明》等红色剧本杀，在青年传承红色基因的实践活动中注入了社交性、情感性、品味性等时尚元素。由团中央宣传部指导、中国青少年新媒体协会和腾讯联合出品的叙事互动产品《星火逐梦人》，是帮助广大青年更好地了解党领导下的青年运动故事的有益探索。

4. 优化团史叙事策略

第一，宏大与微小的交互叙事。在宏大叙事体系中，共青团在每个历史时期，总是遵循以下叙事逻辑：中国共产党判断中国社会性质，总结归纳社会主要矛盾，明确党的主要任务，领导包括共青团在内的青年力量投身历史任务，共青团以“党有号召、团有行动”的信念带领广大青年奋进在党和国家事业中，展现特定的精神风貌，建立重要功勋。微小叙事可以选取一些真实生动、贴近个体的故事加以具体、细致地叙述，更能丰满历史、拉近距离、打动人心、实现共情。第二，个体与群像的映照叙事。个体叙事是对个体进行微观的、细节的和具象的刻画，可以让人物立体丰满、情感富有张力。在纪念五四运动100周年大会上，习近平总书记列举了毛泽东、周恩来、邓小平、杨靖宇、赵一曼、江姐、陈树湘、邱少云、雷锋、黄继光、刘胡兰等青年英雄的事迹，很有感染力。群像叙事是对一个群体进行描写和叙述的故事，可以凸显在特定时代下特定群体的整体概貌和轮廓，如常见的“00后”“90后”等世代群像，“革命一代”“改革一代”“强国一代”等社会代群像。个体与群像相互映照，既为受众提供具象且深刻的情感共鸣，又提供普泛化、镜像式的认知参照。第三、情

① 习近平：《在庆祝中国共产主义青年团成立100周年大会上的讲话》，载《人民日报》，2022年5月11日第2版。

感与理性的交织叙事。青少年情感丰富、浓烈，对情感需求高，团史叙事可以用感情渲染的方式促进情感交流与互动，引导受众深切感知故事人物的喜怒哀乐，形成更加深刻而持久的认同。

（三）体现“历史性—时代性—政治性—青年性”的叙事特质

1. 体现历史性

第一，坚定历史自信。共青团的历史自信来源于党的领导，来源于自觉担当尽责的奋斗历史，来源于始终扎根广大青年的青春实践。第二，坚持唯物史观基本原理。坚持马克思主义的唯物史观，包括党自十八大以来在唯物史观方面的重大理论创造，科学把握共青团的发展历程。第三，贯彻正确党史观和大历史观。正确党史观要求“准确把握党的历史发展的主题主线、主流本质，正确认识和科学评价党史上的重大事件、重要会议、重要人物”①。贯彻大历史观，就是把团的历史纳入大历史框架中去叙述，贯通古今历史，贯通中外历史，贯通旗帜引领和扎根人民的历史。比如，习近平总书记在庆祝共青团成立100周年大会上讲述共青团的成立时，就把共青团纳入中华民族5000多年历史、近代以来180多年历史、党的百年历史中来分析，纵贯古今，就更能理解共青团的成立在中国革命史和青年运动史上所具有的里程碑意义。

2. 体现时代性

时代叙事需要回答“我们现处何地”，“我们将欲何往、未来发展目标”，“如何分阶段实现这些预定目标”这三大问题②。共青团历史叙事要体现时代性，紧密结合党在新历史阶段的新任务、马克思主义中国化时代化的最新成果、经济社会发展的新要求、青少年思想发展的新变化，讲好现实故事，擘画美好未来，着眼接续奋斗。要把党团结带领中国人民向第二个百年奋斗目标迈进的战略性部署讲清楚，把“两个十五年”的阶段性部署讲清楚，把党对共青团、共青团员、共青团干部、青年的要求和期待讲清楚，动员广大团员青年埋头苦干、勇毅前行。

3. 体现政治性

一要体现共青团坚持党的领导的叙事特质。共青团获得的每一步成长、每一份

① 习近平：《在党史学习教育动员大会上的讲话》，人民出版社2021年版，第24页。

② 曹锦清：《中国共产党时代叙事与历史使命》，载《经济导刊》2017年第9期，第16—23页。

成绩，都离不开党的领导和关怀。在叙事过程中自觉维护党中央权威，坚决贯彻党的意志和主张，严守叙事的政治纪律和政治规矩。二要体现共青团对青年的政治引领的叙事特质。政治引领的叙事特质主要表现在政治教育、政治动员和政治沟通，如引领青年把入队、入团、入党作为追求政治进步的“人生三部曲”，接受政治训练、加强政治锻造；通过团史叙事助力党凝聚和整合青年，动员青年投身党和国家在各阶段要完成的重要任务；通过团史叙事深入青年、了解青年温度，把党的温暖充分传递给青年，让青年真切感受到党的关爱和关怀。

4. 体现青年性

青年性特质主要指蕴含的中国共产党的青年观以及青年化叙事艺术两个方面。中国共产党的青年观是党对青年及青年工作的根本观点和根本看法，在叙事过程中，要核心体现共产党“如何认识青年”“如何培养青年”以及“如何做好青年工作”。青年化叙事艺术是指体现和符合青年特征的艺术化言说方式，比如使用青年流行语拉近距离，使用现代语言重述历史故事促进理解沟通，采用富有律动和激情的影像展示人物青春形象提升感染力等。习近平总书记在建团百年周年大会上的讲话，三十余次提到“青春”，引用了“00后”烈士陈祥榕在日记中写下的“清澈的爱，只为中国”誓言，具有强烈的感染力和震撼力。用好青年化叙事艺术，能向世人铺展开一幅充满生机活力、富有青春律动和革命激情的叙事画卷，用叙事美学传习历史精神、展现历史风貌。

第三节 借鉴社会工作方法

共青团建设需要基于生动实践中问题导向的多学科综合研究。为党做好青年群众工作，共青团应汲取和借鉴其他学科方法和理论成果，与实际中的问题有机结合，不断对自身工作进行创新以促进改革，提出更符合规律和前瞻性的对策。社会工作在解决困难群体问题、促进社会和谐与社会公正、推动社会治理创新方面发挥着重要作用，在青少年服务、政策倡导、激发社会组织活力、专业技能和方法等方面有着独特优势，其专业理念、价值观、知识体系和技能方法，为共青团提高青年群众工作能力、创新群众工作方法、提高专业化水平提供了经验借鉴和实践探索的可能和新思路。

一、原理

青年群众工作与中国社会工作在基本价值、政治价值和社会价值方面存在价值基础，具有结合与互嵌的可能，在预防和化解社会矛盾、参与青少年事务管理、激发社会组织活力等方面发挥作用，从而实现党的群团工作创新和社会工作的本土化发展。

（一）基本价值、政治价值、社会价值的共同基础提供了价值支撑

1. 坚持以人为本，对核心价值的强调有着一致性

党的群众工作基础与核心是做人的工作。无论从价值理念还是从对象、内容角度，党的群众工作的基本价值就是“以人为本”，更好地满足人日益增长的美好生活需要，更好地推动人的全面发展。社会工作的使命和信念来自于社会工作哲学基础中的人道主义和人文主义，关注人的生命价值，强调人的尊严和潜能，凸显人的主体性，体现在具体服务实践和社会福利政策的制定和实施中，其平等、接纳、尊重、促进发展等价值观对保护服务对象的权益发挥着重要作用。群众工作与社会工作在对“以人为本”这一核心价值上的强调是高度一致的。[①]

① 陆士桢，洪江荣：《当代中国社会工作与党的群众工作》，载《河北青年管理干部学院学报》2009年第2期，第1—6页。

2. 坚持中国共产党的领导，政治价值具有相容性

坚持党的领导，是为党做好青年群众工作的根本保证、正确方向和优良传统。发展社会工作，加强社会工作专业人才队伍建设，要始终坚持中国共产党的领导，用中国特色社会主义理论和核心价值观统领社会工作专业理论与价值理念，确保社会工作的正确政治方向。[①]推进中国社会工作发展进程，要将社会工作纳入国家治理理念的基础脉络中进行考量，社会工作价值理念要与国家核心价值观、党的理念宗旨相一致，真正实现社会工作本土化。[②]因此，青年群众工作与中国社会工作有着政治价值的相容性。

3. 参与社会治理与公共服务，社会属性拥有契合性

共青团拥有团员数量多、基层覆盖面广，在中国青年中具有广泛的群众基础和影响力，拥有强大的社会动员能力。共青团通过拓展和开发丰富多样的青少年公共服务项目、动员和整合资源组织内外资源、提升青年社会参与意识和能力、参与制定和执行青少年相关政策法规等途径和方式，实现其社会价值。在对青少年人群的服务中，社会工作的主要功能是对弱势青少年群体提供救助性服务，参与青少年公共政策制定，表达利益诉求，协调资源和利益分配，强调自助、案主自决，激发青年参与社会治理与服务活动。由此可见，共青团做好党的青年群众工作与社会工作有着社会价值上的契合性。

（二）顶层设计、互嵌需求、能动实践的力量推动结合与互嵌成为现实

1. 改革事业的顶层带动

在宏观层面上，党中央治国理政的一系列重要决策部署提供了顶层设计。2007年团中央联合民政部等部委下发《关于开展青少年事务社会工作者试点工作的意见》，共青团系统尝试开展青少年事务社会工作。2011年11月中央组织部等18部委联合发布了《关于加强社会工作专业人才队伍建设的意见》，提出要培养造就一支高素质的社会工作专业人才队伍。2014年团中央联合民政部等六部委下发了《关于加强青少年事务社会工作专业人才队伍建设的意见》，推动建立健全青少年事务社会工作服务体系

① 宫蒲光：《发展社会工作："十三五"社会治理创新的推进器》，载《社会治理》2016年第2期，第24—29页。

② 徐选国，戚玉：《探寻社会工作实践中的政治逻辑——读弗雷德·鲍威尔的〈社会工作政治学〉》，载《社会工作》2014年第3期，第141—149页。

和网络，广泛在青少年工作中引入专业社会工作。2015年《中共中央关于加强和改进党的群团工作的意见》中指出，“通过项目招聘、购买服务等方式吸引社会工作人才、专家学者、社会组织等力量参与服务群众工作”。2016年公布《共青团中央改革方案》提出建设“团干部+社工+青年志愿者”队伍，充实基层工作力量。2017年，中共中央、国务院印发《中长期青年发展规划（2016—2025年）》，在维护青少年合法权益、预防青少年违法犯罪、青年社会保障等发展领域都提到要充分发挥青少年事务社会工作专业人才和社会工作服务机构的作用，建设青少年事务社会工作专业人才队伍，全面参与基层社区社会工作，重点在青少年成长发展、权益维护、犯罪预防等领域发挥作用。2022年印发的《共青团中央关于全面加强新时代青年社会组织共青团工作的意见》指出，大力实施青少年事务社会工作专业人才队伍建设工程，鼓励有条件的青年社会组织培养、吸纳青少年事务社工，建立健全青少年事务领域社区、社会组织、社工、志愿者、社会慈善资源联动机制，不断提升服务青少年的专业化水平。

2. 互嵌性需求的产生

一方面，在共青团系统引入社会工作，是满足青少年需求，解决当前社会青少年问题的需要，也是共青团组织自身改革创新的必然选择。[①]面对新形势，向社会工作专业借鉴理念和方法、与社会服务机构或社会组织合作提升工作效能、整合专业社工人力资源扩大工作队伍，共青团对社会工作主动吸纳的需求日趋强烈。另一方面，社会工作将从顶层设计和制度安排上嵌入到党的群众工作、思想政治工作和社会管理服务中，推动理念、制度和方法创新，加快实现社会工作与党的群众工作、思想政治工作和社会管理服务工作在更高层次、更广范围、更多领域的融合发展。[②]在青少年事务工作领域，社会工作也在积极寻求嵌入空间，不仅对共青团工作进行理念培育和方法嵌入，也在创造条件主动承接青少年事务类项目，推动社会工作的本土化融合。

3. 能动性实践的推动

2007年团中央在全国范围内确定了13个试点城市，尝试推进青少年事务社会工作，取得了一定的效果。2010年以来，北京团市委努力为青年打造配备专职社工的社区青年汇，孵化成立北京厚德社工事务所并主导成立了北京青少年社会工作协会。上

① 陆士桢，陈丽英：《共青团系统中青少年专业人才队伍的建设研究》，载《青年探索》2016年第1期，第11—16页。

② 钟宇慧：《共青团参与社会治理调查与分析——基于广东镇街团组织的调研》，载《广东青年职业学院学报》2017年第1期，第43—50页。

海从2003年开始推进预防和减少犯罪体系建设，上海团市委推动成立上海市阳光社区青少年事务中心等专业社会组织，建立专业社工队伍，在预防和减少青少年犯罪工作中发挥着越来越重要的作用。2011年底，广东共青团推行“好社会·亲青汇”青年社会组织培育发展计划，引导社会组织积极参与社会建设；2014年开展共青团参与青少年社区矫正试点工作，并积极推动建立由共青团主导的政府购买服务机制；2017年起，启动实施“伙伴同行”粤东西北地区青少年社区矫正计划，依托专业社工力量开展青少年社矫服务；2022年，举办“亲青·益起来”——首届广东省东西部协作青少年事务社工培训班，加强联系培养，提高政治素养。这些能动性的实践为进一步推动共青团和社会工作的结合积累了良好的基础。

（三）化解矛盾、完善体系、激发活力的功能发挥将是重要的作用空间

1. 预防和化解社会矛盾，在主业和专业中密切与青年群众的关系

化解和预防社会矛盾是社会工作的一项基本功能。社会工作者扎根基层，服务基层，通过了解基层群众和社会发展的需求，能及时发现问题和风险，借助专业视角进行分析。社会工作者通过提供服务，传达党和政府的温暖和关怀，成为提供公共服务的重要补充，与群众关系紧密、联系紧密。社会工作具有助人自助、赋权增能的功能，可以为闲散青少年、有不良行为或严重不良行为青少年、流浪乞讨未成年人、服刑人员未成年人子女、农村留守儿童、共青团重点工作对象和矛盾易发青少年群体，提供疏导、帮扶、矫治、安置等服务，帮助他们修复社会功能，回到正常生活，从而缓解社会矛盾，降低社会冲突发生率。共青团可以借鉴社会工作的理念与方法，通过直接服务青年、青年政策倡导、青年调查研究等方式，使青年群众的问题能反映、矛盾能化解、权益有保障，增强青年群体的社会归属感和社会公正感，提高青年群众对党团组织的认同。

2. 完善青少年事务工作体系，满足青年群众多样化需求

共青团承担着协助政府管理青少年事务、协调有关政府部门进行规划或协助实施与执行青少年政策的作用。在青少年事务工作领域中，政府和社会共同合作、共同参与，服务青少年各方面需求，保障青少年的合法权益，共青团则连接着政府、社会组织以及青少年。政府通过共青团能有效地寻找和联系可以提供优质服务的青年社会组织和社工服务机构，还可以委托共青团对服务项目进行监督与管理。共青团既可以协

助政府加强对青年社会组织和社工服务机构的培育和管理，引导其积极承接青少年事务，又可以对实施的服务项目进行监督考核，确保服务的实效性。

3. 激发社会组织活力，拓宽密切联系青年群众的渠道和阵地

青年社会组织不仅吸引了大量青年参与，同时也通过组织化方式，发挥着联系、动员、服务和管理等各种功能。如果限制甚至压制其发展势头，阻滞其发展进程，就会形成“零和博弈”；如果顺势而为，把其视为工作的重要推动力量和资源，积极将其吸纳、聚合在自身工作体系当中，就会形成“正和博弈”格局。共青团发挥好政治优势、组织优势和资源优势，青年社会组织发挥好联系群众的民间性、广泛性和深入性优势，成为扩大青年有序政治参与的组织载体、缓解党群矛盾的“减压阀”，两者在竞合式发展中推动良性互动，成为密切联系青年群众的渠道和阵地。

二、应用

（一）自律加自觉——强化自觉服务青年群众的理念

1. 坚持“以人民为中心”，借鉴社会工作的价值理念

群众工作的价值理念包括人民群众是历史的主体和创造者、群众利益至高无上和全心全意为人民服务等，这些观点都体现中国共产党自觉以人民为主体和以人民为中心的发展思想。以人民为中心是新时代党治国理政的鲜明特征，全心全意为人民服务是中国共产党对待人民的基本态度和行为准则。社会工作的尊重、平等、服务、利他等价值理念可以成为对为人民服务宗旨在操守和操作上的一种具体诠释的借鉴，为群众工作理念提供补充。共青团借鉴社会工作价值理念并融于青年群众工作中，形成尊重、平等、真诚、同理、助人自助、服务等价值理念的基本认知；经常性地深入青年，重塑团干部的形象和专业操守，进一步唤醒自律、自觉、自为的伦理精神。

2. 借鉴社会工作价值理念以增强联系青年群众的内生动力

树立密切与青年群众关系的理念，共青团一靠坚定的理想信念和事业追求的初心，二靠从严治团在制度层面作出的原则性和规范性的规范和要求。前者是内生动力，后者是外部律令，只有增强共青团联系青年群众的主动性和积极性，把外部律令与共青团组织和团干部的内在动力有机结合，才能更好地保持与青年群众的密切联系。社会工作对于转变团干部作风、增强联系青年群众的内生动力能发挥促进作用。

共青团在践行使命、为青年群众服务的时候，坚持服务、利他的价值理念，有助于培养团干部的奉献精神，树立尽自己最大努力服务青年的意识；相信每一位青年都应有价值和尊严，都具有自我完善、自我发展的能力，服务青年应促进青年的更好发展；认识到青年的独特个性，开展工作时考虑青年的差异性等。

（二）整合加融通——完善青年群众工作的服务体系

社会工作着眼于基本的社会服务，直接服务和间接服务、微观的具体服务和宏观的社会干预相连接，体现了整合融通的特点。共青团提高青年群众工作能力，既明确服务体系，又突出整体效能，具体可涉及微观和宏观系统层面的内容。

1. 微观层面

即青少年个体活动和交往的直接环境，包括家庭、同伴、学校、工作单位等，共青团通过联系群众机制，全方位地深度融入青年，实际了解青年群众的问题和需求。面对青年的现实利益问题，工作者做好协调者的角色，协助调和利益分配和归属，建立良好的利益纽带联系；面对思想问题，做好使能者角色，挖掘和发现青年的潜能，使之自我认识、自我完善，发挥好共青团引领凝聚的职能；面对具体服务需求，做好服务者的角色，主动提高服务意识和服务能力，特别是照顾到特殊群体、弱势群体的需求，有效满足个性化社会服务需求。加强对青年社会组织的服务、引导和管理，与提供青少年服务的社工机构建立密切合作关系，延长服务手臂。

2. 宏观层面

共青团通过社会服务、课题研究、智库建设、政策咨询、社会监督等方式，促进社会规范建立、社会文化形成、保障制度平台搭建等。如参与青少年相关政策、法律法规的制定和执行，推动立法进程，提高决策效率，加强“共青团与人大代表、政协委员面对面”活动的机制建设，以议案、提案方式推动青少年问题的解决。立足《中长期青年发展规划（2016—2025年）》实施以来的成效经验，研究推动将党对青年的关怀从政策层面上升到法律层面的具体路径，更好促进青年发展、推动青年有为。

（三）直接加间接——创新青年群众工作的方法

为了提升共青团青年群众工作能力，可以借鉴社会工作的个案工作、小组工作、社区工作、社会工作行政等专业方法，促进群团工作方式方法创新，努力增强青年群众工作的亲和力和感染力，不断提高青年群众工作的针对性和实效性。

1. 个案工作方法

在团干部直接联系青年的制度安排下，个案方法中同理、接纳、鼓励、支持、澄清、提问等技巧，有助于提高青年对共青团工作者的认可和接纳，改善青年群众工作的沟通方式，有利于密切团青关系。个案工作的接案、诊断、设计、实施、结案、评估等过程的工作方法为解决青年个体问题提供清晰的思路和有效的方法。

2. 小组工作方法

共青团可运用小组工作方法，为有相同背景或需要的青年群体服务，让组员之间的互助互联成为正向力量。在实际工作中，团组织可以建立成长小组、关系小组、兴趣小组、教育小组、服务小组等，满足青年群众的不同需要。在具体的青少年服务实施过程中，前期的需求分析、成员招募、活动设计，到中期的小组构建、团队融合、活动开展，到后期的结案、评估等操作，对团干部开展群体服务工作提供了借鉴。

3. 社区工作方法

一是建阵地，依托社区现有团组织活动阵地、社区企事业单位、社区青年社会组织，建设社区青少年综合服务体，提高对青年群体的影响和覆盖；二是组队伍，依靠社区团干部、社区组织骨干、社区志愿者、青年骨干等群体建立起社区专业队伍，做好统筹、联络、项目开展等工作；三是有服务，针对社区青年的多元需求，开展公益服务、休闲娱乐、体育健身、学习提升等活动，满足青年成才、文化、娱乐、参与等多样需求，使社区青年、青年组织逐渐成为青年参与社会活动的重要力量，提升社区意识，解决社区问题。

4. 间接工作方法

通过社会工作行政的方法，将与青年有关的社会政策变为社会服务行动，对具体的青年服务进行统筹和管理，做好资源配置；通过社会工作研究的方式，采取多种方法调查研究，收集服务实践和对基层社会的实际体验，形成对青年群体、对青年事务的基本研判，为社会政策的制定提供理论依据；通过政策倡导的方式，向党和政府提出完善青年政策要求，推动相关青年政策的落地，改变政策缺失、政策滞后的现状。

（四）专业加复合——壮大青年群众工作的队伍

要提高共青团青年群众工作能力，必须建设复合型的青年群众工作队伍，增强团队力量，解决团工作人手不足、专业化不够的问题。

1. 建设好团干部队伍

通过专、兼、挂等多种方式，把政治素质好、善于做青年群众工作的干部选拔到团的工作岗位上来。把青少年社会工作内容作为培训学习课程，纳入团干部教育培训规划，提高团干部专业能力，增强与社会组织、社工机构打交道的能力。

2. 培养青少年事务社工人才

把青少年事务社会工作人才队伍建设纳入到共青团工作的工作规划和专业人才队伍建设的整体规划中；在团组织体制内开发设置青少年事务社会工作岗位，积极加强与人事、民政、教育、劳动和社会保障、司法、卫生、工会、妇联等部门联动，以岗位购买、项目购买、岗位教育、兼职、挂职等方式，吸纳更多的社会工作者或社会工作专业师生从事青少年事务工作；重点培训青少年事务社工队伍中的团干部，着重培养专业理论功底与实务经验相结合的能力，以适应本土化青少年事务工作的时代变化和需求。

3. 善用青年社会组织骨干力量

一是通过举办培训、开展活动、提供服务等方式进一步吸引和凝聚青年社会组织骨干，建立人才档案系统。二是通过团组织平台向党政推荐社会组织优秀人才，如推荐成为各级青联委员、人大代表、政协委员等，发挥青年骨干在密切青年群众中的作用。三是向青年社会组织开放团内外荣誉及奖项，并推荐优秀骨干参与评选，发挥榜样示范作用。四是探索人才互动机制，通过挂职锻炼、岗位派遣、跨部门团队建立、项目合作等方式加大团干部与青年社会组织人才之间的实践互动，实现优势互补，共同成长。

4. 发展青年志愿者队伍

一是发挥共青团的指导和培育功能，利用现有资金、组织、政策等资源推动青年志愿服务工作的开展，扶持志愿服务组织和社团发展，帮助形成各自特色。二是促进学校团组织的领导作用，整合好庞大的大中学生志愿服务队伍，建立起长期稳定的志愿服务群体，在社区服务、大型赛事服务、突发事件服务等领域培育中坚力量，积极发挥青年学生参与社会服务、引领社会风尚的作用。三是形成志愿服务工作的动员宣传机制，引导青年体现社会价值、加强奉献意识，最终实现精神引领和社会贡献的有机结合。四是进一步深化社工+志愿者的联动机制，形成在青年群众工作中的特色经验。

》第四节《
善用“互联网+”

互联网深刻改变着人类的生产方式、生活方式、生存方式和交往方式，实现了由最初作为“工具型应用”的“+互联网”到作为“构成社会基本生产组织要素”的“互联网+”的跃升，有力推动了“网络空间命运共同体”和“人类命运共同体”的构建。当下，新生代青年群体“全网式”的生活模式已经开启。第50次《中国互联网络发展状况统计报告》显示，截至2022年6月，我国网民规模为10.51亿，青年是网民群体的绝对主力军。青年在哪里，团组织就要在哪里。面对“网生代青年”，互联网既是开展青年群众工作的新场域新环境，同时又为青年群众工作带来新挑战新机遇，共青团必须善用“互联网+”，树立互联网思维、借力互联网技术、加强互联网治理，积极做好网上青年群众工作。

一、原理

（一）互联网是开展青年群众工作的新场域新环境

互联网发展到今天，已经给人类社会带来了深刻影响。对伴随着互联网高速发展长大的青年一代来讲，互联网是他们学习、生活、工作的重要空间。互联网塑造着青年，青年又影响着互联网。青年有的通过互联网获取信息、丰富知识；有的通过互联网创业就业，获取经济收入；有的通过互联网交流沟通，密切联系；有的通过互联网生产和消费物质和精神文化，满足发展需要。互联网正成为青年人的一种工作和生活方式。

群众上了网，民意就上了网。党的十八大以来，习近平总书记着力全面从严治党，开展党的群众路线教育，并专门提出领导干部要懂网、用网、管网，要多上网联系群众，实实在在走好“网络群众路线”。互联网是青年表达诉求的重要渠道，是了解青年、服务青年的重要平台，是接受群众民主监督的重要途径，亦是西方敌对势力争夺青少年意识形态斗争的最前线、主阵地、主战场。对于共青团加强网络管理和开展网络斗争方面，习近平总书记对共青团有特殊的要求，他指出，网络战场“很重要，对青年人影响很大，很多青年都是在网上接受信息的。开展网络斗争、加强网络管理、弘扬网上主旋律，这项工作大家都要做，但团组织也可以更多发挥一点作用”[①]。

（二）互联网为青年群众工作带来新挑战新机遇

互联网的快速发展为青年群众工作带来冲击与挑战。一是各类信息过载，为青年群众思想引领工作带来难度。互联网上大量正确与错误、有效与无效、应时与过时、进步与落后的信息资源并存，良莠不齐的社会思潮对新生代青年的价值观带来巨大影响，对青年的思想引导、启发教育工作增加很大难度。二是互联网效应容易导致网上突发事件发酵放大。互联网上人与人之间可以缺场交往，信息可以量级传播，情绪可以非理性宣泄，时间与空间界限可以打破，这些特点容易使群众诉求非理性表达，负面舆论爆炸式传播，使互联网社会充满不确定性和风险性。近几年发生的一系列群体事件已经说明，网络信息、网络交流、网络微观和网络批评，对在场的社会活动具有强烈的舆论导向和行动助燃作用。网络空间不确定性和风险性大大提高，对青年群众工作者学网、懂网、管网、治网、用网的能力提出更高要求。三是互联网的虚拟性和流动性，使原有的群众工作模式在部分层面失效。传统涉及群众的工作，都建立在相对稳定的组织基础之上，各部门分工明确、全责边界相对清晰以及有效的制度执行力是过去群众工作稳定开展的前提，职守一方、守土有责。互联网空间边界模糊，网民也不再是过去处于某一特定组织、相对具有整体性的群体，个体可在互联网上拥有更隐秘的行为，传统群众工作对部分青年无法覆盖、无法触达，面临更复杂的微观治理环境。

另一方面，互联网的快速发展亦为青年群众工作带来新的机遇和发展空间。互联网技术为共青团建设进入数字化时代提供技术支持。移动互联、新媒体、大数据、云计算、物联网等既构成了群团改革所依托的时代环境，也为破解群团“顽疾”提供了新的工具性路径，更成为打造群团升级版的外生动力。[②]共青团可借助互联网技术，

① 中共中央文献研究室编：《习近平关于青少年和共青团工作论述摘编》，中央文献出版社2017年版，第68页。

② 胡献忠：《变革与重构：依托互联网打造群团升级版》，载《中国党政干部论坛》2016年第7期，第35—38页。

实现群众工作的“点对点”“一对多”、线上加线下，还可以创新工作方法，让服务更便捷，供给更精准，沟通更扁平，效率更高效，反馈更及时。比如，对常规工作管理流程，可进行线上自动串联，各类基础材料如入团志愿书、评奖填报表等由系统自动生成，高效进行基础数据的采集、整理、统计和分析，避免大量人工重复劳动，有效强化各工作环节的管控。比如，网络系统能够使工作直面青少年，实现工作和服务精准高效推送，减少工作资源在传导过程中的“损耗”。例如，网络系统可将服务供给和服务需求汇聚至统一平台上，促使“碎片化”资源得到有效整合利用，服务供需得到优化配置和精准对接。数据交互所留存下来的海量信息，亦是一笔宝贵的数据资源，可供后续整理、统计、分析，发挥监测、预警、研判功能。

二、应用

（一）树立互联网思维刷新青年群众工作理念

互联网思维是指利用互联网的精神、价值、技术、规则、方法等进行思考，并指导工作、学习、生活的一种新的思维方式。互联网思维与党的群众路线相契合，可以成为启发群团改革、共青团升级换代的新动能和新思路，比如用户思维、平台思维、迭代思维等。[①]一是互联网的“用户思维”可以启发共青团必须更加注重以青年为本，如用户至上启发共青团必须更加尊重和坚持青年的主体地位；开放性启发共青团工作必须打破“自娱自乐”的狭隘圈子；平等性启发共青团必须真正把普通青年当朋友、当亲人；互动性启发共青团必须搭建与青年交流的有效平台；草根性启发共青团必须破除高端化、精英化；简约性启发共青团必须缩短供给路径，为青年提供精准服务。二是互联网的“平台思维”可以启发共青团必须全方位整合资源，如大数据思维启发共青团通过对海量青年需求信息的收集、分析，更好地指导决策和行动；众筹思维启发共青团进一步强化“伙伴”意识，与青年组织的合作共赢；跨界思维启发共青团进一步整合党政、市场、社会等各种资源；链接思维启发共青团有效加强团组织与党政、社会、青年间的链接；共享思维启发共青团将更多资源投向基层，提供更多的公共服务产品。三是互联网的“迭代思维”启发共青团必须在与时俱进中超越自我，

① 胡献忠：《4.0版共青团：群团改革语境下的“互联网+共青团”》，载《中国青年社会科学》2016年第4期，第80—85页。

如改革思维启发共青团将那些不愿改、不想改和不易改的问题置于改革的靶心；快速迭代思维启发共青团紧盯青年需求的新变化、新趋势，不断创新工作内容和工作模式；颠覆式创新思维启发共青团超越眼前利益和局部利益，力争最大化解决日积月累的矛盾和问题。①

对青年群众工作者而言，在心态上，首要的是不畏网，这是学网、懂网、用网的前提条件。只有从心底真正认识到用好互联网是做好群众工作工作的必修课，才能通过不断学习提升网络治理能力。要树立不断增强网上群众工作能力的自觉。年轻干部在这方面比年长的干部更有优势，更善于使用互联网工具，更了解互联网生态，更具“网感”，要不断加强学习，发挥优势长处，进一步提高互联网素养。一方面，提高与网上群众打交道的“软素养”，锻炼网络沟通能力，用好“网言网语”“青言青语”；另一方面提高使用互联网的“硬能力”，比如要对互联网本身的传播规律、规则和机制有比较深入的认识，提升科学决策、舆情研判、应急处突等方面的能力，更重要的是提高政治站位，增强政治敏锐性，从政治上观察、分析和解决问题。

（二）借力互联网技术优化青年群众工作模式

借力互联网的技术与生态，可以优化多主体多向度青年群众工作模式。青年群众工作需要多主体形成合力，多向度开展沟通，互联网为集合党内主体、政府主体、共青团组织、青年工作体系、社会组织、企业以及青年群众自身提供了便利，多主体可协同互动、多向度共同开展群众工作。

1. 组织上网，推动数字化建团

面对市场化带来的多元性和流动性，群团组织原有的组织形态受到冲击，存在不同程度的基层组织“空壳化”“空转”现象。借助互联网，可以升级共青团组织形态，拓展联系服务青年群众的新通道。近年来，各级团组织都在积极尝试“互联网+团（队）建”新模式，实现团（队）组织的精细化管理，“智慧团建”就是构建契合青少年网络应用场景的技术系统，实现网络连支部，搭建共青团与青年之间密切联系的网络沟通桥梁的创新探索，涵盖了组织建立、组织管理、团干部团员管理、团费缴纳、团组织转移等功能。广东共青团自2013年起承担并启动团中央“智慧团建”试点

① 胡献忠：《4.0版共青团：群团改革语境下的“互联网+共青团”》，载《中国青年社会科学》2016年第4期，第80—85页。

工作，进行积极探索。目前使用的“智慧团建”系统，自2017年开始建立智慧团建组织树，逐步实现团员报到、团费交纳、全团转接、支部规范化建设、团籍管理、团员教育评议、年度团员注册、组织换届管理、团内激励记载、团干部录入功能等功能，2022年4月可以实现主题教育实践统计功能。目前，按各基层组织及团员用户的反馈，一般每周例行更新系统。广东的“智慧团建”已经不是简单地从线下组织搬迁至线上组织这么简单，而是组织形式的多样化嵌入，建构新的组织生态，实现多功能链接，建立覆盖青少年成长发展全链条的“成长档案”，实现广东青少年大数据交互系统与省政务大数据中心正式挂接共享。

2. 服务上网，满足需求“触手可达”

青年工作体系所供给的青少年服务类型多、覆盖广、战线长、对象杂，可以通过服务上网，依托信息技术及算法优化，以青少年的实际需求为导向，完善公益志愿、就业实习、婚恋交友、社会教育、生活指引、困难帮扶等服务板块，团组织及各类青少年组织通过系统进行活动的宣传、发布、报名、审核、录用等工作，促使青少年便捷参与活动、交友互动、获取服务，让青少年通过活动找到、加入共青团。整合团内团外服务资源。可以整合志愿服务阵地、青少年宫、团属青年服务中心、青年院校和青年类报刊等服务阵地；可将青少年服务接入各级政务服务系统，将服务前移延伸，实现用户远程、快速办理青少年政务服务事项，构建信息互通、资源共享政务服务体系。比如，2022年4月，广东“青少年服务专区”正式上线“粤省事”①平台，大力推动团属青少年互联网服务平台和青年大数据建设与“数字政府”布局的深度融合，先后已有“志愿者服务”“‘展翅计划’实习校招”“12355大病救助”“乡村振兴服务项目”等17项涉青少年服务应用在平台上线，发挥平台触达青年用户优势，为党委政府准确把握青年诉求提供依据，进一步提升广东省青年发展政策集成协同水平，深化推进青少年服务信息化建设工作。

3. 引领上网，提升新媒体矩阵影响力

一是加强意识形态阵地建设，提高覆盖率。共青团要在“大思政”格局下，把网络宣传阵地牢牢抓在手中，建设好从团中央到各省、市、县，以及学校、企业、青年自组织等各条战线团的工作网站和青年网站，多元素全方位进驻如微博、微信、抖音、知乎、头条、抖音、快手、哔哩哔哩、视频号等青年聚集的网络空间，加大新媒

① “粤省事”是广东省政府面向个人打造的移动政务服务平台。

体阵地建设的速度、数量和质量，提高覆盖率和触达率。二是加强内容供给侧建设，提高吸引力。习近平总书记指出，“在信息生产领域，也要进行供给侧结构性改革，通过理念、内容、形式、方法、手段等创新，使正面宣传质量和水平有一个明显提高。”[①]通过大数据技术、走群众路线等方式搜集与预判各类青年群众的需求信息及变化特征，真切地关照与回应青年的多样需求，这是内容生产的前提条件。努力提高互联网平台内容的“颜值”“言值”“研值”，从提升外在感性形象、提高语言表达魅力、增强内容真理性等三方面增强内容的吸引力。熟练掌握互联网的产品“送达”方式，借助信息技术提高精准度，构建纵向横向网络信息分类、分层、分众的辐射推送平台，不断扩大信息推送的辐射网、传播面。三是做好内容传播及舆论引导，提高影响力。要善于将显性灌输和隐形渗透相结合，把党的理论、路线、方针、政策的精髓转化为青年易于接受的产品，与青年学习、生活、工作、娱乐方式相配，向青年传播好声音。主动设置议题进行激浊扬清，对青年思想观念有腐蚀与侵害作用的负面内容，要旗帜鲜明地亮剑及批判。

（三）通过青年群众工作积极参与互联网治理

1. 共同维护网络安全，发展积极健康的网络文化

由于互联网具有信息爆炸、去中心化、泛娱乐化和信息鸿沟等特性，互联网很容易被人用来谋取私利，网络假冒伪劣、网络恶意攻击、网络暴恐信息传播、网络欺诈骗、公民网络信息泄露以及网络黄赌毒等违法犯罪活动频繁多发，损害社会公共利益和民众利益，危害国家和社会安全。网络空间识形态斗争激烈，表现在西方国家通过互联网向中国青年大肆输入资本主义社会的价值观、宗教信仰、生活方式和文化产品，而且长期在国际社会宣扬“中国崩溃”“中国威胁”等论调，试图扰乱中国发展环境，潜移默化中国青年的价值观和信仰。“准确、权威的信息不及时传播，虚假、歪曲的信息就会搞乱人心；积极、正确的思想舆论不发展壮大，消极、错误的言论观点就会肆虐泛滥。”[②]面对不实谣言、错误言论，共青团要联合多主体力量，第一时间站出来揭露真相，通过真相大起底、真理性说服，向广大青年网友呈现事实和道理，使理性的声音得到最大程度的传播，帮助青少年明辨是非，不受蛊惑。面对互联

---

① 习近平：《论党的宣传思想工作》，中央文献出版社2020年版，第356页。

② 习近平：《习近平谈治国理政》（第三卷），外文出版社2020年版，第319页。

网中一些非理性情绪和网络违法行为，既要依法依规进行合规引导，又要于情于理进行道德伦理引导。面对互联网充斥的低俗负面、违反公序良俗的不健康的网络文化，要大力弘扬社会主义先进文化、中华优秀传统文化、人类优秀文明成果，共同培育积极健康、向善向上的网络文化。

2. 关注网络问题及矛盾事件，维护青少年的合法权益

互联网改变了社会权力结构，信息权力和话语权力在网络中的传导流动，容易产生碰撞、滋生分歧、发生矛盾。社会问题及社会矛盾往往容易在网络空间得到折射，若出现治理的滞后性和网络的爆炸式传播，就会使得诉求主体在网络社会中更易采取情绪化、过激化的表达方式，形成大规模的负面舆情甚至集体恐慌。青年群众工作者要提高网络舆情研判、分析及处理能力，面对涉及大范围群体的重大事件、重大问题要第一时间冷静妥善处理，并配合好相关部门及时给出正确合理的处置意见，维护好党、政府以及所代表组织的形象，坚守好网络舆论阵地，充分尊重青年媒体人、网络意见领袖的作用，最大限度地凝聚青年群众。要把舆论引导和线解决问题结合起来，看到舆情背后真实的民意，深刻把握青年群众的关切点。线上及时发现问题，联合各部门力量迅速回应关切，同时线下周密部署行动、迅速解决问题。针对网上涉及青少年人群重点环节、突出问题，要采取多种措施保障青少年的合法权益。比如，共青团与网信办等部门，联合开展“清朗”未成年人网络环境专项整治行动，聚焦未成年人使用频率高的短视频直播、社交、学习类APP、网络游戏、电商、儿童智能设备等平台，集中解决如网络欺凌、“网红儿童”、恶意营销、炫富拜金、游戏沉迷、不良交友等人民群众反映强烈的涉未成年人问题乱象，保护青少年的合法权益。

3. 培养青少年的网络素养，凝聚互联网青年人才队伍

青少年在享受网络带来便利的同时，面临着网络信息辨别能力不足、网络道德素养和法律意识淡薄、网络过度依赖等网络素养缺乏问题。共青团应聚合职能部门、学校、互联网企业、行业协会、媒体平台、社会团体等各方优势资源，着眼于网络技能素养、网络安全素养、网络规范素养和网络学习素养等方面，打造课程、出版物、宣传品等内容，为他们安全健康上网提供指引，提高青年群体网络素养。对青年干部加强互联网知识技能培训，造就一支政治过硬、互联网业务能力强的复合型人才队伍。同时，通过青年工作体系，凝聚一批互联网青年人才队伍，使他们成为开展网上青年群众工作的重要力量，延长互联网治理的工作手臂。

青年的网络生存状态影响着当下及未来中国民主政治的生态结构，影响着新时代党的青年群众工作的实际效能。互联网飞速发展，元宇宙及其数字人、虚拟人飞驰而来，青年感觉敏锐，首当其冲。“过不了互联网这一关就过不了长期执政这一关”，是习近平总书记的重要论断，也是党的十八大以来在推动互联网健康发展过程的实践中得出的一个科学认识。对于青年群众工作而言，青年在哪里，工作就应该做到哪里；青年在哪里发出呼声，就应该在哪里作出回应。如果青年群众工作者不学网、不知网、不懂网、不会用网，就会脱离群众。一个安全、稳定、繁荣的网络空间，对一个国家乃至世界和平与发展都具有越来越重要的意义。网络空间也是亿万民众共同的精神家园，共青团应本着为党分忧、对青年负责的态度，依法参与网络空间治理、加强网络内容建设、用网凝聚青年人心，切实做好网上青年群众工作。

后 记

2022年，是中国共青团成立一百周年。2022年，也是我正式入职共青团岗位的第十五年。在重要的时间节点，完成教师生涯当中的第一本专著，心情是无比激动的，又是充满感恩的。

虽然在团的岗位工作多年，但从哪个角度切入系统研究共青团，一直是我持续思考的问题。共青团是党的青年组织，又是党的群团组织，更是党面向青年开展群众工作的组织化力量。在前辈、同行的指导和启发下，从“组织化地为党做好青年群众工作”这个角度来研究共青团，这一思路愈发清晰。

我对党的青年群众工作课题的研究，起源于五年前。当时与十几位热衷学术研讨和教学授课的全国团校教师自发组成了一个公益学习社团，邀请了中央团校吴庆教授、江西省团校乐亚山教授等青年工作研究专家和前辈作为社团指导老师，针对这个课题开展教研切磋、学术交流、公益课堂等活动。随着研究的深入，我以这个课题申请了广州市哲社课题《新时代党的青年群众工作深化及创新路径研究》、广东省青少年研究课题《新时代党的青年群众工作研究——基于群团改革视角》，现已顺利结项。2021年我以《做好新时代党的青年群众工作》课程申报了广东省团校《共青团干部教育培训课程》，通过了由中国青少年研究会、广东省团校共同组织的试讲评审会，目前已纳入学校培训班课程库。课题的积累、课程的打磨、前辈的指引以及同行的鼓励，让我萌生了著书想法，把这些年的理论思考及实践经历写下来。

对我而言，写作本书的难度是不言而喻的。庆幸的是，本书的成稿得到很多人的帮助。感谢吴庆教授从课题研究初始，就对主题、框架、内容等方面给予了热情指导，帮助我深化了许多问题的思考，也进一步坚定了我的许多认识。感谢广东省团校党委书记谭杰同志、分管教学科研的副校长黄洁贞同志等领导对我成长的关心、支持和厚爱，感谢学校从队伍、制度、经费等方面对老师开展学术研究、出版学术成果给予大力支持。感谢中国青少年研究会刘俊彦、杨守建等专家老师的拨冗赐教，在打磨培训课程时给予了专业指导，使课程成果得以转化为本书内容。感谢乐亚山教授的热情帮助，为我提供了许多宝贵的参考资料。感谢课题组成员、公益社团各位社友的支持和鼓励，让我有持续写作的动力。感谢工作部门同事给予我大量而无私的支持，让我有更多精力投入书本的写作。广东共青团及相关单位的工作成果，为本书内容提供了丰富的实践素材。还有许多领导同志先后给了我重要指导和帮助，在此一并表示感谢。

本书的出版还得到了广东人民出版社的大力支持，责任编辑梁茵、廖志芬两位同志辛勤而卓有成效的工作，使书稿得以顺利付梓。

十五年的职业生涯，我见证了广东省团校改革的历程，从干部学院转制成青年职业院校，再到剥离学历教育，回归“党在青年工作领域特色鲜明的政治学校”这一定位。我虽然经历了多岗位锻炼，期间还有到县区团委挂职、到广东团省委机关兼职的经历，但一直未离开共青团大家庭和党的青年工作事业。研究青年群众工作，就要走群众路线。这些年，正是参与了课题研究、课程教学等教研活动，参与了广东共青团、粤港澳大湾区建设的生动实践，正是得益于自己担任专、兼、挂职团干部的经历，得益于授课和调研过程中与团干部、青年们的交流互动，才有了本书的内容。

本书完稿的时候，内心充满感激与感慨：家人亲人给予的温暖和宽容，是我持续前行的坚强后方；前辈学者的关心和爱护，同行学友的启迪和鼓励，是我继续探索的强劲动力。对所有直接或间接帮助过我的人致以最诚挚的谢意！

由于水平有限，本书存在不足和错漏之处实所难免，敬请各位专家、学者、同行和读者不吝赐教。所有批评和指正都将成为敦促我在学术工作不断臻于完善的强大助推器！

钟宇慧

2022年11月于广州